高等职业教育"十四五"系列教材

Qiche Chezai Wangluo Jishu
汽车车载网络技术

郭宏伟 主 编
陈 哲 吴志军 王 博 胡宇飞 副主编
刘美灵 金加龙 主 审

人民交通出版社股份有限公司
北 京

内 容 提 要

本书为高等职业教育"十四五"系列教材。全书共八个模块,主要包括:车载网络技术知识、CAN 总线系统技术分析、子总线系统技术分析、光学总线系统技术分析、FlexRay 与车载以太网技术分析、网关与诊断总线技术分析、汽车车载网络系统检修、车联网认识。全书既有一定的理论深度,又贴合生产实际,将对应知、应会知识的学习在"教、学、做"理实一体化的学习情境中展开,内容组织条理清晰、编排循序渐进,图文并茂,通俗易懂。

本书可作为高职高专院校汽车检测与维修技术等相关专业教材,也可作为应用本科汽车运用类专业教材,同时可作为汽车修理行业相关人员的专业培训教材。

图书在版编目(CIP)数据

汽车车载网络技术/郭宏伟主编. —北京:人民交通出版社股份有限公司,2023.3(2025.1重印)
ISBN 978-7-114-18332-4

Ⅰ.①汽… Ⅱ.①郭… Ⅲ.①汽车—计算机网络—教材 Ⅳ.①U463.67

中国版本图书馆 CIP 数据核字(2022)第 211837 号

书　　名:	汽车车载网络技术
著 作 者:	郭宏伟
责任编辑:	张一梅
责任校对:	席少楠
责任印制:	张　凯
出版发行:	人民交通出版社股份有限公司
地　　址:	(100011)北京市朝阳区安定门外外馆斜街 3 号
网　　址:	http://www.ccpcl.com.cn
销售电话:	(010)85285911
总 经 销:	人民交通出版社股份有限公司发行部
经　　销:	各地新华书店
印　　刷:	北京市密东印刷有限公司
开　　本:	787×1092　1/16
印　　张:	14.5
字　　数:	329 千
版　　次:	2023 年 3 月　第 1 版
印　　次:	2025 年 1 月　第 2 次印刷
书　　号:	ISBN 978-7-114-18332-4
定　　价:	43.00 元

(有印刷、装订质量问题的图书,由本公司负责调换)

前言

随着电控技术在汽车上的发展和应用，以总线为代表的车载通信网络技术已被普遍应用到汽车中。汽车电控单元之间以车载网络实现信息传输与共享，减少了硬件设置，提升了汽车智能控制品质，提高了汽车运用的安全性、舒适性、节能性。

由于汽车车载网络结构和总线数据传输的独特性，当总线出现故障时，会导致汽车电控单元之间无法通信，有可能会导致多个系统同时失效，这就对维修人员的检修技能提出了更高的要求。因此，作为汽车检测与维修技术专业的学生，只有全面掌握车载网络技术，才能学好汽车维修技能。为了适应并促进高等职业教育的发展，提高汽车技术人才培养质量，满足创新型、应用型人才培养目标的需要，体现教材"互联网+"新的发展形势，成立了由专业教师和汽车维修企业技术人员组成的教材编写组，共同编写了本教材。

教材结合国家"双高计划"道路与桥梁专业群中交通运输类专业的核心课程建设需求进行编写。在教材编写启动之初，邀请行业内知名专家对教材编写大纲进行了审定。在教材编写过程中，认真总结了全国交通职业院校的专业建设经验，注意吸收发达国家先进的职业教育理念和方法，形成了以下特色：

1. 与专业教学标准紧密衔接，立足先进的职业教育理念，注重理论与实践相结合，突出实践应用能力的培养，体现"工学结合"的人才培养理念，注重学生技能的提升。

2. 打破了传统教材的章节体例，采用模块式编写体例，内容组织上层次清晰，知识结构连贯、图文并茂、通俗易懂，充分体现理实一体化教学理念。为了突出实用性和针对性，培养学生的实践技能，每个模块后附有技能实训；为了学习方便，每个模块后附有模块小结、思考与练习。

3. 教材配有电子课件，并建有专门的网络课程动画或视频资源，做到教学内容专业化、教材形式立体化、教学形式信息化。

本书由浙江交通职业技术学院郭宏伟担任主编，浙江交通职业技术学院陈哲、吴志军、王博以及浙江吉利控股集团汽车销售有限公司胡宇飞担任副主编，浙江交通职业技术学院刘美灵、金加龙担任主审。编写分工为：郭宏伟编写了模块一、模块二，陈哲编写了模块五、模块六，吴志军编写了模块三、模块八，王博编写了模块四，胡宇飞编写了模块七。在本书的编写过程中，得到了许多院校、汽车生产和维修企业的大力支持，得到了许多技术专家的指导，在此向他们表示衷心的感谢！在编写过程中，作者参考了大量国内外的汽车技术资料、维修资料和相关书籍，在此向这些文献的作者表示感谢！

由于作者水平和经验有限，书中难免存在不足和疏漏之处，恳请广大读者批评指正，以便进一步修改和完善。

作　者

2022 年 10 月

前言

目录 CONTENTS

模块一 | 车载网络技术认识 ························· 1
    一、车载网络技术概述 ····························· 1
    二、车载网络技术的应用 ··························· 4
    三、车载网络系统通信协议 ························· 15
    技能实训 ······································· 21
    模块小结 ······································· 23
    思考与练习 ····································· 23

模块二 | CAN 总线系统技术分析 ······················ 25
    一、CAN 总线的工作原理 ························· 25
    二、CAN 总线的应用 ····························· 36
    三、CAN 总线的检测 ····························· 45
    技能实训 ······································· 48
    模块小结 ······································· 53
    思考与练习 ····································· 53

模块三 | 子总线系统技术分析 ························· 55
    一、LIN 总线 ···································· 55
    二、VAN 总线 ··································· 65
    三、LAN 总线 ··································· 72
    四、BSD 总线 ··································· 75
    五、车载蓝牙系统 ································ 79
    技能实训 ······································· 82
    模块小结 ······································· 87
    思考与练习 ····································· 87

模块四 | 光学总线系统技术分析 ······················· 90
    一、光学总线的信息传输 ··························· 90
    二、MOST 总线 ·································· 95
    三、DDB 总线 ··································· 105
    四、Byteflight 总线 ······························· 106
    五、光纤信号的衰减及光纤使用维修 ················· 110

技能实训 ··· 112
　　模块小结 ··· 114
　　思考与练习 ··· 114

模块五 ｜ FlexRay 与车载以太网技术分析 ························· 116

　　一、FlexRay ·· 116
　　二、车载以太网 ··· 124
　　技能实训 ··· 128
　　模块小结 ··· 130
　　思考与练习 ··· 130

模块六 ｜ 网关与诊断总线技术分析 ······································ 132

　　一、网关 ·· 132
　　二、诊断总线 ·· 137
　　技能实训 ··· 140
　　模块小结 ··· 142
　　思考与练习 ··· 142

模块七 ｜ 汽车车载网络系统检修 ·· 144

　　一、汽车车载网络系统的故障检测 ································· 144
　　二、汽车车载网络系统的故障诊断 ································· 146
　　三、吉利车系多路通信系统与检修 ································· 153
　　四、大众车系车载网络系统与检修 ································· 156
　　五、丰田车系多路通信系统与检修 ································· 181
　　六、福特车系车载网络系统与检修 ································· 191
　　技能实训 ··· 199
　　模块小结 ··· 206
　　思考与练习 ··· 206

模块八 ｜ 车联网认识 ·· 208

　　一、物联网与车联网 ··· 208
　　二、智能公路与智能汽车 ··· 219
　　技能实训 ··· 221
　　模块小结 ··· 223
　　思考与练习 ··· 224

参考文献 ··· 226

模块一 车载网络技术认识

学习目标

☞ **知识目标**
1. 认识车载网络技术；
2. 了解车载网络技术的发展和应用；
3. 熟悉典型车载网络的结构和组成；
4. 熟悉车载网络技术常用术语；
5. 熟悉车载网络系统通信协议标准。

☞ **技能目标**
1. 能够对车载网络的结构组成进行分析；
2. 能够对不同种类车载网络技术的特点和适用范畴进行点评；
3. 能够对车载网络技术的现状和发展进行分析。

☞ **素养目标**
1. 培养学生乐于思考、敢于实践、做事认真的工作作风；
2. 培养学生谦虚严谨、刻苦钻研、积极进取的工作学习态度；
3. 培养学生劳模精神、劳模精神、工匠精神和创新意识。

☞ **思政目标**
通过思政学习,培养学生在汽车技术领域敢于实践、刻苦钻研、勇于创新的精神。

建议学时

8 学时

随着计算机技术、通信技术和集成电路技术的飞速发展,以数字现场总线为代表的车载局域网技术的应用,使得传统的现场控制技术及现场控制设备发生了巨大的变化。烦琐的现场连线被单一、简洁的现场总线网络所代替,信号传输质量也大大提高,汽车也开始进入网络时代。

一、车载网络技术概述

1. 车载网络技术的定义

汽车车载网络技术是通过总线使汽车上的各种电子装置与设备连成一个网络,使不同汽车电子系统的电子控制单元(Electronic Control Unit,ECU)能够在一个共同的环境下协调工作，实现相互之间的信息共享。其应用减少了连接导线的数量和质量，简化了布线，减少了电气节点的数量和导线的用量，增加了信息传送的可靠性，使布线简单、设计简化、成本降低、可靠性和可维护性提高，实现了信息共享，提高了汽车性能，满足了现代汽车电子设备的功能要求。计算机是汽车内各种电控模块的"大脑"，而网络则是"系统互连"。车载计算机及车载网络示意图如图 1-1 所示。

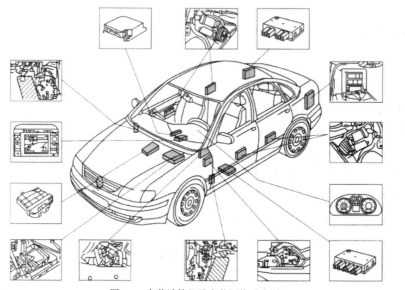

图 1-1　车载计算机及车载网络示意图

车载网络技术的定义

2. 车载网络技术的发展

为了使网络技术适应汽车上特殊的环境，汽车制造公司和零部件公司确定了：

(1) 信息传输模式；

(2) 信息传输介质，即信息总线；

(3) 总线信号表示方法；

(4) 信息交流协议，即在网络之间进行数据传输所需要遵循的电子语言通信规则和格式（如编码、传输速度等）。

从 1980 年起，汽车上开始安装网络。1983 年，丰田公司在世纪牌汽车上最早采用了应用光缆的车门控制系统，车上的 ECU 可对各车门的门锁、电动玻璃窗进行控制，这便是早期在汽车上采用的光缆系统。此后，光缆网线并没在汽车上广泛应用。

1986 年 2 月，Robert Bosch 公司在美国汽车工程师学会(Society of Automotive Engineers，SAE)大会上介绍了一种新型的串行总线—控制器局域网(Controller Area Network，CAN)，它已成为目前国际上应用最广泛的现场总线之一。

随后，美国汽车工程师协会提出了 J1850；日本也提出了各种各样的网络方案，并且丰田、日产、三菱、本田及马自达公司都已经处于批量生产的阶段，但没有统一为以车身系统为主的控制方式。而在其他国家，特别是欧洲的厂家则采用 CAN，由于它们在控制系统上都可以采用 CAN，从而充分地证明了 CAN 在此领域内的先进性。在美国，通过采用 SAE J1850 普及了数据共享系统，在 SAE 中也通过了 CAN 的标准，明确表示将转向 CAN 协议。

随着汽车技术的发展，欧洲又以与 CAN 协议不同的思路提出了控制系统的新协议基于时间触发的协议(Time Triggered Protocol, TTP)，并在 X-by-Wire 系统上开始应用。对飞机的控制系统来说，有 Fly-by-Wire 系统，表示飞机的控制方式，即将飞行员的操纵、操作命令转换成电信号，利用计算机控制飞行的工作方式。将这种操作方式引入到汽车上，则出现了 Drive-by-Wire 系统、Steering-by-Wire 系统、Brake-by-Wire 系统，这些系统统称为 X-by-Wire 系统。

当对汽车引入智能交通系统(Intelligent Traffic System, ITS)时，要与车外交换数据，所以，在信息系统中将会采用更大容量的网络，如 DDB 协议、MOST 及 IEEE1394 等。

主要车载网络的名称、概要、通信速度与组织/推动单位见表 1-1，几种车载网络的开发年份/发表年份与采用情况见表 1-2。

主要车载网络基本情况　　　　　　　　　　　　　　　表 1-1

车载网络名称	概　　要	通信速度	组织/推动单位
CAN(Controller Area Network)	车身/动力传动系统控制用 LAN 协议，最有可能成为世界标准的车用 LAN 协议	1Mbit/s	Robert Bosch 公司(开发)，ISO
VAN(Vehicle Area Network)	车身系统控制用 LAN 协议，以法国为中心	1Mbit/s	ISO
SAE J1850	车身系统控制用 LAN 协议，以美国为中心	10.4kbit/s 41.6kbit/s	Ford Motor 公司
LIN(Local Interconnect Network)	车身系统控制用 LAN 协议	20kbit/s	LIN 联合体
IDB-C(ITS Data Bus On Can)	以 CAN 为基础的控制 LAN 协议	250kbit/s	IDM 论坛
TTP/C (Time Triggered Protocol By CAN)	重视安全、按用途分类的控制用 LAN 协议，时分多路复用(TDMA)	2Mbit/s 25Mbit/s	TIT 计算机技术公司
TTCAN(Time Triggered CAV)	重视安全、按用途分类的控制用 LAN 协议，时间同步的 CAN	1Mbit/s	Robert Bosch 公司, CIA
Byteflight	重视安全、按用途分类的控制用 LAN 协议，通用时分多路复用(FTDMA)	10Mbit/s	BMW 公司
FlexRay	重视安全、按用途分类的控制用 LAN 协议	5Mbit/s	BMW 公司, DaimlerChrysler 公司
DDB/Optical (Domestic Digital Bus/Optical)	音频系统通信协议，将 DDB 作为音频系统总线，采用光通信	5.6Mbit/s	C&C
MOST (Media Oriented system Transport)	信息系统通信协议，以欧洲为中心，由克莱斯勒和宝马公司推动	22.5Mbit/s	MOST 合作组织
IEEE1395	信息系统通信协议，有转换成 IDB1394 的动向	100Mbit/s	1394 工业协会

几种车载网络的开发年份/发表年份与采用情况　　　　　表 1-2

年份(年)	车载网络	采用情况	备　注
1986 以前	DDB 开发	Philips 公司采用	1986 年 2 月北美车采用 LAN
	CAN 开发	Bosch 公司采用	1986 年 12 月欧洲车采用 LAN
	VNP 开发 CAD 开发	北美车采用	1987 年 12 月日本车采用 LAN

续上表

年份(年)	车载网络	采用情况	备注
1988	MOST 开发 VAN 开发	美国车采用	
1991	CAN 开发	欧洲车采用	
1992	DDB DDB/Optical 开发	日本车采用	
1994	J1850 VAN	SAE 认可,ISO 标准	
1995 至今	DDB	欧洲车采用	以汽车厂为主对新 LAN 进行研究
2000 至今	发表 LIN 发表 TTP 发表 Byteflight 发表 TTCAN		发表了许多新的 LAN

二、车载网络技术的应用

（一）车载网络技术的应用背景

在传统的汽车中，各种电子电气设备之间用导线、插接件连接。从发动机控制到传动系统控制，从行驶、制动、转向系统控制到安全保障系统和仪表报警系统，从电源管理到舒适系统，每种功能的控制操作都集中在驾驶舱内进行，各个系统都必须用导线和插接件连接到驾驶舱的操控台。随着汽车动力驱动系统、舒适系统和信息娱乐系统内各种电子控制系统的不断增加，这些连接所需要的导线和插接件的数量随之急剧增加，从而引发了汽车厂商和设计人员的思考。导线数量的增加造成的影响如下：

（1）整个汽车的布线将十分复杂，显得很凌乱，一根线束包裹着几十根导线的现象很普遍。

（2）占用空间更大，使得在有限的汽车空间内布线越来越困难，限制了功能的扩展。

（3）故障率随之增加，降低了汽车的可靠性。另外，一般情况下线束都装在纵梁下等看不到的地方，一旦线束中出了问题，查找相当麻烦，增加了维修的难度。

（4）电控单元并不是仅与负载设备简单地连接，更多的是与外围设备及其他电控单元进行信息交流，并经过复杂的控制运算，发出控制指令，按传统的连接方式，线束成本较高。

导线长度和插接件数量的增加不但占据了车内的有效空间、增加了装配和维修的难度、提高了整车成本，而且妨碍了整车可靠性的提高。这在无形中使汽车研发进入了这样一个怪圈：为了提高汽车的性能而增加汽车电器的数量，汽车电器数量的增加导致导线长度的增加，而导线长度的增加又妨碍了汽车可靠性的进一步提高。

为解决以上问题，车载网络（也称数据传输总线）应运而生，使得汽车电控系统发生了巨大的变化。至此，车载电控系统经历了中央电脑集中控制、多电脑分散控制和网络控制三个阶段，如图1-2所示。

a) 中央电脑集中控制　　　b) 多电脑分散控制　　　c) 网络控制

图 1-2　汽车电控系统的发展

（二）车载网络的作用和组成

为了简化线路，提高各电控单元之间的通信速度，汽车制造商开发设计了新的总线系统，即车载网络系统，把众多的电控单元连成网络，其信号通过数据总线的形式传输，可以达到信息资源共享的目的。

一辆汽车不管有多少块电控单元，不管信息容量有多大，每块电控单元都只需引出两条导线共同接在两个节点上，这两条导线就称作数据总线，如图 1-3 所示。以前各电控单元之间好比有许多人骑着自行车来来往往，现在这些人乘坐公共汽车，公共汽车可以运输大量乘客，因此数据总线又常被称为 BUS 线。

车载网络的作用和组成

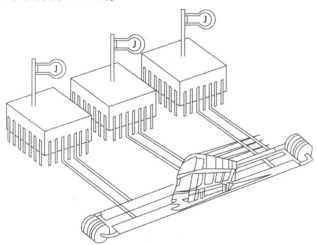

图 1-3　车载网络系统的数据总线

车载网络系统的出现同时也提高了汽车综合控制的准确性，当电控单元共享输入信息时，就能对汽车进行更为复杂的控制。例如，发动机控制单元可以利用来自安全气囊控制单元的碰撞信号来决定电动燃油泵控制电路是否需要被切断。

1. 车载网络系统的优点

使用车载网络系统有以下优点：
(1) 布线简化，降低成本。
(2) 电控单元之间交流更加简单和快捷。
(3) 传感器数目减少，实现信息资源共享。
(4) 提高汽车总体运行的可靠性。

图 1-4 和图 1-5 所示分别为相同节点的传统点对点通信方式和 CAN 总线通信方式，从

两幅图中可以直观地比较线束的变化(图中节点之间的连线仅表示节点间存在的信息交换,并不代表线束的多少)。

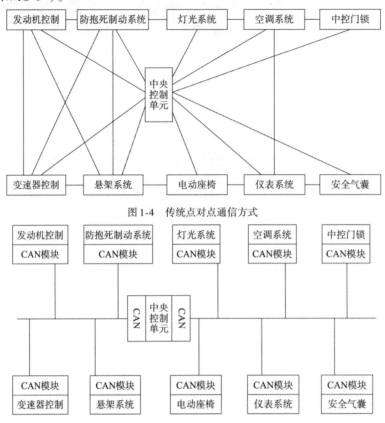

图 1-4　传统点对点通信方式

图 1-5　CAN 总线通信方式

2. 车载网络系统的功能

(1) 多路传输功能。

为了减少车辆电气线束的数量,多路传输通信系统可使部分数字信号通过共用传输线路进行传输。系统工作时,由各个开关发送的输入信号通过中央处理器(Central Processing Unit,CPU)转换成数字信号,该数字信号以串行信号方式从传感器传输给接收装置,发送的信号在接收装置处将被转换为开关信号,再由开关信号对有关元件进行控制。

(2) "唤醒"和"休眠"功能。

"唤醒"和"休眠"功能用于减少在关闭点火开关时蓄电池的额外能量消耗。当系统处于"休眠"状态时,多路传输通信系统将停止诸如信号传输和 CPU 控制等功能,以节约蓄电池的电能;当系统有人为操作时,处于"休眠"状态的有关控制装置立即开始工作,同时还将"唤醒"信号通过传输线路发送给其他控制装置。

(3) 失效保护功能。

失效保护功能包括硬件失效保护功能和软件失效保护功能。当系统的 CPU 发生故障时,硬件失效保护功能使其以固定的信号进行输出,以确保车辆能继续行驶;当系统某控制装置发生故障时,软件失效保护功能将不受来自有故障的控制装置的信号影响,以保证系统能继续工作。

(4)故障自诊断功能。

故障自诊断功能包括多路传输通信系统的自诊断模式和各系统输入线路的故障自诊断模式,既能对自身的故障进行自诊断,又能对其他系统进行故障诊断。

3. 典型车载网络的组成

随着汽车技术的发展,在汽车上采用的计算机微处理芯片数量越来越多,多个处理器之间相互连接、协调工作并共享信息,这样就构成了汽车车载网络系统。汽车车载网络系统实际上就是一种汽车多路传输系统,主要由模块、数据总线、网络、架构、通信协议、网关等组成。图1-6所示为典型汽车车载网络系统的组成。图1-7所示为汽车车载网络控制系统的结构。

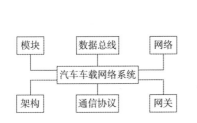

图1-6 典型汽车车载网络系统的组成

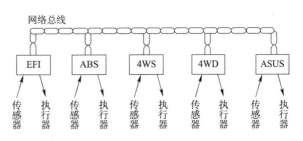

图1-7 汽车车载网络控制系统的结构

EFI-电子燃油喷射系统;ABS-防抱死制动系统;4WS-四轮转向系统;4WD-四轮驱动系统;ASUS-主动悬架系统

通常汽车网络结构采用多条不同速率的总线分别连接不同类型的节点,并使用网关服务器来实现整车的信息共享和网络管理,如图1-8所示。

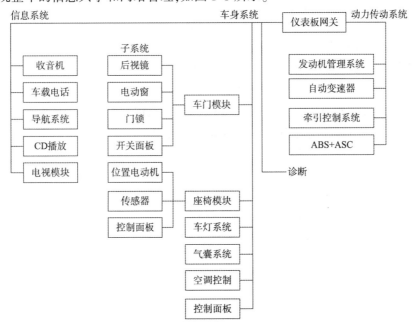

图1-8 汽车车载网络系统结构示意图

车身系统的控制单元多为低速电动机和开关量器件，对实时性要求低但数量较多，可使用低速的总线连接这些电控单元。将这部分的电控单元与汽车的驱动系统分开，有利于保证驱动系统通信的实时性。此外，采用低速总线还可增加传输距离，提高抗干扰能力，降低硬件成本。

动力传动系统的受控对象直接关系到汽车的行驶状态，对通信实时性有较高的要求，因此，使用高速的总线连接动力与传动系统。传感器组的各种状态信息可以通过广播的形式在高速总线上发布，各节点可以在同一时刻根据自己的需要获取信息，这种方式最大限度地提高了通信的实时性。

信息系统对于通信速率的要求更高，一般在2Mbit/s以上，采用新型的多媒体总线连接车载媒体。这些新型的多媒体总线往往是基于光纤通信的，从而可以保证带宽。

网关是汽车内部通信的核心，通过它可以实现各条总线上信息的共享，实现汽车内部的网络管理和故障诊断功能。故障诊断系统将车用诊断系统在通信网络上加以实现。

（三）车载网络的要求及应用

1. 汽车对通信网络的要求

现代汽车典型的控制系统有电控燃油喷射系统、电控传动系统、防抱死制动系统（Antilock Braking System，ABS）、防滑控制系统（Acceleration Slip Regulation，ASR）、废气再循环控制系统、巡航系统和空调系统等，如图1-9所示。

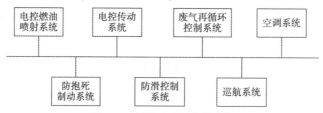

图1-9 现代汽车典型控制系统

（1）汽车多个ECU之间的典型网络布局。

汽车多个ECU之间的网络布局常见的有分级式和分开式两种。

①分级式。

采用SAE J1939标准的分级式网络布局，将整个网络分成不同功能层级，并用特制的微型计算机对不同层级进行处理和控制，如图1-10所示。这种网络布局具有超过30个ECU的容量。

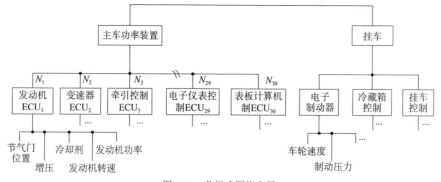

图1-10 分级式网络布局

②分开式。

采用 SAE J1587/J1708 标准的分开式网络布局如图 1-11 所示。在这种网络布局中,各个网络都有自己的操作系统,相互之间用桥接器来处理多个 ECU 之间的通信。

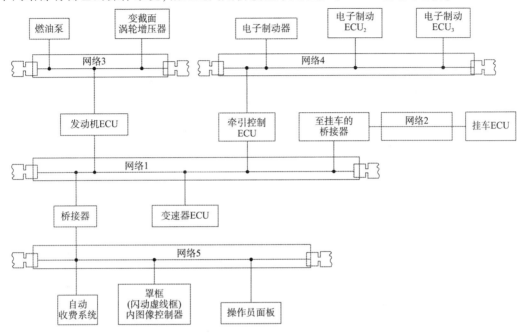

图 1-11 分开式网络布局

(2)数据通信。

连接到车载网络的各个 ECU 按需要从总线上接收最新的信息以操纵各个系统。例如,与发动机转速传感器相匹配的发动机 ECU,将发动机转速数据连续馈送至总线,其他几个需要发动机转速数据的 ECU,只需从总线上接收发动机转速数据即可。接收 ECU 接收到的最新数据为现行数据,实际实施中,每当 ECU 接收到数据,就将这些数据存储在 RAM(Random Access Memory,随机存取存储器)区,并将这些数据按各自的类型赋值,因此,RAM 总有一个更新了的数据复制并存储在其中,再通过对这些数据的应用,使 ECU 获取最新的数据。

汽车内 ECU 之间与办公用微型计算机之间的数据传输特征不尽相同,主要差别在于传输频率。汽车内 ECU 之间的数据传输频率是变化的,在一个完善的汽车电子控制系统中,许多动态信息必须与车速同步。为了满足各子系统的实时性要求,有必要对汽车公共数据实行共享,如发动机转速、车轮转速、加速踏板位置等。但每个 ECU 对实时性的要求是因数据的更新速率和控制周期不同而不同的。例如,一个 8 缸柴油机运行在 2400r/min,则 ECU 控制两次喷射的时间间隔为 6.25ms,其中,喷射持续时间为 30°的曲轴转角(2ms),在剩余的 4ms 内需完成转速测量、油量测量、A/D 转换、工况计算、执行器的控制等一系列过程,这就意味着数据发送与接收必须在 0.25ms 内完成,才能达到发动机电控的实时性要求。这就要求其数据交换网是基于优先权竞争的模式,且本身具有极高的通信速率,CAN 现场总线正是为满足这些要求而设计的。不同参数应具有不同的通信优先权,表 1-3 列出了几个典型参数的允许响应时间。

典型参数允许响应时间　　　　　　　　　　　　表1-3

典型参数	允许响应时间	典型参数	允许响应时间
发动机喷油量	10ms	进气温度	20s
发动机转速	300ms	冷却液温度	1min
车轮转速	1~100s	燃油温度	10min

2. 车载网络系统在汽车上的应用

车载网络系统在汽车上的应用非常多,按照应用系统加以划分,车用网络大致可以分为4个系统:动力传动系统、车身系统、安全系统和信息(娱乐、ITS)系统,如图1-12所示。

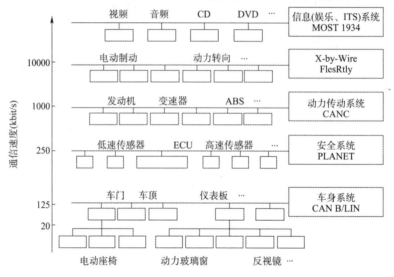

图1-12　车用网络的拓扑图

(1)动力传动系统。

在动力传动系统内,利用网络将发动机舱内设置的模块连接起来,在将汽车控制的主要因素,如行驶、停止与转弯这些功能用网络连接起来时,就需要高速网络。动力传动系统模块的位置比较集中地固定在一处。从欧洲汽车厂家的示例来看,动力传动系统对节点的数量也是有限制的。

动力 CAN 数据总线连接3块电控单元,它们是发动机、ABS/EDL 及自动变速器电控单元(动力 CAN 数据总线可以连接安全气囊、四轮驱动与组合仪表等电控单元)。总线可以同时传递10组数据,发动机电控单元5组、ABS/EDL 电控单元3组、自动变速器电控单元2组。数据总线以 500kbit/s 的速率传递数据,每一数据组传递大约需要 0.25ms,每一电控单元每 7~20ms 发送一次数据。优先权顺序为 ABS/EDL 电控单元、发动机电控单元、自动变速器电控单元。

在动力传动系统中,数据传递应尽可能快速,以便能及时利用数据,所以需要一个高性能的发送器。高速发送器会加快点火系统间的数据传递,能使接收到的数据立即应用到下一个点火脉冲中去。CAN 数据总线连接点通常置于控制单元外部的线束中,但在特殊情况下,连接点也可能设在发动机电控单元内部。

(2)车身系统。

与动力传动系统相比,汽车上的各处都配置有车身系统的部件,线束长,容易受到干扰。防干扰的措施是尽量降低通信速度。节点的数量增加了,所以通信速度没有什么问题。在车身系统中,因为担负着人机接口作用的模块、节点的数量增加,所以,与性能(通信速度)相比,人们更倾向于注重成本。对此,人们正在摸索更廉价的解决方法,目前常采用直连总线及辅助总线。

舒适CAN数据总线连接5个控制单元(包括中央控制单元及4个车门的控制单元),有5个功能:中央门锁、电动车窗、照明开关、后视镜加热及自诊断。控制单元的各条传输线以星状形式汇聚一点,这样做的好处是:如果一个控制单元发生故障,其他控制单元仍可发送各自的数据。

该系统使经过车门的导线数量减少,线路变得简单。如果线路中某处出现对地短路、对正极短路或线路间短路,CAN系统会立即转为应急模式运行或转为单线模式运行。4个车门控制单元都是由中央控制单元控制,只需较少的自诊断线。

数据总线以62.5kbit/s速率传递数据,每一组数据传递大约需要1ms,每个电控单元每20ms发送一次数据。优先权顺序为:中央控制单元、驾驶人侧车门控制单元、前排乘客侧车门控制单元、左后车门控制单元、右后车门控制单元。由于舒适系统中的数据可以用较低的速率传递,所以其发送器性能比动力传动系统发送器的性能低。

(3)安全系统。

安全系统是指根据多个传感器的信息使安全气囊启动等的控制系统,由此,使用的节点数将急剧增加。对此系统的要求是成本低、通信速度快、通信可靠性高。

(4)信息(娱乐、ITS)系统。

对信息(娱乐、ITS)系统通信总线的要求是容量大、通信速度非常高。

除上述所介绍的系统之外,还有面向21世纪的控制系统、高速车身系统及主干网络等,这就意味着将会有不同的网络并存,因此就要求网络之间既可以互相连接,也可以断开。为了实现即插即用,都将各个局域网与总线相连,根据汽车的平台选择并建立所需要的网络,典型的车用网络如图1-13所示。

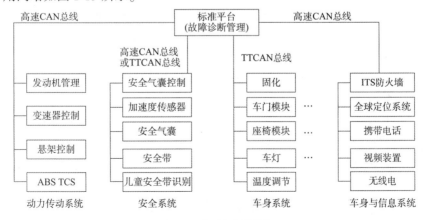

图1-13 典型的车用网络

（四）车载网络技术常用术语

1. 数据总线

车载网络技术
常用术语

数据总线是模块间运行数据的通道，即所谓的"信息高速公路"。在一条数据总线上传递的信号可以被多个系统（控制单元）共享，从而最大限度地提高系统整体效率，充分利用有限的资源。如果系统可以发送和接收数据，则这样的数据总线就称为双向数据总线。数据总线实际是一条导线，或是两条导线，两线式的其中一条导线不是用作额外的通道，它的作用有点像公路的路肩，上面立有交通标志和信号灯，一旦数据通道出了故障，这"路肩"在有些数据总线中被用来承载"交通"，或者令数据换向通过一条或两条数据总线中未发生故障的部分。为了抗电子干扰，双线制数据总线的两条线是绞在一起的。

各汽车制造商一直在设计各自的数据总线，如果不兼容，就称为专用数据总线。如果是按照某种国际标准设计的，就是非专用的。为使不同厂家生产的零部件能在同一辆汽车上协调工作，必须制定标准。按照 ISO 有关标准，CAN 的拓扑结构为总线式，因此也称为 CAN 数据总线（CAN-BUS）。

2. CAN

控制器局域网（CAN），是国际上应用最广泛的现场总线之一。最初，CAN 被设计作为汽车环境中的微控制器通信，在车载各电控装置 ECU 之间交换信息，形成汽车电子控制网络。比如，发动机管理系统、变速器控制器、仪表装备、电子主干系统中，均嵌入 CAN 控制装置。

一个由 CAN 总线构成的单一网络中，理论上可以挂接无数个节点。实际应用中，节点数目受网络硬件的电气特性所限制。例如，当使用 Philips P82C250 作为 CAN 收发器时，同一网络中允许挂接 110 个节点。CAN 可提供高达 1Mbit/s 的数据传输速率，这使实时控制变得非常容易。另外，硬件的错误检定特性也增强了 CAN 的抗电磁干扰能力。

3. 多路传输

多路传输用智能布线系统（Smart Wiring System, SWS）表示，是指在同一通道或线路上同时传输多条信息，如图 1-14 所示。事实上，数据信息是依次传输的，但速度非常快，似乎就是同时传输的。对一个人来说，1/10s 算是非常快了，但对一台运算速度相对较慢的计算机来说，1/10s 是很慢的。如果将 1/10s 分成若干段，许多单个的数据都能被传输（每一段时间传输一个数据），这就叫作分时多路传输。汽车上用的是单线或双线分时多路传输系统。

从图 1-14 中可以看出，常规线路要比多路传输线路简单得多，然而多路传输系统之间所用导线比常规线路系统所用导线少得多。由于 ECU 可以触发仪表板上的警告灯或灯光故障指示灯等，且多路传输可以通过一根线（数据总线）执行多个指令，因此可以增加许多功能装置。

随着汽车装备无线多路传输装置的增加，基于频率、幅值或其他方法的同时数据传输也成为可能。

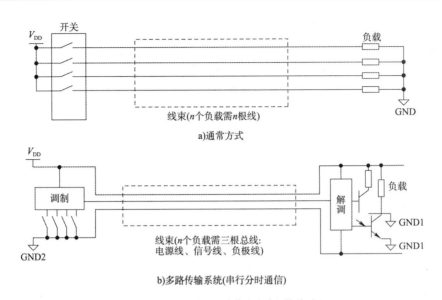

图 1-14　常规线路和多路传输线路的简单对比

4. 局域网

在一个有限区域内连接的计算机的网络称为局域网(Local Area Network, LAN)。一般这个区域具有特定的职能,通过这个网络实现这个系统内的资源共享和信息通信。连接到网络上的节点可以是计算机、基于微处理器的应用系统或智能装置。局域网一般的数据传输速度为 $10^2 \sim 10^5 \mathrm{kbit/s}$,传输距离为 $100 \sim 250\mathrm{m}$,误码率低。汽车上的总线传输系统(车载网络)是一种局域网。

从物理意义上讲,汽车上许多模块和数据总线距离很近,因此被称为 LAN(局域网),摩托罗拉公司设计的一种智能车身辅助装置网络,被称为 LIN(局域互联网)。车载网络的数据传输速度一般为 $10 \sim 10^3 \mathrm{kbit/s}$,传输距离为几十米。

5. 模块/节点

模块就是一种电子装置。简单一点的如温度和压力传感器,复杂的如计算机(微处理器)。传感器是一个模块装置,根据温度和压力的不同产生不同的电压信号,这些电压信号在计算机的输入接口被转变成数字信号。在计算机多路传输系统中的控制单元模块称为节点。通常普通传感器是不能作为多路传输系统的节点的,如果传感器要想成为一个模块/节点,则该传感器必须具备支持多路传输功能的控制电路,如大众车系的转角传感器。

6. 接口

接口为两个系统、设备或部件之间的数据建立连接。计算机通信接口由设备(或部件)和说明组成,一般包括物理、电气、逻辑和过程4个方面内容。在物理方面,要指出连接器有多少个插脚。在电气方面,要确定接口电路信号的电压、宽度及它们的时间关系。在逻辑方面,包括说明为了传送如何把数据位或字符变换成字段,以及说明传输控制字符的功能使用等。换句话说,计算机通信接口的逻辑说明,提供了用于控制和实现穿越接口交换数据流的一种语言。在过程方面,它说明通信控制字符的法定顺序、各种字段的法定内容以及控制数据流穿越接口的命令。如果把逻辑说明看成为确定数据流穿越接口的语法,那么,过程说明就可作为语义。

通过接口连接不同设备时,有点对点连接和多点连接两种连接方式。为了通过接口正确传输数据,所有设备必须使用相同的硬件和软件。如果无法满足这些前提条件,则由一个网关(控制单元)来完成协调工作。

7. 网关

因为汽车上往往不只使用一种总线和网络,所以必须用一种方法达到信息共享,而不产生协议间的冲突。例如,车门打开时,发动机控制模块也许需要被唤醒。为了使采用不同协议及速度的数据总线间实现无差错数据传输,必须要用一种特殊功能的计算机,这种计算机就叫作网关。

网关是汽车内部通信的核心,通过它可以实现在不同的总线、模块和网络相互间通信、信息的共享以及实现汽车内部的网络管理和故障诊断功能。

8. 链路(传输媒体)

链路指网络信息传输的媒体,分为有线和无线两种类型,目前车上使用的大多数都是有线网络。通常用于局域网的传输媒体有双绞线、同轴电缆和光纤,如图 1-15 所示。

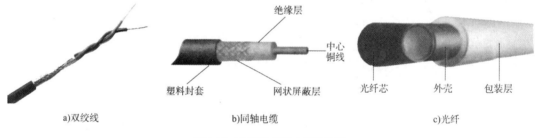

图 1-15 双绞线、同轴电缆和光纤

(1)双绞线。

双绞线是局域网中最普通的传输媒体,一般用于低速传输,最大传输速率可达几兆位/秒;双绞线成本较低,传输距离较近,非常适合汽车网络的情况,也是汽车网络使用最多的传输媒体。

(2)同轴电缆。

同轴电缆由一个空心的外圆柱面导体包着一条内部线形导体组成。外导体可以是整体的或金属编织的,内导体是整体的或多股的。用均匀排列的绝缘环或整体的绝缘材料将内部导体固定在合适的位置,外部导体用绝缘护套覆盖。几个同轴电缆线往往套在一个大的电缆内,有些里面还装有二芯双绞线或四芯线组,用于传输控制信号。同轴电缆的外导体是接地的,由于它的屏蔽作用,外界噪声很少进入其内。

同轴电缆可以满足较高性能的要求,与双绞线相比,它可以提供较高的吞吐量,连接较多的设备,跨越更大的距离。同轴电缆可以传输模拟和数字信号。同轴电缆比双绞线有着优越的频率特性,因而可以用于较高的频率和数据传输率。由于其屏蔽的同轴心结构,比起双绞线来,它对于干扰和串音就不敏感。影响其性能的主要因素是衰减、热噪声和交调噪声。

(3)光纤。

光纤在电磁兼容性等方面有独特的优点,其数据传输速度高、传输距离远,在车载网络上,特别在一些要求传输速度高的车载网络(如车上信息与多媒体网络)上有很好的应用前景。最常用的光纤是塑料光纤和玻璃纤维光纤,在汽车上多用塑料光纤。

9. 比特率

比特率是指每秒传送的比特(bit)数,单位为 bit/s,也可表示为 bps(bit per second)。比特率越高,单位时间传送的数据量(位数)越大。计算机中的信息都用二进制的 0 和 1 来表示,其中每一个 0 或 1 被称作一个位,即 bit(位)。大写 B 表示 byte 即字节,1 个字节=8 个位,即 1B=8bit。

10. 传输协议

传输协议也称通信协议,是控制通信实体间有效完成信息交换的一组约定和规则。换句话说,要想交流成功,通信双方必须"说同样的语言"(如相同的语法规则和语速等)。

11. 传输仲裁

当出现数个使用者同时申请利用总线发送信息时,会发生数据传输冲突,好比同时有两个或者多个人想要过独木桥一样。传输仲裁的功能就是避免数据传输冲突,保证信息按其重要程度来发送。

三、车载网络系统通信协议

(一)通信协议概述

1. 通信协议的概念

通信协议是指通信双方控制信息交换规则的标准、约定的集合,即指数据在总线上的传输规则。

简单地说,两个实体要想成功地通信,它们必须"说同样的语言",并按既定控制法则来保证相互的配合。在汽车上,要实现车内各电控单元之间的通信,必须制定规则,即通信的方法、时间和内容,以保证通信双方能相互配合。就好像现实生活中的交通规则一样,总统乘坐的车具有绝对的优先通行权,其他具有优先权的依次是政府要员的公车、警车、消防车、救护车等,但只能在执行公务时才能有优先权,驾车旅游、执行公务完毕时就无优先权可言。数据总线的通信协议并不是个简单的问题,但可举例简单说明。例如,当电控单元 A 检测到发动机已接近过热时,相对于其他不太重要的信息(如电控单元 B 发送的最新的大气压力变化数据)有优先权。通信协议的标准蕴涵唤醒访问和握手。唤醒访问就是一个给电控单元的信号(这个电控单元为了节电而处于休眠状态),信号使之进入工作状态。握手就是电控单元间的相互确认、兼容,并处在工作状态。

2. 通信协议的种类

通信协议的种类繁多,常见的有以下 3 种:

车载网络系统通信协议

（1）在一个简单的通信协议中，模块不分主从，根据规定的优先规则，模块间相互传递信息，并且都知道该接收什么信息。

（2）一个模块是主模块，其他则为从属模块，根据优先规则，主模块决定哪个从属模块发信息以及何时发送信息。

（3）所有的模块都像旋转木马上的骑马人，一个上面有"免费券"挂环的转圈绕着它们旋转。当一个模块有了有用的信息，它便抓住挂环挂上这条信息，任何一个需要这条信息的模块都可以从挂环上取下这条信息。

通信协议中有个仲裁系统，通常这个系统按照每条信息的数字拼法为各数据传输设定优先规则。例如，以1结尾的数字信息要比以0结尾的有优先权。

3. 协议的三要素

（1）语法。语法确定通信双方之间"如何讲"，由逻辑说明构成，对信息或报文中各字段进行格式化，说明报头(或标题)字段、命令和应答的结构。

（2）语义。语义确定通信双方之间"讲什么"，由过程说明构成，对发布请求、执行动作以及返回应答予以解释，并确定用于协调和差错处理的控制信息。

（3）定时规则。定时规则指出事件的顺序以及速度匹配、排序。

4. 协议的功能

协议的功能是控制并指导两个对话实体的对话过程，发现对话过程中出现的差错并确定处理策略。具体说来，每个协议都是具有针对性的，用于特定的目的，所以各协议的功能是不一样的；但是还有一些公共的功能是大多数协议都具有的。这些功能包括以下4个方面：

（1）差错检测和纠正。面向通信传输的协议常使用应答-重发、循环冗余检验、软件检查等机制进行差错的检测和纠正工作；而面向应用的协议常采用重新同步、恢复以及托付等更为高级的方法进行差错的检测和纠正工作。一般说来，协议中对异常情况的处理说明要占很大的比例。

（2）分块和重装。用协议控制进行传送的数据长度是有一定限制的，参加交换的数据都要求有一定的格式。为满足这个要求，就需要对实际应用中的数据进行加工处理，使之符合协议交换时的格式要求，只有这样才能应用协议进行数据交换。分块与重装就是这种加工处理操作。分块操作将大的数据划分成若干小块，如将报文划分成几个报文分组；重装操作则是将划分的小块数据重新组合复原，如将报文分组还原成报文。

（3）排序。排序就是对发送出的数据进行编号以标识它们的顺序。通过排序，可达到按序传递、信息流控制和差错控制等目的。

（4）流量控制。流量控制指通过限制发送的数据量或速率，以防止在信道中出现堵塞现象。

5. 协议的类型

协议根据其不同特性进行分类，可分为直接型/间接型、单体型/结构化型、对称型/不对称型、标准型/非标准型等。

(1)直接型/间接型。

两个实体间的通信,可以是直接的或间接的。例如,两个系统若共享一个点的一点链路,那么这些系统中的实体就可以直接通信。此时,数据和控制信息直接在实体间传递而无任何中间的信息处理装置,所需要的协议属于直接型。

如果系统经过转接式通信网或者两个(或两个以上)网络串接的通信网,两个实体要交换数据必须依赖于其他实体的功能,则属于间接通信。设计协议时,需要考虑对中间系统了解到怎样程度,因而较为复杂。

(2)单体型/结构化型。

在两个实体间通信任务比较简单的情况下,采用单一协议来控制通信,这种协议被称为单体型协议。

实际上,计算机网络内实体间的通信任务是很复杂的,以致不可能作为一个单体来处理。面临复杂的情况时,可采用结构化型协议,即以展示为层次或分层结构的协议集合来代替单体型协议。此时,较低层次或较低级别的功能在较低层次的实体上实现,而它们又向较高层次的实体提供服务。换言之,较高层次的实体依靠较低层次的实体来交换数据。

(3)对称型/不对称型。

大部分的协议属于对称型,即它们关联于同等的实体之间通信。不对称的协议可以是交换逻辑的要求(如一个用户进程和一个服务进程),或者是为了尽可能使实体或系统保持简单。

(4)标准型/非标准型。

一个部门或者一个国家都希望制定标准型协议,促进组建计算机网络和分布处理系统。非标准型协议一般都是发展中的产物,或者为特定通信环境所设计。

(二)车载网络通信协议标准

国际上众多知名汽车公司早在20世纪80年代就积极致力于汽车网络技术的研究及应用,迄今为止,已有多种网络标准。目前存在的多种汽车网络标准,其侧重的功能有所不同。按照系统的复杂程度、通信速率、必要的动作响应速度、工作可靠性等方面的因素,SAE车辆网络委员会将汽车数据传输网划分为A、B、C、D、E五类,见表1-4。

汽车数据传输网的类型 表1-4

类型	功能
A类	面向传感器/执行器控制的低速网络,数据传输速率通常小于20kbit/s,主要用于后视镜、电动车窗、刮水器、空调、照明等车身低速控制
B类	面向独立模块间数据共享的中速网络,数据传输速率在10~125kbit/s之间,主要应用于车身电子舒适性模块、仪表显示等系统
C类	面向高速、实时闭环控制的多路传输网络,数据传输速率在125 kbit/s~1Mbit/s之间,主要用于牵引力控制、发动机控制、自动变速器控制、ABS、ESP等系统
D类	面向媒体信息的高速传输网络,数据传输速率在1Mbit/s以上,主要用于车载视频、车载音响、车载电话、导航等信息娱乐系统
E类	面向乘员的安全系统高速、实时网络,数据传输速率在10Mbit/s以上,主要用于汽车被动安全系统(安全气囊)的网络

1. A类网络协议标准

A类网络是应用在控制模块与智能传感器或智能执行器之间的通信网络(子总线),例如,在一汽大众迈腾轿车上面就运用了几个A类网络用来控制智能刮水器、自动空调等系统,其特点是低传输速率、低成本。

A类网络标准见表1-5。很多A类总线标准都已被淘汰,A类的网络通信大部分采用通用异步收发器(Universal Asynchronous Receiver Transmitter,UART)标准。目前,还在应用的主要是LIN协议、TTP/A协议和丰田专用BEAN协议等。

表1-5 A类网络标准

总线名称	使用公司	主要使用场合	备注
UART(ALDL)	GM	多种场合	正在淘汰
Sinebus	GM	Audio	应用于无限操作车轮控制
E&C	GM	娱乐媒体	正在淘汰
12C	Renault	HVAC	极少使用
SAE J1708/J1587/J1922	T&B	多种场合	正逐步被淘汰
CCD	Chrysler	传感器总线	正逐步被淘汰
ACP	Ford	娱乐媒体	正在淘汰
BEAN	Toyota	控制	车身控制
LIN	许多公司	智能执行器/传感器	由LIN协会开发
TTP/A	TTTech	智能传感器	由维也纳工业大学开发

(1)BEAN协议。

车身电子局域网络(Body Electronic Area Network,BEAN),是丰田汽车专用的双向通信网络。它是一种多总线车身电子局域网,由仪表板BEAN系统、转向柱BEAN系统和车门BEAN系统等组成。最大传输速率10kbit/s,采用单线制,数据长度为1~11个字节。

(2)LIN协议。

目前首选的A类网络标准是LIN,有大量的车型采用此协议标准为车载A类网络。LIN是用于汽车分布式电控系统的一种新型低成本串行通信系统,它是一种基于UART的数据格式、主从结构的单线12V的总线通信系统,主要用于智能传感器和执行器的串行通信。

LIN采用低成本的单线连接,传输速率最高可达20kbit/s,它的媒体访问采用单主/多从的机制,不需要进行仲裁,在从节点中不需要晶体振荡器而能进行自同步,采用8位单片机,这极大地减少了硬件平台的成本,LIN应用示例如图1-16所示。

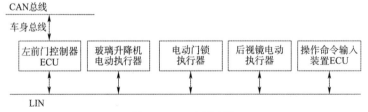

图1-16 LIN应用示例

(3)TTP/A协议。

TTP/A协议最初由维也纳工业大学制定,为时间触发类型的网络协议,主要应用于集成了智能变换器的实时现场总线。它具有标准的 UART,能自动识别加入总线的主节点与从节点,节点在某段已知的时间内触发通信,但不具备内部容错功能。

2. B 类网络协议标准

B 类网络标准见表 1-6。从目前来看,主要应用的 B 类网络标准有 3 种:低速 CAN、SAE J1850 和 VAN。低速 CAN 是 B 类总线的国际标准,以往广泛适用于美国车型的 SAE J1850 正逐步被基于 CAN 总线的标准和协议所取代。

B 类网络标准　　　　表 1-6

总线名称	使用公司	主要使用场合	备注
SAE J2284	GM,Ford,DC	多种场合	基于 ISO 11898,500kbit/s
CAN	欧洲汽车公司	车身控制系统	基于 ISO 11519,也称为容错 CAN
SAE J1939	T&B	多种场合	在载货汽车、大客车应用时为 250kbit/s
SAE J1850	GM,Ford,Chrysler	多种场合	主要应用于北美汽车公司
VAN	Renault,PSA	车身控制	基于 ISO 11519-3,法国

(1) SAE J1850。

1994 年,SAE 正式将 SAE J1850 作为 B 类网络标准协议。最早,SAE J1850 被应用在美国 Ford、GM 以及 Chrysler 公司的汽车中,后来 SAE J1850 协议作为诊断和数据共享标准被广泛应用在汽车产品中。SAE 1850 并不是一个单一标准,如 Ford、GM 和 Chrysler 公司使用的物理层或数据帧格式并不相同,并且 3 个公司使用各自的消息协议。SAE J1850 总线现在已停止使用,全部转至 CAN 总线。

(2) 低速 CAN。

低速 CAN 是德国博世公司于 20 世纪 80 年代初,为解决现代汽车中众多的控制单元之间数据交换问题和控制单元与测试仪器之间的数据交换问题而开发的一种串行数据通信协议。低速 CAN 是一种多主总线,通信介质可以是双绞线、同轴电缆或光纤,目前主要应用为双绞线,通信速率可达 125kbit/s。低速 CAN 具有许多容错功能,一般用在车身电子控制中。CAN 总线凭借其突出的可靠性、实时性和灵活性已从众多总线中突显出来,成为世界接受的 B 类总线的主流协议。

(3) VAN。

车辆局域网(Vehicle Area Network,VAN),是现场总线的一种,主要在法国车中应用,由法国的雷诺汽车公司和标致集团联合开发。VAN 通信介质简单,传输速率可达 1Mbit/s (40m 内),主要用于车身电子控制。VAN 支持分布式实时控制的通信网络,可广泛应用于汽车门锁、电动车窗、空调、自动报警以及娱乐控制等系统。VAN 总线作为串行通信网络,与一般总线相比,其数据通信具有突出的可靠性、实时性和灵活性。

3. C 类网络协议标准

由于高速总线系统主要用于与汽车安全相关,以及实时性要求比较高的地方,如动力系统等,所以其有高传输速率,通常为 125kbit/s～1Mbit/s,支持实时的周期性的参数传输,高速网络主要用于动力控制系统、电子制动系统等。C 类网络标准见表 1-7。

C 类网络标准　　　　　　　　　　　　　　　　　表 1-7

总线名称	使用公司	备注
ISO 11898-2	GM、欧洲汽车公司	实时控制场合
TTP/C	TTTech	实时控制场合（X-by-Wire）
FlexRay	BMW、Motorola、Daimler、Chrysler	实时控制场合（X-by-Wire）

（1）TTP/C 协议。

TTP/C 协议由维也纳工业大学开发，是基于 TDMA 的访问方式。TTP/C 是一个应用于分布式实时控制系统的完整的通信协议。它能够支持多种容错策略，提供容错的时间同步以及广泛的错误检测机制，同时还提供节点的恢复和再整合功能。其采用光纤传输的工程化样品速度将达到 25Mbits。TTP/C 支持时间和事件触发的数据传输。TTP 管理组织 TTA Group 成员包括奥迪、SA、Renault、NEC、TTChip、Delphi 等。

（2）FlexRay。

FlexRay 是 BMW、Daimler-Chrysler、Motorola 和 Philips 等公司制定的功能强大的通信网络协议。它是基于 FTDMA 的确定性访问方式，具有容错功能及确定的通信消息传输时间，同时支持事件触发与时间触发通信。具备高速率通信能力。FlexRay 采用冗余备份的办法，对高速设备可以采用点对点方式与 FlexRay 总线控制器连接，构成星形结构，对低速网络可以采用类似 CAN 总线的方式连接。

（3）高速 CAN。

欧洲的汽车制造商基本上采用总线标准 ISO 11898，总线传输速率通常为 125kbit/s～1Mbit/s。据 Strategy Analytics 公司统计，2008 年用在汽车上的 CAN 节点数目超过 7 亿个。CAN 已成为事实上的国际标准，目前在高速网络通信系统中，应用得最为广泛。然而，作为一种事件驱动型总线，CAN 无法为下一代线控系统提供所需的容错功能或带宽，因为 X-by-Wire 系统实时性和可靠性要求都很高，必须采用时间触发的通信协议，如 TTP/C 或 FlexRay 等。

4. D 类网络协议标准

汽车信息娱乐和远程信息设备，特别是汽车导航系统，需要功能强大的操作系统和连接能力。目前主要应用的几种 D 类网络协议见表 1-8。

D 类网络协议　　　　　　　　　　　　　　　　　表 1-8

分类	总线协议		应用场合	传输介质	传输速率	备注
低速	IDB-C		通信娱乐	双绞线	250kbit/s	基于 CAN 总线
高速	D2B	Cipper	通信娱乐	双绞线	29.8kbit/s	—
		Optical	通信娱乐	光纤	12Mbit/s	—
	MOST		通信娱乐	光纤	25Mbit/s	
	IEEE1394		PC 设备	屏蔽双绞线	98～393Mbit/s	
无线	蓝牙		PC 通信	—	2.4GHz	短距离视频技术

汽车多媒体网络和协议分为三种类型，分别是低速、高速和无线，对应 SAE 的分类相应为 IDB-C、IDB-M 和 IDB-W。低速用于远程通信、诊断及通用信息传送，IDB-C 按 CAN 总线的格式以 250kbit/s 的速率进行信息传送。由于其低成本的特性，早期的汽车多媒体网络多采用该模式，但一般不传输媒体信息，主要完成操作指令的传输。高速主要用于实时的音频

和视频通信,如 MP3、DVD 和 CD 等的播放,所使用的传输介质是光纤,这一类里主要有 D2B、MOST 和 IEEE1394。无线通信方面,采用蓝牙规范。

5. E 类网络协议标准(安全总线标准)

安全总线主要用于安全气囊系统,以连接气囊电控单元、加速度传感器、安全传感器等装置,为被动安全提供最佳保障。

典型的安全总线标准如 BMW 公司的 Byteflight。Byteflight 协议是由 BMW、Motorola、Elmos 和 Infineon 等公司共同开发的,此协议基于灵活的时分多路 TDMA 协议,以 10Mbit/s 的速率传送数据,光纤可长达 43m。其结构能够保证以一段固定的等待时间专门用于来自安全元件的高优先级信息,而允许低优先级信息使用其余的时段。

Byteflight 不仅可以用于安全气囊系统的网络通信,还可用于 X-by-Wire 系统的通信和控制。

思政点拨

新中国成立之初,我国的汽车工业积贫积弱,马路上跑的都是"万国牌"汽车,没有一辆是我国自己生产的。为了早日建立起民族汽车工业,党中央决定在长春建设新中国第一个汽车工业基地。1953 年 7 月 15 日,在长春市郊一片荒地上,第一汽车制造厂举行了奠基典礼,来自 26 个省(自治区、直辖市)的数万名建设者汇聚到了这里。此后,来自全国各地的专家工人、原料设备,源源不断地涌向"一汽"。经过 3 年的艰苦奋斗,1956 年 7 月 13 日,新中国第一辆汽车——解放牌汽车试制成功。它们彻底结束了中国马路上只有"万国牌"汽车的历史,揭开了中国汽车工业发展史的第一页。

"一汽"人不断加快小轿车的研制速度,1958 年 2 月,组建了制造轿车的突击队。全厂专家、工人齐心协力攻关,三个月后,1958 年 5 月 12 日,中国第一辆轿车——东风牌轿车驶出车间。这辆东风轿车车头有"东风"两个汉字,镶有一条金龙,象征中国,车头两侧镶有毛泽东题写的"中国第一汽车制造厂"字样。为了向新中国成立十周年庆典献礼,1959 年初,"一汽"开始突击生产"红旗"轿车,同年 8 月 31 日,第一批"红旗"轿车投入批量生产,使我国汽车工业技术水平站上了新的台阶。如今,中国一汽集团自主研发的最新一代 L4 级别的全自动无人驾驶电动小汽车正在进行技术测试,"一汽"正向智能化未来全面进军。

放眼全国,北京、天津、长沙、上海等大城市,正陆续开放自动驾驶测试区,通过 5G、人工智能等新技术的赋能,智能化在汽车产业链条的各个场景被广泛应用,智能化、网联化正成为汽车工业转型升级的新牵引力。经过近 70 年的发展,中国汽车工业从"蹒跚学步"到"羽翼丰满",支撑我国成为全球汽车产销第一大国。(来源:芒果云)

技能实训

(一)车载网络系统认识

实训内容:认识一汽大众迈腾 B7L 车型的车载网络系统。

1. 准备工作

(1) 一汽大众迈腾 B7L 汽车。

(2) 相关说明书、维修手册等资料。

(3) 相关职场健康和安全的信息。

(4) 相关维修知识和维修资料的网页。

2. 技术要求与注意事项

(1) 能够正确使用维修资料,正确选用工具。

(2) 能够在规定的时间内完成工作任务。

(3) 在诊断维修过程中注意操作规范、职场健康和安全。

3. 操作步骤

(1) 正确读取分析一汽大众迈腾 B7L 车型电路图及技术资料。

(2) 分析一汽大众迈腾 B7L 车型的网络拓扑结构图(图 1-17)、各数据总线的传输速率和总线上连接的控制单元名称。

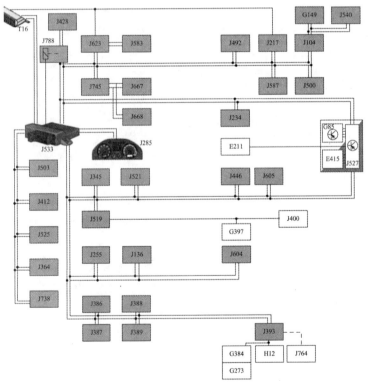

图 1-17　迈腾 B7L 网络拓扑结构图

4. 工作页

看一汽大众迈腾 B7L 网络拓扑结构图,找出拓扑图上的数据总线,各数据总线的传输速率是多少?

(二) 评价与反馈

1. 自我评价与反馈

(1)是否遵守课堂纪律、是否认真听讲,占 20% ,成绩为_____。
(2)团队合作意识、尊重团队成员(包括老师和其他同学),占 30% ,成绩为_____。
(3)学习任务(工作任务)完成情况,占 40% ,成绩为_____。
(4)5S 及环保意识,占 10% ,成绩为_____。

2. 小组评价与反馈

(1)是否遵守课堂纪律、是否认真听讲,占 20% ,成绩为_____。
(2)团队合作意识、尊重团队成员(包括老师和其他同学),占 30% ,成绩为_____。
(3)学习任务(工作任务)完成情况,占 40% ,成绩为_____。
(4)5S 及环保意识,占 10% ,成绩为_____。

3. 教师评价及反馈

(1)是否遵守课堂纪律、是否认真听讲,占 20% ,成绩为_____。
(2)团队合作意识、尊重团队成员(包括老师和其他同学),占 30% ,成绩为_____。
(3)学习任务(工作任务)完成情况,占 40% ,成绩为_____。
(4)5S 及环保意识,占 10% ,成绩为_____。

综合评价的最终成绩为:_____。

模块小结

本模块简单介绍了车载网络技术的定义、车载网络技术的发展、车载网络技术的应用背景、车载网络技术的作用、典型车载网络的结构与组成和车载网络系统的常用术语、车载网络系统通信协议等。

本模块应着重掌握车载网络技术的定义、术语和应用。

思考与练习

(一)填空题

1. 导线长度和插接器数量的增加不但占据_____、增加装配和维修的_____、提高_____,而且妨碍整车可靠性的提高。

2. _____,就是指在一条数据线上传递的信号可以被多个系统共享,从而最大限度地提高系统整体效率,充分利用有限的资源。

3. 通过接口连接不同设备时有_____和_____两种连接方式。

4. 协议三要素是指_____、_____和_____。

5. 车用网络大致可以分为4个系统:_____、_____、_____、_____。

(二) 判断题

1. 汽车上的总线传输系统(车载网络)是一种局域网。( )

2. 局域网一般的数据传输速度为105Mbit/s～1Gbit/s,传输距离在250m范围内,误码率低。( )

3. 当采用两条导线时,将它们绞在一起成为双绞线,是为了使传输信号更可靠。( )

4. 比特率越高,单位时间传送的数据量(位数)越小。( )

5. 星形网拓扑结构的一个节点出现故障可能会终止全网运行,因此可靠性较差。( )

(三) 选择题

1. ( )不是车载网络系统组成。
   A. 传输媒体　　　　B. 拓扑结构　　　　C. 通信协议　　　　D. 数据总线

2. ( )不属于通信协议的三要素。
   A. 语义　　　　　　B. 语法　　　　　　C. 语序　　　　　　D. 定时规则

3. 用来控制智能刮水器、自动空调等系统的是( )。
   A. A类网络　　　　B. B类网络　　　　C. D类网络　　　　D. E类网络

4. 低速CAN属于( )。
   A. A类网络　　　　B. B类网络　　　　C. D类网络　　　　D. E类网络

5. 多媒体系统总线MOST属于( )。
   A. A类网络　　　　B. B类网络　　　　C. D类网络　　　　D. E类网络

6. Byteflight是可以用于安全气囊系统的网络通信,它属于( )。
   A. A类网络　　　　B. B类网络　　　　C. D类网络　　　　D. E类网络

(四) 简答题

1. 试述为什么要使用网络系统。
2. 总线数据传输的要求有哪些?
3. 车载网络系统的功能有哪些?
4. 通信协议的内容包括哪些?
5. 汽车数据传输网可以划分为哪几类?

模块二 CAN总线系统技术分析

学习目标

☞ **知识目标**

1. 了解 CAN 总线在车载网络系统中的应用概况；
2. 熟悉 CAN 总线的结构组成；
3. 掌握 CAN 总线数据信号的传输原理；
4. 掌握 CAN 总线诊断插座与专用检测仪的连接方法。

☞ **技能目标**

1. 能描述 CAN 总线系统的工作原理；
2. 能够识别 CAN 总线系统的结构；
3. 会测量 CAN 网络电阻；
4. 会测量 CAN 网络的电压和波形。

☞ **素养目标**

1. 培养学生乐于思考、敢于实践、做事认真、团结合作的工作作风；
2. 培养学生谦虚严谨、刻苦钻研、积极进取的工作学习态度；
3. 培养学生劳模精神、劳模精神、工匠精神和创新意识。

☞ **思政目标**

通过思政学习,培养学生敬业奉献、艰苦奋斗、勇于创新的精神。

建议学时

12 学时

一、CAN 总线的工作原理

（一）CAN 总线简介

CAN 是 Controller Area Network(控制器局域网)的缩写,是国际标准化的串行通信协议。目前,CAN 总线是车载网络系统中应用最多也最为普遍的一种总线技术。

CAN 总线简介

1. CAN 总线的优点

对于汽车上的整个系统来说,CAN 总线有以下优点：

(1)控制单元间的数据传输都在同一平台上进行(图2-1)。这个平台称为协议,CAN总线起到数据传输"高速公路"的作用(图2-2)。

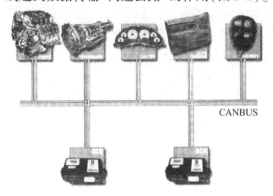

图2-1 控制单元间的数据传输都在同一平台上进行

图2-2 CAN总线起到数据传输"高速公路"的作用

(2)可以很方便地实现用控制单元来对系统进行控制,如发动机控制、变速器控制、ESP控制等。

(3)可以很方便地加装选装装置,为技术进步创造了条件,为新装备的使用埋下了伏笔。

(4)CAN总线是一个开放系统,可以与各种传输介质进行适配,如铜线和光导纤维(光纤)。

(5)对控制单元的诊断可通过K线来进行,车内的诊断有时通过CAN总线来完成(如安全气囊和车门控制单元),称为"虚拟K线"。随着技术的进步,今后有逐步取消K线的趋势。

(6)可同时通过多个控制单元进行系统诊断。

2. CAN总线的结构特点

CAN总线系统上并联有多个控制单元,具有以下特点:

(1)可靠性高。系统能将数据传输故障(不论是由内部还是外部引起的)准确地识别出来。

(2)使用方便。如果某一控制单元出现故障,其他控制单元还可以保持原有功能,以便进行信息交换。

(3)数据密度大。所有控制单元在任一瞬时的信息状态均相同,这样就使得两控制单元之间不会有数据偏差。如果系统的某一处有故障,那么总线上所有连接的元件都会得到通知。

(4)数据传输快。连成网络的各控制单元之间的数据交换速率必须很快,这样才能满足实时要求。

(5)采用双线传输,抗干扰能力强,数据传输的可靠性高。

3. CAN总线的传输速率

目前,CAN总线系统中的信号是采用数字方式经铜导线传输的,其最大稳定传输速率可达1Mbit/s。大众和奥迪公司将最大标准传输速率规定为500kbit/s。

考虑到信号的重复率及产生出的数据量,CAN总线系统分为三个专门的系统:

(1)驱动CAN总线(高速),亦称动力CAN总线,其标准传输速率为500kbit/s,可充分满足实时要求,主要用于发动机、变速器、ABS、转向助力等汽车动力系统的数据传输。

(2)舒适CAN总线(低速),其标准传输速率为100kbit/s,主要用于空调系统、中央门锁

(车门)系统、座椅调节系统的数据传输。

（3）信息 CAN 总线（低速），其标准传输速率为 100kbit/s，主要用于对响应速度要求不高的领域，如导航系统、组合音响系统、CD 转换控制等。

4. CAN 总线的自诊断功能

CAN 总线是车内电子装置中的一个独立系统，从本质上讲，CAN 总线就是数据传输线路，用于在控制单元之间进行信息交换。

由于自身的布置和结构特点，CAN 总线工作时的可靠性很高。如果 CAN 总线系统出现故障，故障就会存入相应的控制单元故障存储器内，可以用诊断仪读出这些故障。

（1）控制单元具有自诊断功能，通过自诊断功能还可识别出与 CAN 总线相关的故障。

（2）用诊断仪（如 VAS5051、VAS5052、GT1 等）读出 CAN 总线故障记录之后，即可按这些提示信息顺藤摸瓜，快速、准确地查寻并排除故障。

（3）控制单元内的故障记录用于初步确定故障，还可用于读出排除故障后的无故障说明，即确认故障已经被排除。如果想要更新故障显示内容，必须重新起动发动机。

（4）CAN 总线正常工作的前提条件是车辆在任何工况均不应有 CAN 总线故障记录。

（二）CAN 总线的组成

1. CAN 总线的基本系统

CAN 总线的基本系统由多个控制单元和两条数据线组成，这些控制单元通过所谓收发器（发射-接收放大器）并联在总线导线上。如图 2-3 所示，数据总线犹如高速公路，总线机制犹如公交车，载运着乘客（数据）在各个车站（控制单元）之间穿梭，完成乘客（数据）的运输工作。

CAN 总线的工作原理

CAN 总线上各个控制单元的条件是相同的，也就是说，所有控制单元的地位均相同，没有哪个控制单元有特权。从这个意义上讲，CAN 总线也称多主机结构。

数据传输是按顺序连续完成的。原则上，CAN 总线用一条导线就可以满足功能要求，但 CAN 总线系统上还是配备了第二条导线，且两根导线互相缠绕在一起，称为双绞线。这两根导线中，一根导线称为 CAN-High 导线，另一根导线称为 CAN-Low 导线（图 2-4）。在双绞线上，信号是按相反相位传输的，这样可有效消除外部干扰，使系统具有良好的电磁兼容性能（Electro Mag-netic Compatibility，EMC）。

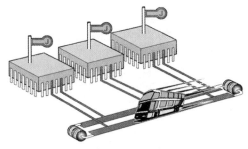

图 2-3 CAN 总线的数据传输与公交车载运乘客原理相似

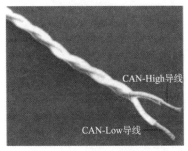

图 2-4 CAN 总线的双绞线

2. CAN 总线的数据结构

如图 2-5 所示,CAN 总线所传输的每条完整信息由 7 个区构成,信息最大长度为 108bit。在两条 CAN 导线上,所传输的数据内容是相同的,但是两条导线的电平状态相反。

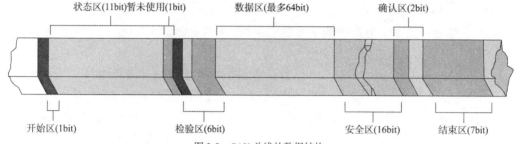

图 2-5　CAN 总线的数据结构

(1)开始区。开始区(长度为 1bit)标志数据开始,CAN-High 导线的电压大约为 5V(具体数值视系统而定),CAN-Low 导线的电压大约为 0V。

(2)状态区。状态区(长度为 11bit)用于确定所传数据的优先级。如果在同一时刻有两个控制单元都想发送数据,则优先级高的数据先行发出。

(3)检验区。检验区(长度为 6bit)用于显示数据区中的数据数量,以便让接收器(接收数据的控制单元)检验自己接收到的、来自发送器(发送数据的控制单元)的数据是否完整。

(4)数据区。数据区(长度不确定,视具体情况而定,最大长度为 64bit)是信息的实质内容。

(5)安全区。安全区(长度为 16bit)用于检验数据在传输中是否出现错误。

(6)确认区。确认区(长度为 2bit)是数据接收器发给数据发送器的确认信号,表示接收器已经正确、完整地收到了发送器发送的数据。如果检测到在数据传输中出现错误,则接收器会迅速通知发送器,以便发送器重新发送该数据。

(7)结束区。结束区(长度为 7bit)标志着数据的结束。

3. 信息的发送与接收

CAN 数据总线在发送信息时,每个控制单元均可接收其他控制单元发送出的信息。在通信技术领域,也把该原理称为广播(图 2-6),就像一个广播电台发送广播节目一样,每个广播网范围内的用户(收音机)均可接收。这种广播方式可以使得连接的所有控制单元总是处于相同的信息状态。

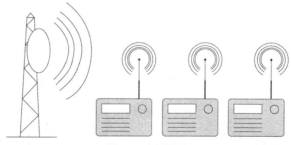

图 2-6　广播原理

如图 2-7 所示,CAN 数据总线的数据传输又类似于"电话会议",即一个电话用户(控制单元)将数据"讲"入网络中,其他用户通过网络"接听"这个数据。对这个数据感兴趣的用户就会记录并使用该数据,而其他用户则选择忽略,可以对该数据不予理睬。

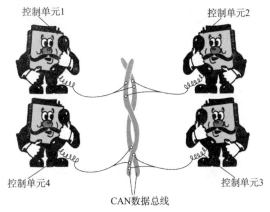

图 2-7　CAN 数据总线的数据传输类似于"电话会议"

为了易于说明数据传输的基本原理,下面以只有一条 CAN 总线导线的情况来进行阐述(图 2-8)。

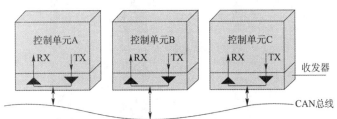

图 2-8　单线 CAN 总线数据传输示意图

想要传输的数据称为信息,每个控制单元均可发送和接收信息。信息包含有重要的物理量,如发动机转速、冷却液温度等。在进行数据传输时,首先要把物理数据转变成一系列二进制数,如发动机转速为 1800r/min 可表示成 11100001000。

如图 2-9 所示,在发送过程中,二进制数先被转换成连续的比特流(信息流),该比特流通过 TX 线(发送线)到达收发器(放大器),收发器将比特流转化成相应的电压值,最后这些电压值按时间顺序依次被传送到 CAN 总线的导线上(图 2-10)。

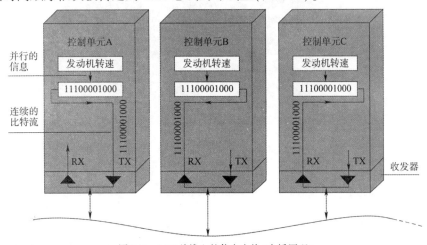

图 2-9　CAN 总线上的信息交换(广播原理)

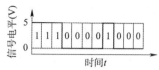

图2-10 按时间顺序的电信号传输

在接收过程中,这些电压值经收发器又转换成比特流,再经 RX 线(接收线)传至控制单元,控制单元将这些二进制连续值转换成信息,如 11100001000 这个值又被转换成 1800r/min 这个发动机转速。

(三) CAN 总线系统元件的功能

如图 2-11 所示,CAN 总线系统元件主要由 K 线、控制单元、CAN 构件、收发器等组成。

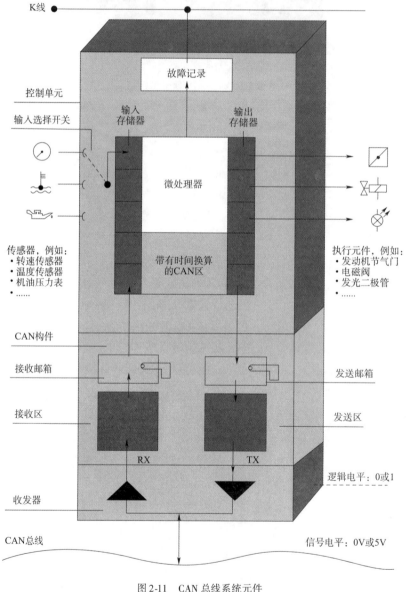

图2-11 CAN 总线系统元件

1. K 线

K 线用于在 CAN 总线系统自诊断时连接汽车故障检测仪(如 VAS5051),属于诊断用的通信线。

2. 控制单元

控制单元接收来自传感器的信号,将其处理后再发送指令到执行元件上。控制单元中的微处理器上带有输入、输出存储器和程序存储器。

控制单元接收到的传感器数据值(如发动机转速或冷却液温度)会被定期查询并按顺序存入输入存储器。微处理器按事先编制好的程序来处理输入值,处理后的结果存入相应的输出存储器内,然后到达各个执行元件。为了能够处理 CAN 信息,各控制单元内还有一个 CAN 存储区,用于容纳接收到的和要发送的信息。

3. CAN 构件

CAN 构件用于数据交换,它分为两个区,一个是接收区,一个是发送区。CAN 构件通过接收邮箱或发送邮箱与控制单元相连,其工作过程与邮局收发邮件的过程非常相似。CAN 构件一般集成在控制单元的微处理器芯片内。

4. 收发器

收发器就是一个发送-接收放大器,在发送数据时,收发器将 CAN 构件连续的比特流(亦称逻辑电平)转换成电压值(传输电平);当接收数据时,收发器把电压值(传输电平)转换成连续的比特流。电路传输电平非常适合在铜质导线上进行数据传输。

收发器通过 TX 线(发送导线)或 RX 线(接收导线)与 CAN 构件相连。RX 线通过一个放大器直接与 CAN 总线相连,并总是在监听总线信号。

(1)收发器的特点如图 2-12 所示,收发器的 TX 线始终与总线耦合,两者的耦合过程是通过一个开关电路来实现的。收发器内晶体三极管的状态与总线电平之间的对应关系见表 2-1。

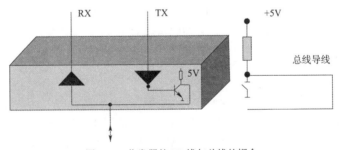

图 2-12 收发器的 TX 线与总线的耦合

收发器内晶体三极管的状态与总线电平之间的对应关系　　　　表 2-1

状　　态	晶体三极管状态	有源/无源	电阻状态	总线电平
1	截止(相当于开关断开)	无源	高阻抗	1
0	导通(相当于开关闭合)	有源	低阻抗	0

(2)多个收发器与总线导线的耦合。当有多个收发器与总线导线耦合时,总线的电平状态将取决于各个收发器开关状态的逻辑组合。下面以 3 个收发器接到一根总线导线上(图 2-13)的情况为例加以说明。

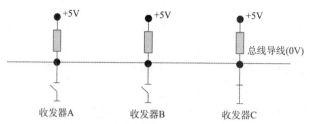

图2-13 3个收发器接到一根总线导线上

在图2-13中,收发器 A 和收发器 B 的开关呈断开状态,收发器 C 的开关呈闭合状态。开关断开表示1(无源),开关闭合表示0(有源)。

由图2-13不难看出,如果某一开关已闭合,电阻上就有电流流过,于是总线导线上的电压就为0V;如果所有开关均未闭合,那么电阻上就没有电流流过,电阻上就没有电压降,于是总线导线上的电压就为5V。

3个收发器开关的状态与总线电平的逻辑关系见表2-2。

表2-2 收发器开关的状态与总线电平的逻辑关系

收发器 A	收发器 B	收发器 C	总线电平	收发器 A	收发器 B	收发器 C	总线电平
1	1	1	1(5V)	0	1	1	0(0V)
1	1	0	0(0V)	0	1	0	0(0V)
1	0	1	0(0V)	0	0	1	0(0V)
1	0	0	0(0V)	0	0	0	0(0V)

如果总线处于状态1(无源),那么该状态可以由某一个控制单元使用状态0(有源)来改写。一般将无源的总线电平称为隐性的,有源的总线电平称为显性的。

其意义体现在:

①发送传输错误信号时(错误帧故障信息)。

②冲突仲裁时(如果几个控制单元欲同时发送信息)。

(四)CAN 总线的数据传输过程

下面以发动机转速信息的传输过程为例,介绍 CAN 总线上的数据传输过程。从发动机转速信号获取、接收、传输,直到在发动机转速表上显示出来,从这一完整的数据传输过程中可以清楚地看出数据传输的时间顺序以及 CAN 构件与控制单元之间的配合关系。

1. 信息格式的转换

首先是发动机控制单元的传感器接收到发动机转速信息(转速值)。该值以固定的周期(循环往复地)到达微处理器的输入存储器内。

由于瞬时转速值不仅用于发动机运转控制、变速器换挡控制,还用于其他控制单元(如组合仪表),故该值通过 CAN 总线来传输,以实现信息共享。于是转速值就被复制到发动机控制单元的发送存储器内。该信息从发送存储器进入 CAN 构件的发送邮箱内。

如果发送邮箱内有一个发动机转速实时值,那么该值会由发送特征位(举起的小旗)显示出来。将发送任务委托给 CAN 构件,发动机控制单元就完成数据传输任务。

如图 2-14 所示，发动机转速值按协议被转换成标准的 CAN 信息格式。

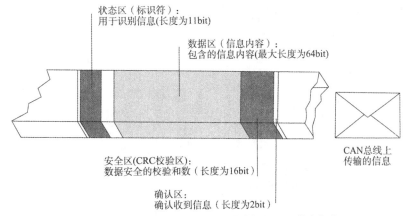

图 2-14　发动机转速值按协议被转换成标准 CAN 信息格式

在本例中，状态区（标识符）＝发动机，数据区（信息内容）＝发动机转速（发动机转速为 ××r/min）。当然，CAN 总线上传输的数据也可以是其他信息，如节气门开度、冷却液温度、发动机转矩等，具体内容取决于系统软件的设定。

2. 请求发送信息——总线状态查询

如果发送邮箱内有一个发动机转速实时值，那么该值会由发送特征位（举起的小旗）显示出来——请求发送信息，相当于学生举手向老师示意，申请发言。

只有总线处于空闲状态时，控制单元才能向总线上发送信息。如图 2-15 所示，CAN 构件通过 RX 线来检查总线是否有源（是否正在交换其他信息），必要时会等待，直至总线空闲下来为止。

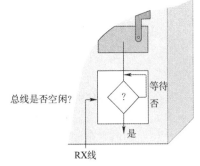

图 2-15　总线状态查询

如果在某一时间段内，总线电平一直为 1（总线一直处于无源状态），则说明总线处于空闲状态。

3. 发送信息

如图 2-16 所示，如果总线空闲下来，发动机信息就会被发送出去。

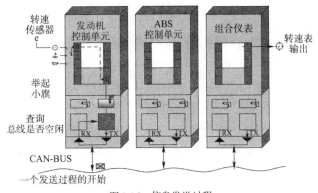

图 2-16　信息发送过程

4. 接收过程

如图 2-17 所示,连接在 CAN 总线上的所有控制单元都接收发动机控制单元发送的信息,该信息通过 RX 线到达 CAN 构件各自的接收区。

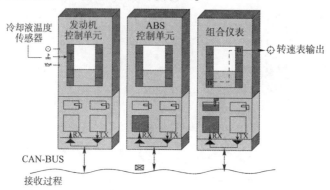

图 2-17 接收过程

接收过程分两步,首先检查信息是否正确(在监控层),然后检查信息是否可用(在接收层)。

(1)检查信息是否正确。接收器接收发动机控制单元的所有信息,并且在相应的监控层检查这些信息是否正确。这样就可以识别出在某种情况下某一控制单元上出现的局部故障。

按照 CAN 总线的信息广播原理,连接在 CAN 总线上的所有控制单元都接收发动机控制单元发送的信息。数据传输是否正确,可以通过监控层内的 CRC 校验和数来进行校验。CRC 校验即循环冗余码校验(Cycling Redundancy Check, CRC)。

在发送每个信息时,所有数据位会产生并传递一个 16bit 的校验和数,接收器按同样的规则从所有已经接收到的数据位中计算出校验和数,随后系统将接收到的校验和数与计算出的实际校验和数进行比较。

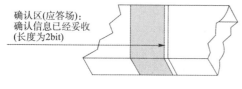

图 2-18 确认信息已经妥收

如果两个校验和数相等,确认无数据传输错误,那么连接在 CAN 总线上的所有控制单元都会给发送器一个确认回答(也称应答,图 2-18)。这个回答就是所谓的"信息收到符号"(Acknowledge, Ack),它位于校验和数之后。

如图 2-19 所示,经监控层监控、确认无误后,已接收到的正确信息会到达相关 CAN 构件的接收区。

(2)检查信息是否可用。CAN 构件的接收层判断该信息是否可用。如果该信息对本控制单元来说是有用的,则举起接收旗,予以放行(图 2-20),该信息就会进入相应的接收邮箱;如果该信息对本控制单元来说是无用的,则可以拒绝接收。

在图 2-20 中,连接在 CAN 总线上的组合仪表根据升起的"接收旗"就会知道,现在有一个信息(发动机转速)在排队等待处理。组合仪表调出该信息并将相应的值复制到它的输入存储器内。通过 CAN 总线进行的数据传输(发送和接收信息)过程至此结束。

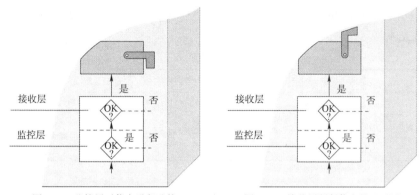

图 2-19　监控层对信息进行监控　　　图 2-20　接收层判断信息是否可用

在组合仪表内部,发动机转速信息经微处理器处理后到达执行元件并最后到达发动机转速表,显示出发动机转速的具体数值。

上述数据传输过程按设定好的循环时间(如 10ms)在 CAN 总线上周而复始地重复进行。

5. 冲突仲裁

如果多个控制单元同时发送信息,那么数据总线上就必然会发生数据冲突。为了避免发生这种情况,CAN 总线具有冲突仲裁机制。按照信息的重要程度分配优先权,十万火急的信息(如事关汽车被动安全、汽车稳定性控制的信息)优先权高,不是特别紧急的信息(如车窗玻璃升降、车门锁止等)优先权低,以确保优先权高的信息能够优先发送。

(1)每个控制单元在发送信息时通过发送标识符来标识信息类别,信息优先权包含在标识符中。

(2)所有控制单元都通过各自的 RX 线来跟踪总线上的一举一动并获知总线状态。

(3)每个控制单元的发送器都将 TX 线和 RX 线的状态一位一位地进行比较(它们可以不一致)。

CAN 总线是这样来进行仲裁的:TX 线上加有一个"0"的控制单元必须退出总线。用标识符中位于前部的"0"的个数调整信息的重要程度,从而保证按重要程度的顺序来发送信息。标识符中的数字越小,表示该信息越重要,需要予以优先发送。

如图 2-21 所示,当发动机控制单元、变速器控制单元、组合仪表控制单元三者在同一时刻都想向 CAN 总线发送数据时,则按照优先权的高低来进行仲裁。

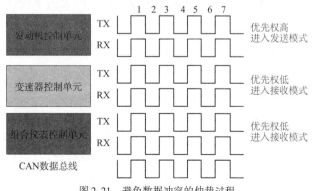

图 2-21　避免数据冲突的仲裁过程

由表 2-3 可见,转向角传感器的信息标识符中的数字最小,说明该信息最为重要,CAN 总线予以优先发送。

信息标识符中的数字　　　　　　　表 2-3

信息标识符	二进制数	十六进制数	信息标识符	二进制数	十六进制数
发动机-1	010 1000 0000	280H	转向角传感器-1	000 1100 0000	0C0H
制动系数	010 1010 0000	2A0H	自动变速器-1	100 0100 0000	440H
组合仪表	011 0010 0000	320H			

二、CAN 总线的应用

(一) CAN 总线的分类

CAN 总线的应用

由于 CAN 总线在汽车上的具体应用领域(系统)和数据传输速率不同,CAN 总线有不同的类别。另外,对于功能相同或相近的 CAN 总线,不同的汽车公司,对其称谓也不尽相同。如大众集团的 CAN 总线分为驱动 CAN 总线、舒适 CAN 总线、信息 CAN 总线三类;而宝马汽车集团的 CAN 总线分为 PT-CAN 总线(动力传输 CAN 总线)、F-CAN 总线(底盘 CAN 总线)、K-CAN 总线(车身 CAN 总线)三类;奔驰汽车公司的 CAN 总线分为 CANB 总线、CANC 总线两大类。

1. 大众集团的 CAN 总线

目前,德国大众汽车集团公司生产的汽车中使用多种 CAN 数据总线。根据信号的重复率、产生的数据量和可用性(准备状态),CAN 数据总线系统分为如下三类:

(1) 驱动 CAN 数据总线。驱动 CAN 数据总线属于高速 CAN 总线,数据传输速率为 500kbit/s,用于将驱动系统中的控制单元连成网络。

(2) 舒适 CAN 数据总线。舒适 CAN 数据总线属于低速 CAN 总线,数据传输速率为 100kbit/s,用于将舒适系统中的控制单元连成网络。

(3) 信息 CAN 数据总线。信息 CAN 数据总线属于低速 CAN 总线,数据传输速率为 100kbit/s,用于将收音机、电话和导航系统连成网络。

舒适 CAN 数据总线和信息 CAN 数据总线可以通过带网关的组合仪表与驱动 CAN 数据总线进行数据交换。

2. 不同 CAN 总线的共性

(1) 不同类别的 CAN 总线在数据高速公路上采用同样的交通规则(数据传输协议)进行数据传输。

(2) 为了保证信息传输的高抗干扰性(如来自发动机舱的强烈的电磁波),所有 CAN 数据总线都采用双线(CAN-High 导线和 CAN-Low 导线)系统,个别公司还采用三线系统(如宝马车系,其 PT-CAN 总线中除了 CAN-High 导线和 CAN-Low 导线之外,还有一根唤醒导线)。

(3) 将要发送的信号在发送控制单元的收发器内转换成不同的信号电平,并输送到两条

CAN 导线上,只有在接收控制单元的差分信号放大器内才能建立两个信号电平的差值,并将其作为唯一经过校正的信号继续传至控制单元的 CAN 接收区。

(4)信息 CAN 数据总线与舒适 CAN 数据总线的特性是一致的。

在波罗(自 2002 年起)和高尔夫Ⅳ汽车上,信息 CAN 数据总线和舒适 CAN 数据总线采用同一组数据导线。

3. 不同 CAN 总线的区别

(1)驱动 CAN 数据总线通过 15 号接线柱(也称总线端子 15)切断,或经过短时无载运行会自行切断。

(2)舒适 CAN 数据总线由 30 号接线柱(也称总线端子 30)供电且必须保持随时可用状态。为了尽可能降低汽车电网的负荷,在 15 号接线柱关闭后,若汽车网络系统不再需要舒适 CAN 数据总线工作,那么舒适 CAN 数据总线就进入休眠模式。

(3)舒适 CAN 数据总线和信息 CAN 数据总线在一条导线短路或一条导线断路时,可以使用另外一条导线继续工作,这时系统会自动切换到单线工作模式。也就是说,舒适 CAN 数据总线和信息 CAN 数据总线可以单线工作(俗称"瘸腿"工作)。

(4)驱动 CAN 数据总线的电信号与舒适 CAN 数据总线、信息 CAN 数据总线的电信号是不同的。

驱动 CAN 数据总线无法与舒适/信息 CAN 数据总线直接进行电气连接,但可以通过网关连接在一起,构成一个更大的网络。网关可以设置在某一个控制单元(如组合仪表控制单元或供电控制单元)内,也可以独立设置,形成网关模块。

4. CAN 导线

CAN 数据总线是一种双线式数据总线,各个 CAN 系统的所有控制单元都并联在 CAN 数据总线上。CAN 数据总线的两条导线分别叫作 CAN-High 导线和 CAN-Low 导线。在实际使用中,CAN-High 导线和 CAN-Low 导线是扭结在一起的,称为双绞线,如图 2-22 所示。

图 2-22 双绞线

控制单元之间的数据交换就是通过这两条导线完成的,这些数据可以是发动机转速、冷却液温度、油箱油面高度、节气门开度、加速踏板开度、车速等,也可以是车轮转速、转向盘转角、发动机输出转矩、爆燃倾向等。

在大众车系中,CAN 导线的基色为橙色。对于驱动数据总线来说,CAN-High 导线上还多加了黑色作为标志色;对于舒适 CAN 数据总线来说,CAN-High 导线上的标志色为绿色;对于信息 CAN 数据总线来说,CAN-High 导线上的标志色为紫色;而所有 CAN-Low 导线的标志色都是棕色。

为易于识别,并与大众车系维修手册及 VAS5051 检测仪相适应,CAN 导线分别用黄色和绿色来表示,CAN-High 导线为黄色,CAN-Low 导线为绿色(图 2-23)。

图 2-23 双绞线（CAN-High 导线和 CAN-Low 导线）

5. CAN 导线布线图

大众集团使用的 CAN 数据总线有一个特点,控制单元之间呈树形连接,这在 CAN 标准中是没有的。这个特点使得控制单元布线更为完美。

汽车上 CAN 导线的实际布置状态称为拓扑结构,车型不同,其拓扑结构也不尽相同。在大众某汽车驱动系统的 CAN 数据总线拓扑结构图(图2-24)中,可以清楚地看到树形的网络结构。

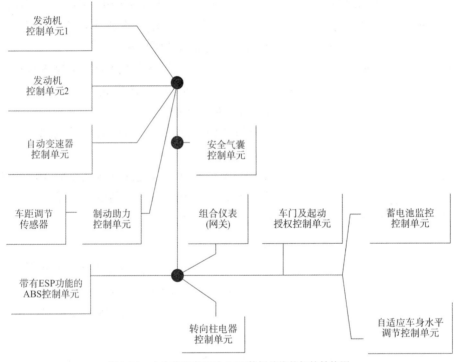

图 2-24 大众某汽车驱动 CAN 数据总线的拓扑结构图

（二）驱动 CAN 总线

1. CAN 导线上的电压

如图 2-25 所示,驱动 CAN 总线处于静止状态(没有数据传输)时,CAN-High 导线和 CAN-Low 导线两条导线上作用有预先设定的电压,其电压值约为 2.5V。

CAN 总线的静止状态亦称隐性状态,静止状态下 CAN-High 导线和 CAN-Low 导线的对地电压称为静止电平(也称隐性电平),简称静电平。

当有数据传输时,驱动 CAN 总线处于显性状态。此时,CAN-High 导线上的电压值会升高一个预定值(至少为 1V),而 CAN-Low 导线上的电压值会降低一个同样数值(至少为 1V)。

于是,在驱动 CAN 总线上,CAN-High 导线就处于激活状态(显性状态),其电压不低于 3.5V (2.5V + 1V = 3.5V),而 CAN-Low 导线上的电压值最多可降至 1.5V(2.5V − 1V = 1.5V)。

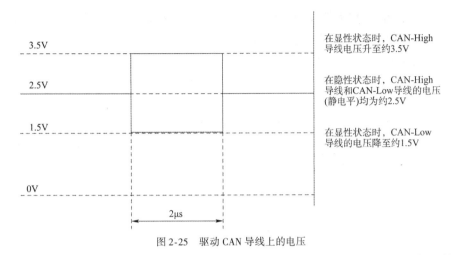

图 2-25　驱动 CAN 导线上的电压

因此,在隐性状态时,CAN-High 导线与 CAN-Low 导线上的电压差为 0V,在显性状态时该差值最低为 2V。

驱动 CAN 总线传输 1bit 电平所需时间为 2μs,以此计算,驱动 CAN 总线的数据传输速率即为 500kbit/s。驱动 CAN 总线传输一条完整的 CAN 信息大约需要 0.2ms,即 200μs。

2. CAN 收发器

控制单元是通过收发器连接到驱动 CAN 总线上的。在收发器内部的接收器一侧设有差分信号放大器(Differential Signal Amplifier,也称差动信号放大器)。差分信号放大器用于处理来自 CAN-High 导线和 CAN-Low 导线的信号。除此以外,还负责将转换后的信号传至控制单元的 CAN 接收区。这个转换后的信号称为差分信号放大器的输出电压。

如图 2-26 所示,差分信号放大器用 CAN-High 导线上的电压($U_{\text{CAN-High}}$)减去 CAN-Low 导线上的电压($U_{\text{CAN-Low}}$),就得出了输出电压,用这种差分传输方法可以消除静电平或其他任何重叠的电压(如外来的电磁干扰)。

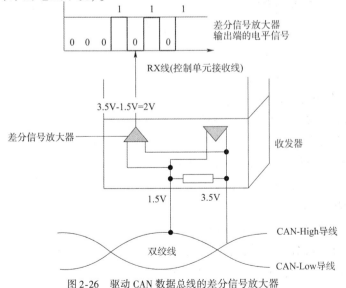

图 2-26　驱动 CAN 数据总线的差分信号放大器

收发器的差分信号放大器在处理信号时,会用CAN-High导线上作用的电压减去CAN-Low导线上作用的电压,具体的处理过程如图2-27所示。

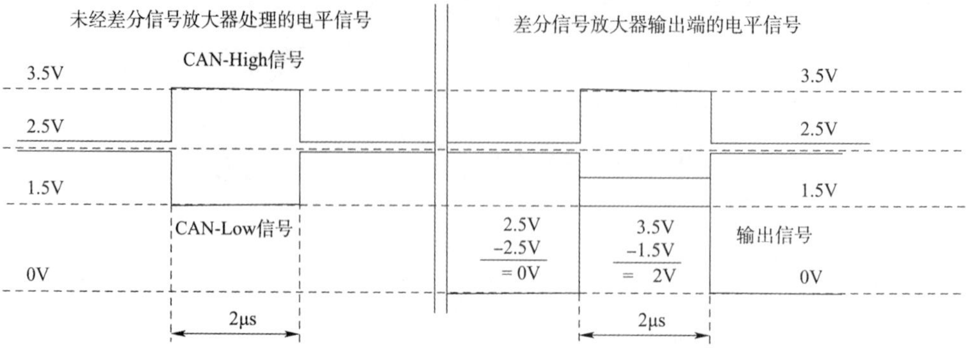

图2-27 差分信号放大器内的信号处理

3. 干扰信号的消除

由于CAN总线线束要布置在发动机舱内,所以CAN总线难免会遭受各种电磁干扰(图2-28)。在对车辆进行维护时要充分考虑线束对地短路和蓄电池电压、点火装置的火花放电和静态放电等因素对CAN总线的干扰。

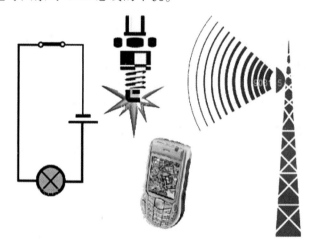

图2-28 通过导线进行数据传输时的典型干扰源

CAN-High信号和CAN-Low信号经过差分信号放大器处理后(就是所谓的差分传输技术),可最大限度地消除干扰的影响。即使车上的供电电压有波动(如起动发动机时),也不会影响各个控制单元的数据传输,这就大大提高了数据传输的可靠性。

从图2-29上可清楚地看到这种传输的效果。由于CAN-High导线和CAN-Low导线是扭绞在一起的双绞线,所以干扰脉冲信号X对CAN-High导线和CAN-Low导线的作用是等幅值、等相位、同频率的。

由于差分信号放大器总是用CAN-High导线上的电压(3.5V−X)减去CAN-Low导线上的电压(1.5V−X),因此在经过处理后,差分信号中就不再有干扰脉冲了。

用数学关系式表示为:$(3.5V - X) - (1.5V - X) = 2V$。

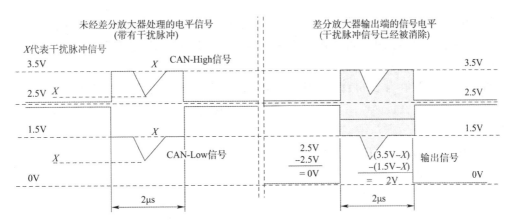

图 2-29　CAN 总线对外界干扰信号的消除过程

4. 终端电阻(负载电阻)

收发器发送区的任务是将控制单元内的 CAN 控制器的较弱信号放大,使之达到 CAN 导线上的信号电平和控制单元输入端的信号电平。

从信号传输的角度看,连接在 CAN 数据总线上的控制单元相当于 CAN 导线上的一个负载电阻(只是控制单元内部装有电子元器件),其阻抗取决于连接的控制单元数量及电阻阻值。

发动机控制单元会在驱动 CAN 总线的 CAN-High 导线和 CAN-Low 导线之间形成 66Ω 的电阻,而组合仪表和 ABS 控制单元则可在 CAN 总线上产生 2.6kΩ 的电阻(图 2-30)。根据连接的控制单元数量,所有控制单元形成的总电阻为 53～66Ω。如果 15 号接线柱(点火开关)已切断,就可以用万用表测量 CAN-High 导线和 CAN-Low 导线之间的电阻。

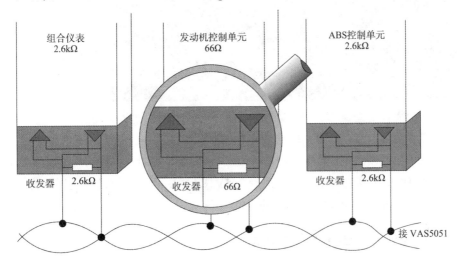

图 2-30　CAN 数据总线上的负载电阻

收发器将 CAN 信号输送到 CAN 总线的两条导线上,相应地在 CAN-High 导线上的电压就升高,而在 CAN-Low 导线上的电压就降低一个同样大小的值。对于驱动 CAN 总线来说,一条导线上的电压改变值不低于 1V,对于舒适/信息 CAN 总线来说,这个值不低于 3.6V。

与其他工业领域的 CAN 数据总线装在两根 CAN 导线末端的终端电阻不同,大众汽车集团的 CAN 总线系统采用分配法配置终端电阻。即将终端电阻"散布"于各个控制单元内部,且阻值不等。如发动机控制单元内部的终端电阻阻值为 66Ω,组合仪表和 ABS 控制单元内部的终端电阻阻值为 2.6kΩ。由于汽车内部的驱动 CAN 总线导线长度有限(不超过 5m),所以不会有什么负面作用。因此,CAN 标准中有关数据总线长度的规定就不适用于大众集团的驱动 CAN 数据总线。

大众汽车集团的驱动 CAN 总线所连接的控制单元有发动机控制单元、ABS 控制单元、ESP 控制单元、自动变速器控制单元、安全气囊控制单元、组合仪表等,如图 2-24 所示。

5. 驱动 CAN 总线的电压波形

驱动 CAN 总线的实测电压波形如图 2-31 所示。该总线信号由一个收发器产生并发送到 CAN 总线上,连接汽车诊断检测仪 VAS5051 之后,利用 VAS5051 的数字存储式示波器(DSO)接收下来并进行图像冻结,就得到了驱动 CAN 总线的实测电压波形。

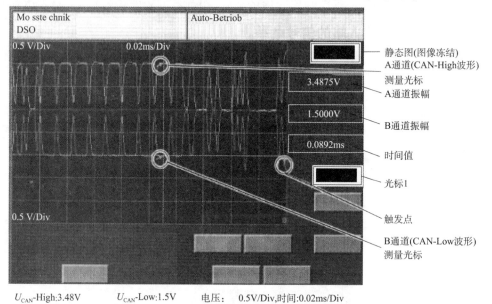

图 2-31 驱动 CAN 总线的实测电压波形

由图 2-31 可见,CAN-High 导线的电压和 CAN-Low 导线的电压是对称变化的,且变化方向相反。CAN-High 导线上的显性电压约为 3.5V,CAN-Low 导线的显性电压约为 1.5V。两个电平之间的叠加信号变化表示 2.5V 的隐性电平。

(三)舒适/信息 CAN 总线

1. 舒适/信息 CAN 总线的应用

舒适/信息 CAN 总线用于将舒适 CAN 总线和信息 CAN 总线所控制的控制单元(如全自动空调/空调控制单元、车门控制单元、舒适控制单元、收音机和导航显示单元控制单元等)连成网络。

与所有 CAN 总线系统一样,舒适/信息 CAN 总线也是双线式数据总线,其数据传输速率为 100kbit/s,所以也称为低速 CAN 总线。

控制单元通过舒适/信息 CAN 总线的 CAN-High 导线和 CAN-Low 导线来进行数据交换,如车门打开/关闭、车内灯点亮/熄灭、车辆导航系统等。

由于使用同样的脉冲频率,所以舒适 CAN 总线和信息 CAN 总线可以共同使用同一组导线,当然,前提条件是相应的汽车上装备了这两种数据总线(如高尔夫 IV 和波罗 MJ2002)。

舒适/信息 CAN 总线的特点是:控制单元内的负载电阻不是作用于 CAN-High 导线和 CAN-Low 导线之间,而是连接在每根导线对地或对 +5V 电源之间。如果蓄电池电压被切断,那么电阻也就没有了,这时用万用表无法测出电阻。

2. 舒适/信息 CAN 导线上的电压

舒适/信息 CAN 总线的电压变化如图 2-32 所示。CAN-High 信号的隐性电压约为 0V,显性电压约为 3.6V。CAN-Low 信号的隐性电压约为 5V,显性电压约为 1.4V。

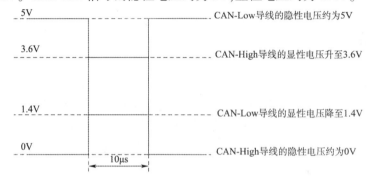

图 2-32 舒适/信息 CAN 总线的理论电压

舒适/信息 CAN 总线传输 1bit 电平所需时间为 10μs,以此计算,舒适/信息 CAN 总线的数据传输速率即为 100kbit/s。舒适/信息 CAN 总线传输一条完整的 CAN 信息大约需要 1.1ms,即 1100μs。

为了提高舒适/信息 CAN 总线的抗干扰能力,同时降低电流消耗,与驱动 CAN 总线相比,舒适/信息 CAN 总线进行了一些改动。

首先,舒适/信息 CAN 总线的 CAN-High 信号和 CAN-Low 信号使用了彼此独立的驱动器(功率放大器),这两个 CAN 信号就不再有彼此依赖的关系了。与驱动 CAN 数据总线不同,舒适/信息 CAN 总线的 CAN-High 导线和 CAN-Low 导线不是通过电阻相连的。也就是说,CAN-High 导线和 CAN-Low 导线不再相互影响,而是彼此独立地作为电压源来工作。

其次,还放弃了 CAN-High 导线和 CAN-Low 导线共同的基准电压。如图 2-32 和图 2-33 所示,CAN-High 信号在隐性状态(静电平)时为

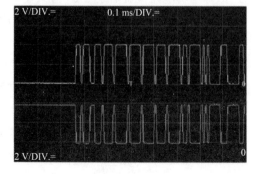

图 2-33 舒适/信息 CAN 总线的实测电压波形

0V,在显性状态时不低于3.6V;对于CAN-Low信号来说,隐性电平为5V,显性电平不高于1.4V。

于是,在差分信号放大器内相减后,隐性电平为-5V,显性电平为2.2V,隐性电平和显性电平之间的电压变化(电压提升)就提高到不低于7.2V。

为清楚起见,CAN-High信号和CAN-Low信号彼此分开了,从图2-32所示的不同的零点即可看出这一点。

从图2-33中可清楚地看出CAN-High信号和CAN-Low信号的静电平是不同的。还能看出,与驱动CAN总线相比,舒适/信息CAN总线的电压提升增大了(达到7.2V)。

3. 舒适/信息CAN总线的收发器

舒适/信息CAN总线收发器(图2-34)的工作原理与驱动CAN总线收发器基本上是一样的,只是输出电压和出现故障时切换到CAN-High导线或CAN-Low导线(单线工作模式)的方法不同。

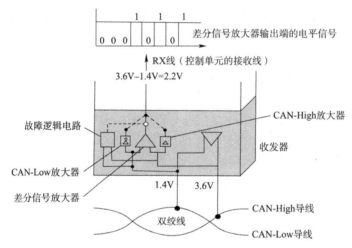

图2-34 舒适/信息CAN总线的收发器

另外,CAN-High导线和CAN-Low导线之间的短路会被识别出来,并且在出现故障时会关闭CAN-Low驱动器,在这种情况下,CAN-High信号和CAN-Low信号是相同的。

CAN-High导线和CAN-Low导线上的数据传输由安装在收发器内的故障逻辑电路监控,故障逻辑电路检验两条CAN导线上的信号,如果出现故障(如某条CAN导线断路),那么故障逻辑电路会识别出该故障,从而使用完好的那一条导线进行数据传输,即舒适/信息CAN总线进入单线工作模式。

与驱动CAN总线一样,在正常的工作模式下,舒适/信息CAN总线使用的是CAN-High信号减去CAN-Low信号所得的信号(差分数据传输),从而使外界干扰对CAN总线的影响降至最低。

4. 舒适/信息CAN总线的单线工作模式

舒适/信息CAN总线具有单线工作能力。如果因断路、短路或与蓄电池电压相连而导致两条CAN导线中的一条不工作了,那么舒适/信息CAN总线就会切换到单线工作模式。

在单线工作模式下,舒适/信息 CAN 总线只使用完好的 CAN 导线中的信号,这样就使得舒适/信息 CAN 总线仍可工作。连接在舒适/信息 CAN 总线上的各个控制单元不受单线工作模式的影响,仍然可以正常工作。此时,系统会发送一个故障信息,以通知各个控制单元——目前,CAN 总线处于单线工作模式。

舒适/信息 CAN 总线处于单线工作模式下的实测电压波形如图 2-35 所示。

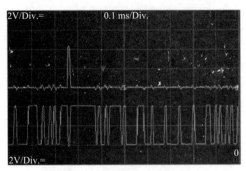

图 2-35 舒适/信息 CAN 总线处于单线工作模式下的电压波形图

三、CAN 总线的检测

(一) CAN 总线检测插座

CAN 总线的检测

1. 检测插座的作用

为方便对 CAN 总线系统进行检测和故障诊断,CAN 总线系统设计有检测接口——驱动 CAN 总线和舒适 CAN 总线检测插座。利用检测接口并借助 CAN 总线检测盒 1598/38 和数字存储示波器(DSO)就可以很方便地检测和分析 CAN 总线的电压波形,而无须扒开 CAN 总线线束,既方便、快捷,又不会引发新的故障。

奥迪 A8 车型汽车的驱动 CAN 总线和舒适 CAN 总线检测插座如图 2-36 所示。检测插座构成了舒适 CAN 总线和驱动 CAN 总线的节点,将各个总线系统的控制单元 CAN 总线导线汇集到一起。

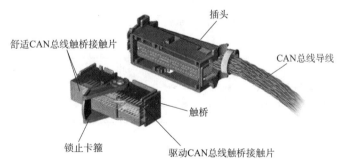

图 2-36 奥迪 A8 车型汽车的驱动 CAN 总线和舒适 CAN 总线检测插座

2. 检测插座的安装位置

总线检测插座有两种,分别安装在仪表台左、右两侧的侧面,靠近车门处(图 2-37),平时用装饰板盖着。如果要抽出接触桥,首先得松开锁止卡箍。

对于左置和右置转向盘的汽车来说,这两种检测插座的针脚布置是不同的。在相应的维修手册或故障导航中可找到针脚的布置方案。

3. 左右检测插座的连接

驱动 CAN 总线和舒适 CAN 总线上的所有控制单元在检测插座上呈星形连接。总线系统的一部分控制单元接到右侧检测插座上，另一部分控制单元接到左侧检测插座上。

左侧和右侧检测插座通过一组 CAN 导线（驱动系统 CAN 总线导线和舒适系统 CAN 总线导线）彼此相连，使得舒适 CAN 总线上的所有控制单元与驱动 CAN 总线上的控制单元连接起来（图 2-38）。

图 2-37　总线检测插座安装在仪表台左、右两侧的侧面（靠近车门处）

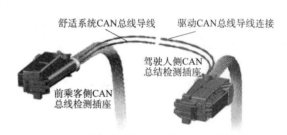

图 2-38　左、右两侧的检测插座通过一组 CAN 导线相连

左、右两侧 CAN 总线检测插座的电路连接关系如图 2-39 所示。

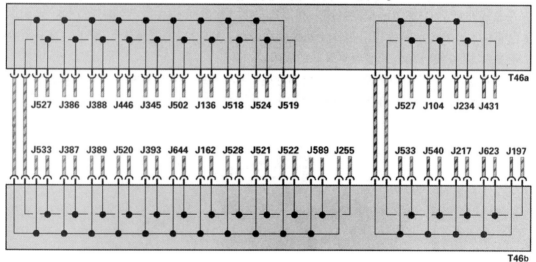

图 2-39　左、右两侧 CAN 总线检测插座的电路连接关系

J104-带 EDS 的 ABS 控制单元；J136-带记忆的座椅调节控制单元；J197-车身水平调节控制单元；J217-自动变速器控制单元；J234-安全气囊控制单元；J255-全自动空调控制单元；J345-挂车识别控制单元；J386-驾驶人侧车门控制单元；J387-前乘客侧车门控制单元；J388-左后车门控制单元；J389-右后车门控制单元；J393-舒适系统中央控制单元；J431-前照灯照程调节控制单元；J446-停车辅助控制单元；J502-轮胎压力监控控制单元；J518-便捷登车及起动授权控制单元；J519-供电控制单元；J520-供电控制单元；J521-带记忆的座椅调节控制单元（前乘客侧）；J522-带记忆的座椅调节控制单元（后座）；J524-信息显示和操纵控制单元（后座）；J527-转向柱电器控制单元；J528-车顶电器控制单元；J533-网关（数据总线诊断接口）；J540-电动驻车和手动驻车控制单元；J589-驾驶人身份识别控制单元；J623-发动机控制单元；J644-电能（电源）管理控制单元；T46a-左侧 CAN 总线检测插座（黑色、46 脚），T46b-右侧 CAN 总线检测插座（黑色、46 脚）

（二）CAN 总线系统检测盒

对 CAN 总线系统进行检测和故障诊断时，需要使用适配器 CAN 总线系统检测盒 VAS（VAG）1598/38（图 2-40），使用检测盒 VAS（VAG）1598/38，就可以通过大众汽车检测仪 VAS5051 上的数字存储式示波器来检查 CAN 总线导线的工作情况（断路、短路、接地），检测各个总线系统的电压波形，同时还可以在进行总线系统故障查寻时区分出各个控制单元。

图 2-40　CAN 总线系统检测盒 VAS（VAG）1598/38

该检测盒在确定 CAN 总线上的短路点时也是必需的。将各个控制单元连接起来的接触桥也可以插到检测盒上来检查。

（三）检测盒与总线检测插座的连接

在进行总线系统检测时，首先要将检测盒 VAS（VAG）1598/38 连接到仪表台侧面的总线检测插座上（图 2-41）。然后根据电路图确定引脚布置，正确连接测量仪器（如 DSO），如图 2-42 所示。

图 2-41　将检测盒连接到总线检测插座上

图 2-42　正确连接检测仪器（如 DSO）

思政点拨

讲到中国汽车，饶斌肯定是绕不过去的人。

饶斌是新中国汽车工业的创始人，亲手缔造了"一汽"和"二汽"（东风汽车），带领制造出解放汽车和红旗轿车、东风汽车。1953 年 7 月，饶斌带领"一汽"职工开始建厂，1958 年他接受了生产红旗轿车的任务。1964 年，他又奉命到武当山下，主持创建二汽。不仅如此，作为机械工业部和汽车工业管理局的主要领导，饶斌创建了北京吉普、上海大众等一批中外合资企业。在引进国外新产品和先进制造技术的同时，饶斌还积极推进引进产品的国产化。

可以说,新中国汽车工业的"长子""一汽",还有合资项目最多的东风汽车,利润最高的上汽,以及后来的北汽,都与饶斌有或多或少的直接关系,说饶斌是新中国汽车工业的奠基人,或者"新中国汽车之父",可谓实至名归。据相关记载,在建设"一汽"期间,"饶斌不仅是汽车厂长,也是建筑公司经理,工作强度很大,以至于回到家常常饭菜没有端上桌,人已酣然入梦。"他的工作强度之大,披荆斩棘、呕心沥血之艰辛可以想见。

正如东风公司董事长、党委书记竺延风深情回顾的那样:"老一辈中国汽车人他们马灯挑夜,干打垒、芦席棚为宿,克服了道路涉水及桥梁受限等重重困难,通过人拉肩扛,树起了一座座铁塔,建起了一座座厂房,运来了一台台几十吨、上百吨的设备,那种排除万难、战天斗地的豪情壮志永远铭刻在我们心中。"(来源:搜狐公众平台)

技能实训

(一) CAN 网络总线系统结构识别

实训内容:一汽大众迈腾 B7L 车型 CAN 网络总线系统结构识别。

1. 车载网络系统认识

(1)一汽大众迈腾 B7L 汽车或台架。

(2)相关说明书、维修手册等资料。

(3)相关职场健康和安全的信息。

(4)相关维修知识和维修资料的网页。

2. 技术要求与注意事项

(1)能够正确使用维修资料,正确选用工具。

(2)能够在规定的时间内完成工作任务。

(3)在诊断维修过程中注意操作规范、职场健康和安全。

3. 操作步骤

(1)正确读取分析一汽大众迈腾 B7L 车型电路图及技术资料。

(2)分析迈腾 B7L 车型的 CAN 网络的功能结构。

4. 工作页

(1)结合一汽大众迈腾 B7L 车型的网络拓扑图,指出应用了哪些 CAN 数据总线。查询电路图,查找该车型各种 CAN 线缆颜色。

(2) 查找一汽大众迈腾 B7L 车型电路图,确定哪些控制单元连接在高速 CAN 总线上,并画出高速 CAN 总线的拓扑结构图。

(3) 查找一汽大众迈腾 B7L 车型电路图,确定哪些控制单元连接在低速 CAN 总线上,并画出低速 CAN 总线的拓扑结构图。

(二) CAN 分离插头位置和针脚含义

实训内容:CAN 分离插头位置和针脚含义(一汽大众迈腾 B7L 车型)。

1. 车载网络系统认识

(1) 一汽大众迈腾 B7L 汽车或台架。
(2) 相关说明书、维修手册等资料。
(3) 相关职场健康和安全的信息。
(4) 相关维修知识和维修资料的网页。

2. 技术要求与注意事项

(1) 能够正确使用维修资料,正确选用工具。
(2) 能够在规定的时间内完成工作任务。
(3) 在诊断维修过程中注意操作规范、职场健康和安全。

3. 操作步骤

(1) 正确读取分析一汽大众迈腾 B7L 车型电路图及技术资料。
(2) 分析一汽大众迈腾 B7L 车型的 CAN 网络的功能结构。

4. 工作页

(1) 找出一汽大众迈腾 B7L 车型 CAN 网络分离插头在车上的位置。连接使用专用工具 VAS1598/38,并解释该工具的功能作用。

(2)查询相关资料,找出一汽大众迈腾 B7L 车型各 CAN 网络分离插头针脚的含义。请填写 CAN 总线分离插头各针脚连接的控制单元。将各针脚按照总线进行分类,并填写所属总线系统(如舒适总线)。

(三)CAN 网络电阻的测量

实训内容:一汽丰田卡罗拉 CAN 网络电阻的测量。

1. 车载网络系统认识

(1)一汽丰田卡罗拉汽车或台架。

(2)相关说明书、维修手册等资料。

(3)相关职场健康和安全的信息。

(4)相关维修知识和维修资料的网页。

2. 技术要求与注意事项

(1)能够正确使用维修资料,正确选用工具。

(2)能够正确测量 CAN 网络的电阻。

(3)能够在规定的时间内完成工作任务。

(4)在诊断维修过程中注意操作规范、职场健康和安全。

3. 操作步骤

(1)正确读取分析一汽丰田卡罗拉车型电路图及技术资料。

(2)分析一汽丰田卡罗拉的 CAN 网络的功能结构。

(3)测量并应用 CAN 网络的电阻。

4. 工作页

(1)在 OBD-Ⅱ诊断座上检测(表2-4)。

OBD-Ⅱ诊断座上检测对象与条件 表2-4

检测对象	检测值	检测条件
CAN-High 与 CAN-Low		
CAN-High 与 CAN-Low		(1)断开蓄电池负极端子。 (2)拔下一个含终端电阻控制单元插头
CAN-High 与 CAN-Low		(1)断开蓄电池负极端子。 (2)接上面拔下的控制单元插头。 (3)拔下另一个含终端电阻控制单元插头

续上表

检 测 对 象	检 测 值	检 测 条 件
CAN-High 与接地		
CAN-Low 与接地		
CAN-High 与正极		
CAN-Low 与正极		

（2）如何确定 CAN 总线是否存在断路故障？

（3）如何确定 CAN 总线是否存在短路故障？

（四）高速 CAN 网络电压和波形测量

实训内容：一汽大众迈腾 B7L 汽车高速 CAN 网络电压和波形测量。

1. 车载网络系统认识

（1）一汽大众迈腾 B7L 汽车或台架。
（2）相关说明书、维修手册等资料。
（3）相关职场健康和安全的信息。
（4）相关维修知识和维修资料的网页。

2. 技术要求与注意事项

（1）能够正确使用维修资料，正确选用工具。
（2）能够正确测量高速 CAN 网络的电压和波形。
（3）能够在规定的时间内完成工作任务。
（4）在诊断维修过程中注意操作规范、职场健康和安全。

3. 操作步骤

（1）正确读取分析一汽大众迈腾 B7L 车型电路图及技术资料。
（2）分析一汽大众迈腾 B7L 的 CAN 网络的功能结构。
（3）测量并高速 CAN 网络的电压和波形。

4. 工作页

(1) 连接专用工具,测出实验车型的高速 CAN 总线的平均电压。

(2) 画出高速 CAN 总线的理论波形,标明隐/显性时 CAN 线高线和低线的电压值。

(3) 将专用工具连接在车辆上,打开点火开关,测量每种 CAN 总线的波形并绘制在适当位置。标明隐性、显性时高线低线的电压。

关闭点火开关、锁车,车辆休眠后,测量波形,标明高线低线的电压(表 2-5)。

CAN 总线波形　　　　　　　　表 2-5

打开点火开关	关闭点火开关、锁车

(五)评价与反馈

1. 自我评价与反馈

(1) 是否遵守课堂纪律、是否认真听讲,占 20%,成绩为_____。

(2) 团队合作意识、尊重团队成员(包括老师和其他同学),占 30%,成绩为_____。

(3) 学习任务(工作任务)完成情况,占 40%,成绩为_____。

(4) 5S 及环保意识,占 10%,成绩为_____。

2. 小组评价与反馈

（1）是否遵守课堂纪律、是否认真听讲，占20%，成绩为_____。
（2）团队合作意识、尊重团队成员（包括老师和其他同学），占30%，成绩为_____。
（3）学习任务（工作任务）完成情况，占40%，成绩为_____。
（4）5S及环保意识，占10%，成绩为_____。

3. 教师评价及反馈

（1）是否遵守课堂纪律、是否认真听讲，占20%，成绩为_____。
（2）团队合作意识、尊重团队成员（包括老师和其他同学），占30%，成绩为_____。
（3）学习任务（工作任务）完成情况，占40%，成绩为_____。
（4）5S及环保意识，占10%，成绩为_____。
综合评价的最终成绩为：_____。

模块小结

（1）CAN数据总线在发送信息时，每个控制单元均可接收其他控制单元发送出的信息。在通信技术领域，也把该原理称为广播。

（2）驱动CAN数据传输系统中每块电脑的内部增加了一个CAN控制器、一个CAN收发器；每个电脑内部还装有一个数据传递终端。

（3）高速CAN数据总线的主要特点是：数据传输速率500kbit/s，传递1bit所需时间是0.002ms；没有数据传输时的基础电压值约为2.5V，即$U_{CAN-High}=2.5V$，$U_{CAN-Low}=2.5V$；线色：CAN-High是橙黑色的，CAN-Low是橙棕色的；线径是0.35mm^2；驱动总线永远是双绞线。

（4）CAN高线信号在总线空闲时的电压约为2.5V，总线上有信号传输时总线上的电压值在2.5V和3.5V之间高频波动，因此CAN高线的主体电压应是2.5V，所以万用表的测量值为2.5~3.5V，大于2.5V但靠近2.5V。同理，CAN低线信号在总线空闲时的电压约为2.5V，总线上有信号传输时总线上的电压值在1.5V和2.5V之间高频波动，因此CAN低线的主体电压应是2.5V，所以万用表的测量值为1.5~2.5V，小于2.5V但靠近2.5V。工作模式：没有单线工作模式。

思考与练习

（一）填空题

1. CAN最初是由_____公司为汽车监测、控制系统而设计的。
2. CAN总线系统中的信号是采用数字方式经_____传输的，其最大稳定传输速率可达_____。
3. CAN数据总线系统由_____、_____和_____组成。
4. 汽车上CAN数据传输线大都是_____线，分为CAN_____线和_____线，即_____线和_____线。
5. CAN总线系统元件主要由_____、控制单元、_____、_____等组成。
6. 大众集团的CAN总线分为_____CAN总线、_____CAN总线、_____CAN总

线、_____ CAN 总线、_____ CAN 总线五类。

(二) 判断题

1. CAN 总线的每根导线都传送相位相反、数值相同的信息,目的是抗干扰。（　）
2. 两个二进制数组合可以表示四种状态。（　）
3. 舒适 CAN 总线可以采用一根导线传递信息。（　）
4. CAN 总线的基本颜色是红色。（　）
5. Gateway 指的是控制单元。（　）
6. 多路传输是指在不同通道或线路上同时传输多条信息。（　）
7. 汽车通信网络中的 CAN-High 线或 CAN-Low 线,不能与电源线或搭铁线导通。（　）
8. CAN 总线中,无论高速 CAN 总线还是低速 CAN 总线,基本组成结构完全相同。（　）

(三) 选择题

1. 汽车上采用数据总线的原因是( )。
   A. 提高技术含量　　　　　　　　B. 降低生产成本
   C. 降低维修难度　　　　　　　　D. 便于用户使用
2. CAN 线的主色是( )。
   A. 绿色　　　B. 黄色　　　C. 红色　　　D. 橙色
3. CAN 总线所采用的双绞线的直径是( )。
   A. 0.5mm^2　　B. 0.45mm^2　　C. 0.4mm^2　　D. 0.35mm^2
4. 下列对舒适 CAN 总线收发器的描述,错误的是( )。
   A. CAN-High 线的高电压平为 3.6V
   B. CAN-High 线的低电压平为 0V
   C. CAN-Low 线的高电压为 1.4V
   D. CAN-Low 线的低电压平为 1.4V
5. 在汽车网络中,用( )来约定各模块的优先权。
   A. 数据总线　　B. 通信协议　　C. 总线速度　　D. 模块
6. 在 CAN 总线中,为了防止数据在高速传输终了时产生反射波,必须在网络中配置( )。
   A. 终端电阻　　B. CAN 发送器　　C. CAN 接收器　　D. 网关
7. 汽车总线系统采用 CAN 网络,最大的数据传递速度是( )。
   A. 1Mbit/s　　B. 500kbit/s　　C. 125kbit/s　　D. 100kbit/s
8. 驱动 CAN 总线 CAN-High 线的颜色是( )。
   A. 橙黑　　B. 橙紫　　C. 橙棕　　D. 橙绿

(四) 简答题

1. 什么是 CAN 总线? CAN 终端电阻是多少?
2. 大众车系的总线颜色是怎样标识的?
3. 大众车系控制单元的总线电阻有哪些区别?
4. 舒适/信息系统 CAN 总线有哪些特点?

模块三 子总线系统技术分析

学习目标

☞ **知识目标**

1. 熟悉 LIN 总线系统的技术特征；
2. 掌握 LIN 总线系统的组成、数据传输原理；
3. 了解 LIN 总线系统的应用；
4. 了解 VAN 总线系统的结构和物理层；
5. 了解 LAN 总线系统的特点和应用；
6. 了解 BSD 总线的技术特征和应用；
7. 熟悉蓝牙技术特征和应用；
8. 掌握蓝牙技术的工作原理。

☞ **技能目标**

1. 能区分不同总线系统；
2. 能描述 LIN 总线系统和蓝牙技术的工作原理；
3. 能完成 LIN 总线系统的波形测量操作；
4. 能描述 VAN、LAN 和 BSD 三种不同总线系统的特点。

☞ **素养目标**

1. 培养学生善于反思、乐于请教、敢于实践的工作作风；
2. 培养学生认真负责、主动担当、积极进取的工作学习态度；
3. 培养学生工匠精神、创新意识、奋斗意识和信息素养。

☞ **思政目标**

通过思政学习,培养学生在汽车技术领域奋发图强、刻苦钻研、勇于创新的精神。

建议学时

12 学时

一、LIN 总线

LIN(Local Interconnect Network,局域互联网)是由 Audi(奥迪)、BMW(宝马)、Daimler-Chrysler(戴姆勒·克莱斯勒)、Motorola(摩托罗拉)、Volcano Communications Technologies (VCT 通信技术公司)、Volkswagen(大众)和 Volvo(沃尔沃)等公司和部门(LIN 联合体)提出的一个汽车底层网络协议(标志如图 3-1 所示),是一种新发展的汽车总线系统,其目的

图 3-1 LIN 的标志

是给出一个价格低廉、性能可靠的低速网，在汽车网络层次结构中作为低端网络的通用协议，并逐渐取代目前各种各样的低端总线系统。这个标准与其相应的开发、测试以及维护平台的应用，将会降低车上电子系统开发、生产、使用和维护的费用。

（一）LIN 总线系统的技术特征

LIN 总线是用于汽车分布式电控系统的一种新型低成本串行通信系统，是一种基于 SCI（UATR）数据格式、主从结构的单线 12V 的总线通信系统，主要用于智能传感器和执行器的串行通信。

作为 CAN 总线的一种有益补充，LIN 总线可以更为经济、有效地完成车辆功能。LIN 总线结构比较简单，只有一根数据线，也只能用于传感器和执行器之间的简单数据传递。它与 CAN 总线不同，LIN 总线上的控制单元是分主、从的，主控制单元与 CAN 总线连接，控制着 LIN 总线上的其他从控制单元。也就是说，只有主控制单元发送信息结束后，从控制单元才能进行数据信息的发送。LIN 总线被称为数据循环总线，是指数据信息不管有没有要求或是有没有变化，总是在总线上反复重新循环发送和传递，以利于传感器和执行器在任意时刻都可以接收总线上的数据信息。

LIN 总线采用低成本的单线连接，传输速度最高可达 20kbit/s；其媒体访问采用单主/多从的机制，不需要进行仲裁；在从节点中不需要晶体振荡器而能进行自同步；采用 8 位单片机，极大减少了硬件平台的成本。其主要目的是为现有汽车网络 CAN 提供辅助功能，目标用于低端系统，无须 CAN 总线的性能、带宽以及复杂性。可以说，LIN 总线是一种辅助的总线网络。

LIN 总线系统的主要特点主要有以下 5 点。

（1）LIN 总线系统是单线式总线，通过一根芯线传输数据，车辆搭铁也当成数据传输的接地连接。虽然不是双绞线，但可以避免电磁干扰，所以不需要屏蔽线。

（2）LIN 总线的线束有标志色，颜色一般采用紫白色，通常底色是紫色。

（3）LIN 总线的横截面积为 0.35mm^2。

（4）LIN 总线上的控制单元有主控制单元和从控制单元。主控制单元与 CAN 总线和 LIN 总线相连，从控制单元都与 LIN 总线相连。主控制单元控制从控制单元发送数据信息。一个主控制单元最多可以连接 16 个从控制单元。

（5）数据传递速率为 1~20kbit/s。因为传输速率低，所以一般被应用在刮水器、空调等车身电气系统对传输速率要求不高的系统中。它实用性强，传输技术容易实现，而且价格低廉。

（二）LIN 总线系统的组成

LIN 总线系统一般由 1 个主控制单元、至多 16 个从控制单元以及单根导线组成，如图 3-2 所示。LIN 总线主控制单元请求从控制单元发送数据，并发出操控指令。为了与汽车上的其他控制单元进行通信，主控制单元连接在其他总线上。LIN 总线控制单元在汽车诊断检测仪中有地址码，由其负责对所连接的从控制单元进行诊断。

LIN 总线系统组成

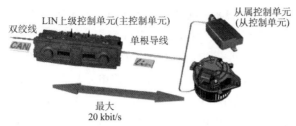

图 3-2　LIN 总线系统的组成

1. LIN 主控制单元

1) LIN 主控制单元的功能

LIN 主控制单元连接在 CAN 数据总线上,它执行 LIN 的主功能,其主要作用如下。

(1) 监控数据传递过程和数据传递的速率,发送信息标题。

(2) 该控制单元的软件已经设定了一个周期,这个周期用于决定何时将哪些信息发送到 LIN 数据总线上多少次。

(3) 该控制单元在 LIN 数据总线与 CAN 总线之间起"翻译"作用,它是 LIN 总线系统中唯一与 CAN 数据总线相连的控制单元,如图 3-3 所示。

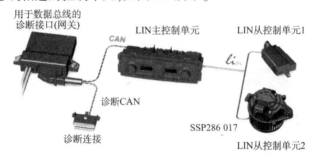

图 3-3　LIN 主控制单元实现 LIN 总线与 CAN 总线之间的连接

(4) 通过 LIN 主控制单元进行 LIN 系统自诊断。

2) LIN 总线的信息结构

LIN 主控制单元控制总线上的信息传输情况,其信息结构如图 3-4 所示。

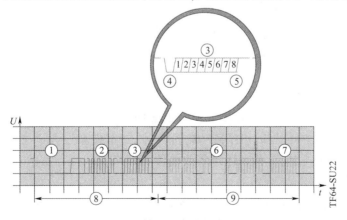

图 3-4　LIN 总线的信息结构

1-同步间隔;2-同步区域;3-标识符;4-起始;5-停止;6-数据区域;7-校验区;8-信息头;9-信息段

每条信息的开始处都通过 LIN 总线主控单元发送一个信息标题。该信息标题由一个同步相位(同步间隔和同步字节)构成，后面是标识符字节，可传输 2、4 或 8 字节的数据。标识符字节包括 LIN 从控制单元地址、信息长度和用于信息安全的两个位等信息。标识符用于确定主控单元是否将数据传输给从控制单元，或主控单元是否在等待从控制单元的回应(答复)。信息段包含发送给从控制单元的信息。校验区可为数据传输提供更高的安全性。校验区由主控制单元通过数据字节构成，位于信息结束处。LIN 总线主控制单元以循环形式传输当前信息。

2. LIN 从控制单元

在 LIN 总线系统中，LIN 从控制单元的通信受到 LIN 主控制单元的完全控制，只有在 LIN 主控制单元发出命令的情况下，LIN 从控制单元才能通过 LIN 总线进行数据传输。

在 LIN 数据总线系统内，单个的控制单元(如新鲜空气鼓风机的控制单元)或传感器及执行元件(如水平传感器及防盗警报蜂鸣器)都可看作 LIN 从控制单元。传感器内集成有一个电子装置，该装置对测量值进行分析。测量值是作为数字信号通过 LIN 总线传递的。有些传感器和执行元件只使用 LIN 主控制单元插口上的一个针脚，即可实现信息传输(即单线传输，如图 3-5 所示)。

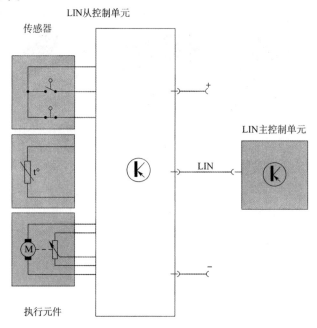

图 3-5 LIN 总线信息的单线传输

LIN 执行元件都是智能型的电子或机电部件，这些部件通过 LIN 主控制单元的 LIN 数字信号接受任务。LIN 主控制单元通过集成的传感器来获知执行元件的实际状态，然后就可以进行规定状态和实际状态的对比，并发出相应的控制指令。只有当 LIN 主控制单元发送出控制指令后，传感器和执行元件才会作出反应(执行主控制单元的控制指令)。如图 3-6 所示，电动遮阳卷帘的控制就是按照此控制原理进行工作的。

LIN 从控制单元的特点如下：

(1)接收、传递或忽略与从主控制系统接收到的信息标题相关的数据。

(2)可以通过一个"叫醒"信号叫醒主控制系统。

(3)检查对所接收数据的检查总量。

(4)对所发送数据的检查总量进行计算。

(5)同主控制系统的同步字节保持一致。

(6)只能按照主控制系统的要求同其他子系统进行数据交换。

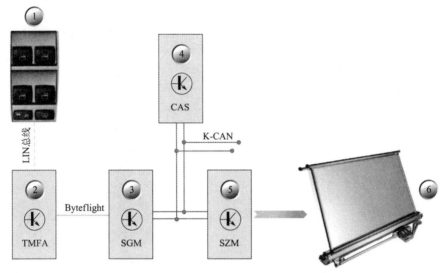

图 3-6　华晨宝马 E60 电动遮阳帘的控制原理图

1-驾驶人侧开关组;2-驾驶人侧车门模块(TMFA);3-安全和网关模块(SGM);4-便捷进入及起动系统(CAS);5-中柱开关控制中心(SZM);6-遮阳卷帘

（三）LIN 总线系统的数据传输原理

LIN 总线传输数据线是单线,数据线最长可达 40m。在主节点内配置 1kΩ 电阻端接 12V 供电,在从节点内配置 30kΩ 电阻端接 12V 供电。各节点通过电池正极端接电阻向总线供电,每个节点都可以通过内部发送器拉低总线电压。LIN 总线驱动器的物理结构如图 3-7 所示。

LIN 总线原理与应用

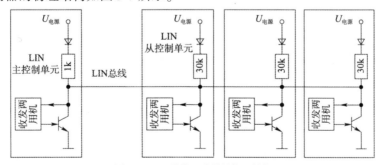

图 3-7　LIN 总线驱动器的物理结构

1. LIN 总线信号

LIN 总线信号波形如图 3-8 所示。

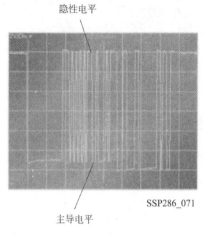

图 3-8　LIN 总线信号波形

隐性电平：如果所有节点驱动收发器三极管都没有导通，此时在 LIN 数据总线上的电压就是蓄电池电压，为隐性电平，表示逻辑"1"。

显性电平：当有节点需要向外发送信息时，发送控制单元内的收发器驱动三极管导通，将 LIN 数据总线导线接地，此时在 LIN 总线上的电压为 0V，为显性电平，表示逻辑"0"。

2. 总线电平抗干扰设置

在收发隐性电平和显性电平时，通过预先设定公差值来保证数据传输的稳定性，如图 3-9 所示。为了在有干扰辐射的情况下仍能收到有效的信号，接收信号的允许电压值要稍高一些，如图 3-10 所示。

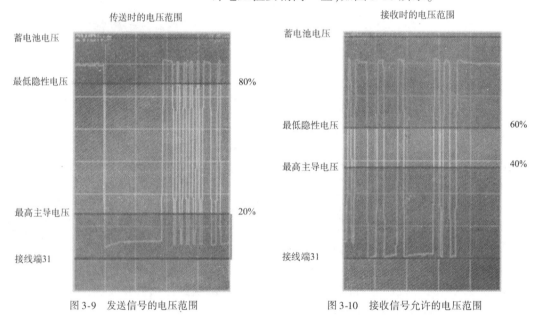

图 3-9　发送信号的电压范围　　　　图 3-10　接收信号允许的电压范围

（四）LIN 总线系统的通信协议

LIN 总线的数据格式如图 3-11 所示。在 LIN 总线的信息中包含两个部分，一是由 LIN 主控制器发送的信息标题，二是由 LIN 主控制器或 LIN 从控制器发送的信息内容。所有连接在 LIN 总线上的节点都可以收到发送的信息。

1. 信息标题

信息标题由 LIN 主控制单元按周期发送，分为同步暂停区、同步定界符、同步区域和标识符区域四部分，如图 3-12 所示。

1）同步暂停区

同步暂停区的长度至少为 13 位（二进制），以显性电平的形式进行发送。这 13 位的长度是必需的,这样才能准确地通知所有的 LIN 从控制单元有关信息起始点的情况。其他的信息是以最长为 9 位(二进制)的显性电平来一个接一个进行传递的。

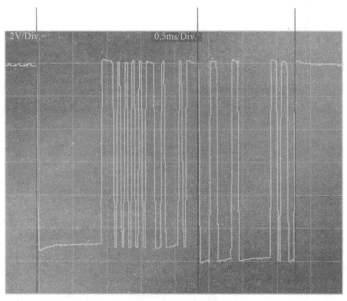

图 3-11　LIN 总线的数据格式

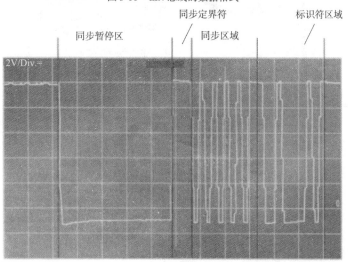

图 3-12　信息标题的格式

2) 同步定界符

同步定界符至少为 1 位,且为隐性。

3) 同步区域

同步区域由 0101010101 二进制位序构成,所有的 LIN 从控制单元通过这个二进制位序与 LIN 主控制单元进行匹配(同步)。

所有的控制单元同步对于保证正确的数据交换是非常必要的。如果失去了同步性,那么接收到的信息中的某一数位值就会发生错误,该错误会导致数据传递错误。

4)标识符区域

标识符区域的长度为 8 位,前 6 位是回应信息识别码和数据区的个数,回应数据区的个数为 0~8;后两位是校验位,用于检查数据传递是否有错误。当出现识别码传递错误时,校验位可防止接收错误的信息。

2. 信息内容

信息内容有两种类型。一是从控制单元收到主控制单元发来的信息标题中带有要求从控制单元回应的信息后,LIN 从控制单元根据识别码给这个回应提供的回应信息;二是由主控制单元发出的命令信号,相应的 LIN 从控制单元会使用这些数据去执行各种功能。

1)从控制单元回应信息

图 3-13 是一汽大众奥迪 A6 空调系统 LIN 总线的从控制单元回应信息传递流程图,空调控制电脑(也是 LIN 总线主控制单元)在 LIN 总线上发送信息标题为"查询鼓风机转速",鼓风机读取标题后将当前的鼓风机转速信息发送到 LIN 总线上,空调控制电脑能够读取此信息。

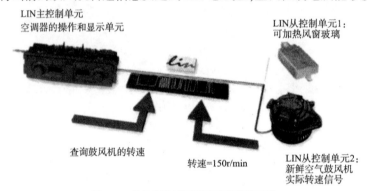

图 3-13 从控制单元回应信息传递流程图

2)主控制单元命令信息

图 3-14 是一汽大众奥迪 A6 空调系统 LIN 总线的主控制单元命令信息传递流程图,空调控制电脑(LIN 总线控制单元)在 LIN 总线上发送信息标题为"调整鼓风机的转速到 200r/min",鼓风机从 LIN 总线上读取标题后将当前的鼓风机转速,相应地从 150r/min 调整到目标转速 200r/min。

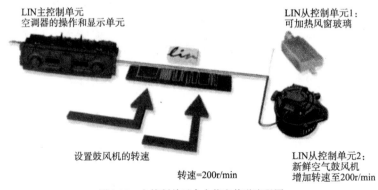

图 3-14 主控制单元命令信息传递流程图

信息内容由1~8个数据区构成,每个数据区是10个二进制位,其中一个是显性起始位,一个是包含信息的字节和一个隐性停止位。起始位和停止位是用于再同步从而避免传递错误的。

3. LIN 总线信息的顺序

LIN 主控制单元的软件内已经设定了一个顺序,LIN 主控制单元就按这个顺序将信息标题发送至 LIN 总线上(若是主信息,则发送的是回应)。常用的信息会多次传递。LIN 主控制单元的环境条件可能会改变信息的顺序。

环境条件举例如下。

(1)点火开关接通/关闭。

(2)自诊断已激活/未激活。

(3)停车灯接通/关闭。

为了减少 LIN 主控制单元部件的种类,主控制单元将全部装备控制单元的信息标题发送到 LIN 总线上。如果没有安装相应设备控制单元,那么在示波器屏幕上会出现没有回应的信息标题,但这并不影响系统的功能,如图3-15所示。

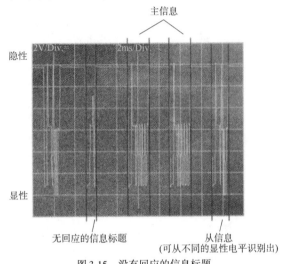

图3-15 没有回应的信息标题

4. LIN 总线防盗功能

只有当 LIN 主控制单元发送出带有相应识别码的信息标题后,数据才会传至 LIN 总线。由于 LIN 主控制单元对所有信息进行全面监控,因此,无法在车外使用从控制单元通过 LIN 导线对 LIN 总线实施控制。也就是说,LIN 总线不接受外来指令的控制。LIN 从控制单元只能回应。如果在车外,通过笔记本电脑连接跨接线发出控制指令,企图利用 LIN 从控制单元(如安装在前保险杠内的车库门开启控制单元)打开车门,是不可能的。因而,LIN 总线具有一定的防盗功能。LIN 总线防盗功能示意图如图3-16所示。

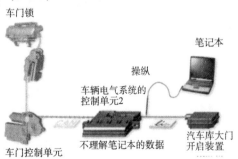

图3-16 LIN 总线防盗功能示意图

（五）LIN总线系统的应用

从某种意义上来讲，LIN就相当于CAN的经济版通信网络，可定位于低于CAN的通信层。目前，LIN总线在汽车上的应用领域主要有防盗系统、自适应前照灯、氙气前照灯、驾驶人侧开关组件、外后视镜、中控门锁、电动天窗、空调系统的鼓风机、加热器控制等，如图3-17所示。

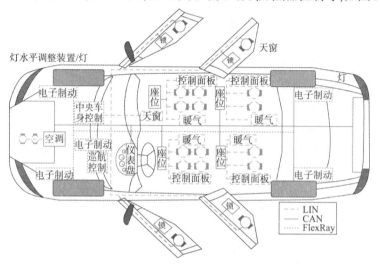

图3-17 LIN总线的应用领域

例如，华晨宝马E83（X3车系）高版本外后视镜系统的控制信号就是用LIN总线来传输的，如图3-18所示。而在奥迪A6L汽车上，LIN总线系统之间的数据交换是由控制单元通过CAN数据总线实现的，如图3-19所示。

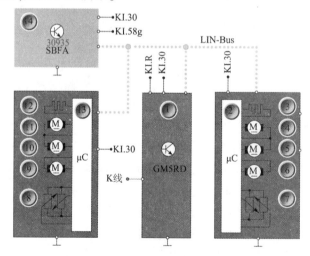

图3-18 LIN总线在华晨宝马E83（X3）高版本外后视镜控制系统中的应用

1-基本控制模块（Redesign）；2-右侧外后视镜电子装置；3-右侧外后视镜加热装置；4-右侧外后视镜垂直调整电机；5-右侧外后视镜水平调整电机；6-右侧外后视镜折起电机；7-右侧外后视镜调节角度传感器；8-左侧外后视镜调节角度传感器；9-左侧外后视镜折起电机；10-左侧外后视镜水平调整电机；11-外后视镜垂直调整电机；12-左侧外后视镜加热装置；13-左侧外后视镜电子装置；14-驾驶人侧开关组

子总线系统技术分析　模块三

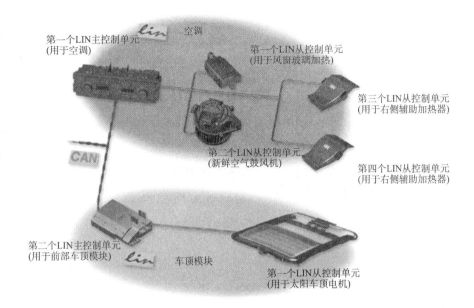

图3-19　LIN总线在一汽大众奥迪A6L汽车上的应用

二、VAN总线

VAN是车辆局域网（Vehicle Area Network）的简称，由雪铁龙、雷诺汽车公司和标致集团联合开发，它主要应用于车身电气设备的控制。VAN作为专门为汽车开发的总线，1994年成为国际标准。VAN通信介质简单，在40m内传输速率可达1Mbit/s，按SAE的分类应该属于C类。

VAN总线系统协议是一种只需要中等通信速率的通信协议，反应时间大约是100ms。VAN支持分布式实时控制的通信网络，可广泛应用于汽车门锁、电动车窗、空调、自动报警以及娱乐控制等系统。VAN总线作为串行通信网络，与一般总线相比，其数据通信具有突出的可靠性、实时性和灵活性。VAN标准特别考虑了严峻的环境温度、电磁干扰和振动因素，尤其适用于需要现场总线的实时控制系统。根据ISO标准中的OSI模型，VAN数据总线系统协议的OSI模型分层如图3-20所示。

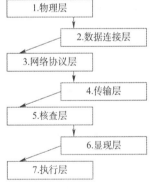

图3-20　VAN数据总线系统协议的OSI模型分层

VAN总线系统的结构

（一）VAN总线系统的结构

1. 典型的VAN结构

VAN总线系统协议的研发是出于连接各个复杂通信系统的目的，同时也是为了使简单元件和支线连接成总线，以保证网络传输的节奏。VAN总线系统的典型结构如图3-21所示。

65

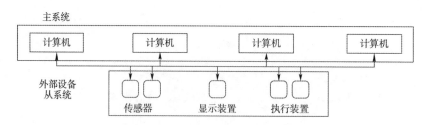

图 3-21　VAN 总线系统的典型结构

2. 拓扑

拓扑也就是 VAN 总线系统协议所允许的各个计算机之间的排列方式。计算机通常按照总线-树形或者总线-树形-星形的拓扑方式相互连接，如图 3-22 所示。

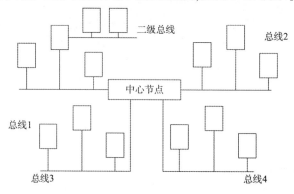

图 3-22　VAN 数据总线系统拓扑

3. 传输介质

VAN 总线的信号传输常用双绞铜线，一般情况下每个电控单元只对应一个双绞铜线的传输介质。两根导线被称为 DATA 和 DATAB（对应于 CAN-High 导线和 CAN-Low 导线），任何一根导线都可以将 VAN 的信息传输到显示屏或者收放机上。VAN 的数据导线既可以采用铜质双绞线，也可以采用同轴电缆，还可以采用光导纤维（即光纤或光缆）。

VAN 总线的 DATA 数据导线和 DATAB 数据导线电压如图 3-23 所示。不难看出，与控制器局域网 CAN 一样，VAN 也采用差动信号传输方式，抗干扰能力强，且有良好的容错能力。同时，VAN 总线在一条导线出现故障的情况下，还具有单线工作能力。

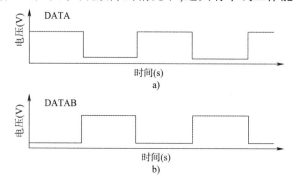

图 3-23　VAN 总线 DATA 与 DATAB 的电压示意图

4. 节点结构

一个 VAN 数据总线系统电控单元拥有一个标准接口(VAN 标准),以便于与其他 VAN 数据总线系统电控单元之间进行信息数据处理,如图 3-24 所示。这种结构由协议控制器和线路接口两个主要部分组成。

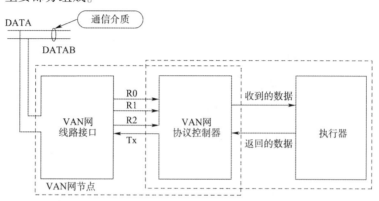

图 3-24　VAN 数据总线系统节点结构

(1)协议控制器。

协议控制器(CP VAN)负责控制 VAN 数据总线系统协议中的以下重要功能:VAN 信息输入和输出的编码和译码,检测到空闲总线之后即进入该总线,进行冲突管理与错误管理,与微处理器(或者微型控制器)的接口实现运行任务。

(2)线路接口。

线路接口负责将 VAN 数据总线系统的信号 DATA 和 DATAB 翻译成无干扰的 R0、R1 和 R2 信号,传入协议控制器(CP VAN)。或者与此相反,将协议控制器(CPVAN)的 T 信号翻译成 DATA 和 DATAB 信号传入 VAN 数据总线系统。因此,这个部件有两个重要作用,即翻译和保护。

5. 帧结构

一个 VAN 数据总线系统的帧由 9 个域组成,如图 3-25 所示,其组成及功能见表 3-1。

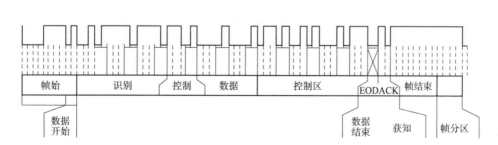

图 3-25　VAN 数据总线系统的帧结构

6. 传输模式

VAN 数据总线系统拥有 3 种可行的传输模式,见表 3-2。

VAN 数据总线系统帧的组成及功能　　　　　　　　　　　　　　　　表 3-1

域的名称	英文缩写	功　　能
帧始域	SOF	表示 VAN 数据总线系统帧结构的起始,它的作用是允许 VAN 支线外部设备自动适应 VAN 总线的速度
识别域	IDEN	标明数据的性质和数据的接收者
控制域	COM	标明帧的类型(读或写)以及分类传输模式(点对点或者数据发散,即是否需要签收回复命令)
数据域	DAT	包含有用的数据信息
控制区域	CRC	检验 VAN 帧内容的完整性
数据结束域	EOD	标示出数据域的结束和校验的结束
获知域	ACK	用于存储数据接收者的数据的签收回复
帧结束域	EOF	标示出 VAN 帧的结束和组成空余总线的第 1 部分
帧分区域	IFS	保障帧之间的最小空间以及组成空余总线的第 2 部分

VAN 数据总线系统的传输模式　　　　　　　　　　　　　　　　　　表 3-2

模　式	功　能　介　绍
定时传输模式	VAN 数据总线系统定期向网络传送信息,在此期间必须保证时间不是太短,以便于这项信息接收者有足够时间取舍每条发送的信息
事件传输模式	适用于传输 VAN 数据总线系统信息数据交换(视使用者的行为而定)
混合传输模式	定时传输模式和事件传输模式的混合,把前两种传输模式组合起来使用,以便于保证对使用者所有操作的一个最大限度的回应,确保可以随时刷新信息

7. 进入传输介质

VAN 数据总线系统电控单元进入传输介质依靠随机方式和异步方式,这表明这种进入可以根据需要和执行的本地命令随时进行。协议控制器(CP VAN)遵守最基本的准则。

(1)在进入 VAN 数据总线系统时必须先检测它是否空闲。如果总线能够连续读取 12 位的隐性数据即被视为空闲。在这种情况下,不论是 VAN 数据总线系统的哪种电控单元都能够传送和接收信息。

(2)在两个或者更多的 VAN 数据总线系统电控单元同时进入网络的情况下,就会有冲突,必须要判断优先性。

8. 服务

VAN 数据总线系统电控单元拥有 4 项通信服务。

(1)用发散模式写入数据(将数据从一个数据制造者发往多个数据使用者),不在帧内签收回复。

(2)用点对点模式写入数据(将数据从一个数据制造者发往一个确切的数据使用者),在帧内采用签收回复。

(3)数据请求(一个数据使用者向一个数据制造者发出数据请求)。

(4)帧中的回应(在同一帧中对一个请求的回应)或者是滞后回应(如果数据制造者没有在提出请求时马上回应)。

9. VAN 数据总线系统签收回复

VAN 数据总线系统的签收回复是由数据发送者激活和实现的。如果最后一个请求与一个确切的电控单元相连接("点对点"模式),它将激活签收回复命令。

在这种情况下,单一电控单元将会检测帧的格式是否正确,以及回应一个发给它的信息(识别域将进行核实),以产生一个对这个帧的回复;没有涉及此交换的其他电控单元则不应该产生回复。相反地,如果这最后一个请求与几个电控单元或网络中的电控单元整体相连接,它将取消回复命令。在这种情况下,所有的电控单元将不会产生回复,只有相关电控单元处理这些信息。因此,VAN 数据总线系统协议同样适用于数据发散模式和点对点交换模式。

(二)VAN 总线系统的物理层

1. 互补数据对

VAN 总线系统的物理层

VAN 的物理层由互补数据对组成(通信介质是铜线),其两条线分别称为 DATA 和 DATAB。在 DATA 线和 DATAB 线上同时传送信息,DATA 上传送的信息和 DATAB 上传送的信息正好是相反的互补数据对。由于线路中一条线路和另外一条线路比较靠近(就像双绞线),电磁半径较小,电磁力互相抵消,故 VAN 的物理层入口的差逻辑计算器可以将干扰消除,如图 3-26 所示。

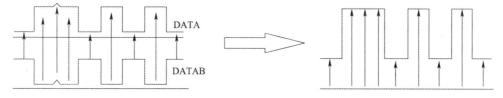

图 3-26 VAN 互补数据对干扰的消除

由此,可以得到 VAN 总线的基本特征。

(1)作为帧的传输载体,总线由两条绝缘截面积为 $0.6mm^2$ 的铜线组成。

(2)这两条线被称为数据线 DATA 和数据线 DATAB,传输相反的电平信号。

(3)为了抵抗总线中帧发射的电磁干扰,这两条线被绞在一起,呈双绞状。

2. 电压水平

VAN 互补数据对的电压水平是统一的,信号上升和下降的时间如图 3-27 所示。示波器显示的 VAN 信号如图 3-28 所示。互补数据对形式的 VAN 信号如图 3-29 所示。VAN 信号接收-传输电路如图 3-30 所示。VAN 信号的接收和传输过程如图 3-31 和图 3-32 所示。

3. 诊断

VAN 的物理层具备容错能力,因为它有 3 个共用模式的比较器,如图 3-33 所示。这 3 个比较器用来将 DATA 和 DATAB 与参照电压进行比较,以确定是否存在故障。

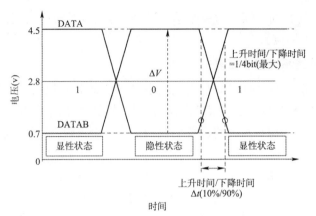

图 3-27　VAN 互补数据对的信号形式

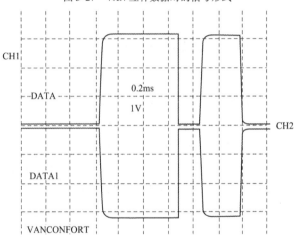

图 3-28　示波器显示的 VAN 信号

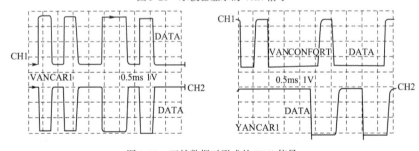

图 3-29　互补数据对形式的 VAN 信号

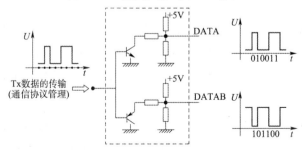

图 3-30　VAN 信号接收-传输电路

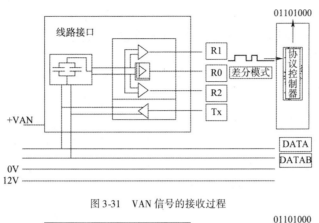

图 3-31　VAN 信号的接收过程

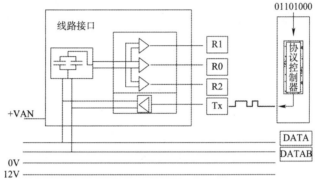

图 3-32　VAN 信号的传输过程

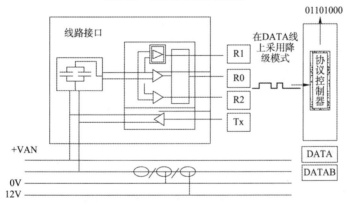

图 3-33　VAN 入口的 3 个比较器

在这种情况下，3 个比较器中至少有一个总是能保持运转的。故障形式如下：DATA 地线短路——在 DATAB 运行；DATA 正极短路——在 DATAB 运行；DATAB 地线短路——在 DATA 运行；DATAB 正极短路——在 DATA 运行；DATA 上呈开路——在 DATAB 运行；DATAB 上呈开路——在 DATA 运行。

4. 休眠/唤醒

VAN 的物理层管理 VAN 数据总线的休眠/唤醒机制，为了实现这种机制，VAN 数据总线的线路接口提供 3 个主要接头以便完成以下功能：

(1)主导由顾客操作引起的网络唤醒(例如车辆解锁);

(2)检测由另一个电脑造成的网络唤醒和允许正常功能运行;

(3)车辆从休眠状态解除情况下再次转入休眠状态。

当网络处于休眠状态,主系统工程通过将 Sleep 插头接地以保证 DATAB 接上导入蓄电池电压,蓄电池电压是由地线上的插头导入的。VAN 的休眠/唤醒策略如图 3-34 所示,电控单元利用 Wake 插头唤醒网络,而 Wake 插头消耗了 VAN 数据总线 DATAB 线路上的电流,这就使主系统电控单元线检测到电流。检测到电流之后,主系统电控单元给 SleepB 插头加上 12V 电压以便于离开休眠模式。DATAB 线路上不再是蓄电池电压,主系统蓄电池电压转换成 +VAN 信号,VAN 数据总线就被唤醒,通信就可以进行。例如:汽车静止、断开点火开关、驾驶人按下自动收音机的(运行/停止)按钮,自动收音机将要求智能服务器(系统监控单元)运行收音机,智能服务器建立起 VAN 数据总线连接,自动收音机在多功能显示器上显示一个由它自己产生的事件。

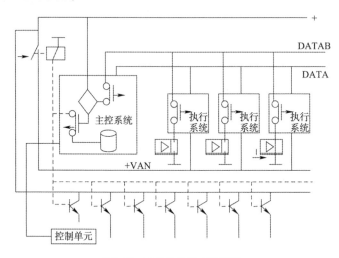

图 3-34　VAN 的休眠/唤醒策略

三、LAN 总线

LAN 是局域网(Local Area Network)的简称,可以用于社区、学校、楼宇和家庭的个人计算机联网,也可以用于汽车作为车内局域网(In-Vehicle Local Area Network)。与 CAN 相似,LAN 用于汽车的主要目的是方便车载电控单元间进行的各种数据交换,以达到对汽车性能的精确、高速控制和减少配线。

LAN 总线

(一)LAN 总线系统的特点

LAN 的特点主要取决于 3 个因素:传输介质、拓扑结构和介质访问控制协议(MAC),其中传输介质和拓扑结构是主要的技术选择,它们在很大程度上决定了可以传输的数据类型、通信速度、效率以及网络提供的应用种类。

1. LAN 的传输介质

最常见的 LAN 的类型是采用同轴电缆的总线型/树形网络,当然也可以选择采用双绞线、同轴电缆甚至光纤的环形网。LAN 的传输速率为 1~20Mbit/s,足以满足大部分的应用要求,并且允许相当多的设备共享网络。表 3-3 所示为这 3 种传输介质的主要特性。

双绞线、同轴电缆和光纤的主要特性　　　　表 3-3

传输介质	信号类型	最大数据传输速度 (Mbit/s)	最大传输距离 (km)	网络节点数
双绞线	数字	1~2	0.1	几十个
同轴电缆(50Ω)	数字	10	—	几百个
同轴电缆(75Ω)	数字	50	1	几十个
同轴电缆	FOM 模拟	20	10	几千个
同轴电缆(75Ω)	单信道模拟	50	1	几十个
光纤	模拟	100	1	几十个

双绞线是局域网中最普通的传输介质,一般用于低速的传输,最大数据传输率可达每秒几十兆。双绞线成本低,传输距离较近,非常适合应用于汽车网络,亦是汽车网络使用最多的传输介质。

同轴电缆可以满足较高性能的要求,与双绞线相比,它可以提供较高的吞吐量,连接较多的设备,跨越更大的距离。

光纤在电磁兼容性等方面有独特的优点,数据传输速度比较高,传输距离远,在汽车网络上有很好的应用前景,尤其是些要求传输速度高的车载网络,如车载信息与多媒体网络。

2. LAN 的拓扑结构

LAN 常用的拓扑结构有 3 种:星形、环形、总线型/树形。

(1) 星形网络拓扑结构。

星形网络即以一台中心处理机为主组成的网络,各种类型的入网机均与该中心处理机有物理链路直接相连,因此,所有的网上传输信息均需通过该机转发,其结构如图 3-35 所示。

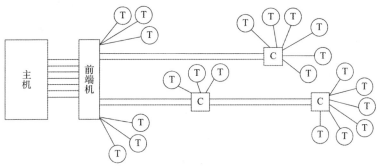

图 3-35　星形网络拓扑结构

C(Concentrator)-集中器;T(Terminal)-终端

星形网络由于其物理结构,使其具有以下特点:构造较容易,适于同种机型相连;通信功能简单,可以根据需要由中心处理机分时或按优先权排队处理;中心处理机负载过重,扩充困难;每台入网计算机均需与中心处理机有线路直接互联,因此,线路利用率不高,信道容量浪费较大。

(2)总线型网络拓扑结构。

总线型网络是从计算机的总线访问控制发展而来的,它将所有的入网计算机通过分接头接到一条载波传输线上,网络拓扑结构就是一条传输线,如图3-36所示。

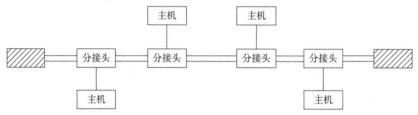

图3-36 总线型网络拓扑结构

由于所有的入网计算机共用一条传输信道,因此,总线型网络的一个特殊问题就是信道访问控制权的分配。总线型网络的特点是:由于多台计算机共用一条传输线,所以信道利用率较高;同一时刻只能有两处网络节点在相互通信;网络延伸距离有限;网络容纳节点数受信道访问机制影响,因而是有限的。总线型网络适用于传输距离较短、地域有限的组网环境。目前,局域网多采用此种方式。

(3)环形网络拓扑结构。

环形网络通过一个转发器将每台入网计算机接入网络,每个转发器与相邻两台转发器用物理链路相连,所有转发器组成一个拓扑为环的网络系统,如图3-37所示。

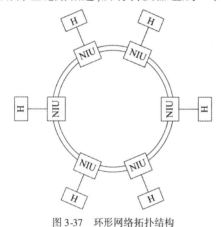

图3-37 环形网络拓扑结构

H(Host)-主机;NIU(Network Interface Unit)-网络接口部件

环形网络由于其点-点通信的唯一性,因此,不宜在广域范围内组建计算机网络。它也是一种较为实用的局域网拓扑结构,尤其是在实时性要求较高的环境中。环形网络的主要特点是:由于一次通信信息在网中传输的最大时间是固定的,因此,实时性较高,每个网上节点只与其他两个节点有物理链路直接互联,因此,传输控制机制较为简单;一个节点出故障可能会全网运行,因此,可靠性较差;网络扩充需对全网进行拓扑和访问控制机制的调整,较为复杂。

3. 介质访问控制协议

LAN的标准由美国电气和电子工程师协会(IEEE)于1980年2月成立的专门研究局域网技术并制定相应标准的一个委员会(IEEE802委员会)制定,其标准称为IEEE802标准。局域网的目的是使某一区域内大量的数据处理、通信设备相互连接,局域网的拓扑结构并未采用物理上完全连接的方式,而是通过共享传输介质(环形、总线型/树形)或转换开关(星形)来实现的。对于共享传输介质的方案,需要一套分布逻辑以控制各联网设备对传输介质的访问,这就是介质访问控制(Medium Access Control,MAC)。当传输介质和拓扑结构选定后,局域网的性能就主要取决于MAC。

(二)LAN 总线系统的应用

汽车内的 LAN 是在多路复用通信的基础上建立的汽车多路复用系统,包括连接到通信集成电路总线上的多个 ECU 的接口,属于计算机在汽车上应用的关键技术之一。图 3-38 为丰田公司在某一车型上配置了由 5 个 ECU 组成的 LAN 系统,在 LAN 系统中采用了通信和驱动器/接收器模块,并用一根带屏蔽的双绞线电缆作为通信总线,通信总线在车内布成环形,将 5 个 ECU 当作节点与其相连接。

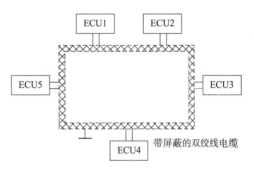

图 3-38　一汽丰田某车型中的 LAN 网络

四、BSD 总线

(一)BSD 总线简介

BSD 是 Bit-serial data interface 的简称,即位串行数据接口。在华晨宝马车系中,BSD 总线属于子总线系统。BSD 总线采用线形结构,数据以单线形式传输,数据传输速率为 9.6kbit/s。

在早期生产的华晨宝马车系中,BSD 用于电源管理系统,在智能蓄电池传感器(Intelligent Battery Sensor,IBS)与发动机控制单元之间传输数据以实现通信,如图 3-39 所示。

BSD 总线

图 3-39　BSD 总线的电源管理

1-发动机;2-发电机;3-智能蓄电池传感器(IBS);4-蓄电池;5-接线盒;6-用电器(此指前照灯);7-发动机控制单元(电源管理系统)

(二)BSD 总线的应用

1. 电源管理系统中的 BSD 总线

在电源管理系统中,IBS 与发动机控制单元之间通过 BSD 总线传输数据,实现通信,如

图 3-40 所示。

1) 智能蓄电池传感器

智能蓄电池传感器是一个自身带有微型控制器（μC）的传感器，直接安装在蓄电池的负极上，如图 3-41 所示。

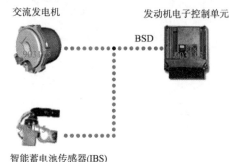

图 3-40 电源管理系统中的 BSD 总线

图 3-41 智能蓄电池传感器（IBS）
1-蓄电池接线柱；2-分流器；3-间隔垫圈；4-螺栓；5-蓄电池负极搭铁线

智能蓄电池传感器（IBS）的功能主要包括：

(1) 持续检测车辆各种行驶状态下蓄电池的电流、电压和电解液温度。

(2) 检测蓄电池运行参数，作为计算蓄电池的充电状态（State of Charge, SOC）和蓄电池的健康状态（State of Health, SOH）的基础。

(3) 计算蓄电池起动电流特性曲线，以确定蓄电池的 SOH，并平衡蓄电池充电/放电电流。

(4) 向上级控制单元（发动机控制单元）传输数据，通报蓄电池的 SOC 值和 SOH 值。当 SOC 值处于临界状态时，要求发动机提高怠速转速，以提高发电机输出电压，确保车辆正常工作。

(5) 车辆休眠电流监控。

(6) 故障自诊断，全自动更新控制软件和自诊断参数。

(7) 休眠模式下的自醒功能。

2) 电源管理

在数字式发动机电子控制单元 DME/DDE 的控制程序中，有一个电源管理子程序，其基本原理如图 3-42 所示。

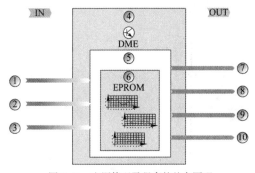

图 3-42 电源管理子程序的基本原理
1-蓄电池电压数据；2-蓄电池电流数据；3-蓄电池电解液温度数据；4-数字式发动机电子控制系统（DME）；5-供电管理子程序；6-EPROM 及特性线（蓄电池电压、电流、温度）；7-发动机怠速转速调节；8-发电机额定充电电压；9-关闭停车用电器；10-减小最大负荷

电源管理子程序负责完成以下控制任务。

(1) 动态调节发电机充电电压。在不利于的行驶状况下，动态调节发电机充电电压（即发电机输出电压）可确保蓄电池充电更加平衡。电源管理系统通过 BSD 总线控制根据温度变化

的发电机充电电压额定值。

（2）提高发动机怠速转速以提高发电机输出功率。当蓄电池电压不足时，电源管理系统会通过 DME/DDE 发出控制指令，提高发动机的怠速。

（3）电源系统功率不足时，通过降低用电设备的功率来减小电源系统的负荷。发动机怠速转速提高后蓄电池电压仍然不足时，可通过以下方法减小汽车电源系统的负荷。

①降低功率，如周期性接通、关闭后窗加热装置。

②如果通过降低功率的手段仍不能缓解供电紧张问题，则在极端情况下可以关闭个别电器的使用。根据当前电源系统可提供的电量，电源管理系统采用脉宽调制（PWM）方式控制基于 PTC 原理的电加热器的工作，PWM 信号频率为 160Hz。

（4）根据由 BSD 总线传来的信息，在蓄电池达到起动能力极限时进行抛负载控制，借助微型供电模块断开停车预热装置或电话等停车用电器。

（5）通过电源管理子程序控制蓄电池充电平衡。电源管理子程序中有两个"计数器"，一个计数器负责记录蓄电池获得的电量，另一个计数器负责记录蓄电池释放的电量。通过计算获取和释放的电量差值确定蓄电池的充电状态 SOC。电源管理系统通过 BSD 从 IBS 处读取该数据（SOC 值）。在发动机熄火后重新起动时，电源管理子程序会计算最新的 SOC 值。

（6）计算蓄电池的健康状态 SOH。在车辆起动期间，IBS 会监测蓄电池端电压的波动值和发动机的起动电流。起动期间测得的起动电流和电压波动会通过 BSD 传输给 DME/DDE。根据这些数据，电源管理系统会计算蓄电池的健康状态 SOH。

（7）向 IBS 传输数据。在 DME/DDE 进入休眠模式之前，下列数据通过 BSD 传输至 IBS。

①蓄电池的充电状态 SOC；
②蓄电池的健康状态 SOH；
③车外环境温度；
④蓄电池可供使用的电量；
⑤总线端 K1.15 唤醒（许可）；
⑥总线端 K1.15 唤醒（闭锁）；
⑦DME/DDE 关闭。

（8）休眠电流诊断。如果在车辆处于休眠状态时，蓄电池的休眠电流超过某一阈值，DME/DDE 就会存储故障记录，并对此故障作出相应的分析。

2. 拓展的 BSD 总线功能

在近期生产的华晨宝马车型中，BSD 的通信功能得到了进一步的拓展，除了连接智能蓄电池传感器（IBS）与发动机控制单元之外，BSD 还将机油状态传感器、发动机电动冷却液泵与发动机控制单元连接起来，如图 3-43 所示。

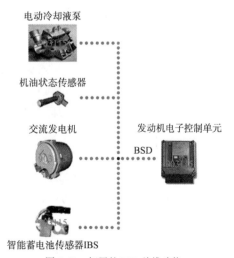

图 3-43 拓展的 BSD 总线功能

1) 电动冷却液泵

电动冷却液泵(图3-44)是一个由直流电动机驱动的离心泵,功率为400W,最大泵送量为9000L/h。电动冷却液泵的电动机转子浸泡在发动机冷却液中,故该电动机又称为湿转子电动机。

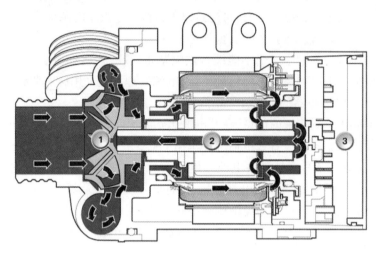

图3-44 电动冷却液泵
1-冷却液泵;2-驱动冷却液泵的电动机;3-电子模块

湿转子电动机的功率通过安装在泵内的电子模块以电子方式进行控制。电子模块通过BSD位串行数据接口与发动机控制单元(DME)连接。

发动机控制单元(DME)根据发动机负荷、运行模式和冷却液温度传感器数据,计算出发动机所需要的冷却功率,通过BSD位串行数据接口向电动冷却液泵发出相应的控制指令。电动冷却液泵根据该指令调节自身转速。系统内的冷却液经过冷却液泵电动机,能够冷却电动机和电子模块。冷却液还可对电动冷却液泵的轴承提供润滑。

发动机控制单元根据需要控制冷却液泵,冷却需求较低且车外温度较低时功率较小;冷却需求较高且车外温度较高时功率较大。在某些情况下,甚至可以完全停止冷却液泵的工作,如在暖机阶段迅速加热冷却液时。但是只有在不要求暖风运行且车外温度许可时,才能进行上述操作。

发动机控制单元内的冷却液温度控制程序设计有一种计算模型(子程序),可以根据当前发动机的运行状态和热负荷情况,预测出缸盖温度的变化趋势,并预先作出反应,提前提高冷却液泵的转速或降低冷却液泵的转速,抑或完全停止冷却液泵的工作。如此具有前瞻性的控制措施,在传统的发动机冷却系统中是不可想象的。

2) 机油状态传感器

机油状态传感器(OEZS)取代了传统的机油尺及油尺管,能更准确地检测机油油位。同时,还可以对机油的状态(机油品质和机油温度)作出准确的评估和检测。机油油位、机油品质、机油温度等参数由机油状态传感器检测,经传感器内集成的电子分析装置分析之后转变成电信号,通过位串行数据接口BSD传输给发动机电子控制单元DME。DME再将这些信息通过PT-CAN、SGM和K-CAN发送至组合仪表和中央信息显示器(CID)。机油油位以电子信息的形式在 CID 上显示出来,如图 3-45 所示。

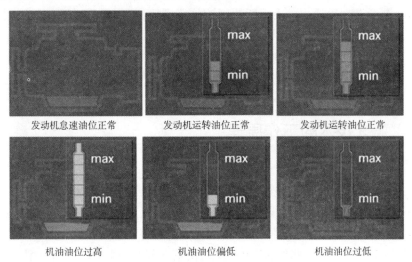

图 3-45　机油油位以电子信息的形式在 CID 上显示

通过测定发动机油位可避免发动机油位过低,从而防止造成发动机损坏。通过测定机油状态可准确判断出何时需要更换发动机机油。发动机机油加注过多会导致泄漏,此时,组合仪表也会发出警告信息。

五、车载蓝牙系统

(一)蓝牙技术简介

蓝牙,是一种支持设备短距离通信(一般 10m 内)的无线电技术,能在包括移动电话、PDA(Personal Digital Assistant,掌上电脑)、无线耳机、笔记本电脑、无线鼠标、计算机相关外设等众多设备之间进行无线信息交换。蓝牙技术(Bluetooth)是一种短距离无线数据与语音通信的开放性全球规范。

蓝牙技术是 1998 年 5 月 5 家世界著名的大公司——爱立信(Ericsson)、诺基亚(NO-KIA)、东芝(TOSHIBA)、国际商用机器公司(IBM)和英特尔(Intel)联合宣布的一项技术,其实质内容是建立通用的无线电空中接口及其控制软件的公开标准。蓝牙标志 logo 的设计取自 Harald Bluetooth 两个单词中的首字母 H 和 B,将古代北欧字母 H 和 B 结合起来,就构成了蓝牙技术的标志,如图 3-46 所示。

蓝牙技术使得现代一些轻易携带的移动通信设备、固定通信设备、笔记本式计算机、数字照相机、数字摄像机等不必借助电缆而以无线电就能联网,能在近距离范围内具有互用、相互操作的性能。蓝牙系统具有如下一些特点。

图 3-46　蓝牙标志

(1)蓝牙技术使用全球通用的 2.40 ~ 2.48GHz 频段的无线电波,属于 ISM 频段,该频段在世界范围内的工业、科学、医学领域属无须协议或付费。

（2）蓝牙装置微型模块化。由于所使用波长特别短，可将天线、控制器、编码器、发送器和接收器均集成在蓝牙微型模块内。

（3）蓝牙设备之间的数据传输无须复杂设定。

（4）蓝牙系统中的数据传输速率高，可达1Mbit/s，有效传输距离为10～100m。

（5）具有很好的抗干扰能力。

（二）蓝牙技术的工作原理

1. 蓝牙系统的组成

蓝牙系统由蓝牙模块、蓝牙协议、应用系统和无线电波组成。由于蓝牙技术使用的无线电波的波长非常短，因此，可将天线、控制装置、编码器、发送器和接收器集成在一个模块上，简称蓝牙模块。蓝牙模块结构非常小巧，可以很方便地将其安装在移动装置内，或集成在适配器（如PC卡、USB等）内。例如，蓝牙耳麦是由蓝牙模块、微型耳机和微型传声器集成为通信的一方，通信的另一方是由蓝牙模块和车载音响系统组成，乘员戴着蓝牙耳麦听音乐，没有电线，很方便；轮胎中压力传感器的信号也是通过蓝牙模块中的发送器传给固定在车架上的蓝牙模块中的接收器，再经有线通信传给电控单元，监视轮胎内的压力，保证行车安全。

蓝牙模块结构如图3-47所示，它由微处理器（CPU）、无线收发器（RF）、基带控制器（BB）、程序存储器、数据存储器、通用开步收发器（UART）、通用串行接口（USB）及蓝牙测试模块组成。其中，基带控制器是蓝牙模块中的关键模块，其主要功能是在CPU控制下实时处理数据流，如对数据分组、加密、解密、校验、纠错等；程序存储器用于存放蓝牙技术的协以软件；数据存储器用于存放要处理的数据；射频收发器负责接收或发送高频通信无线电波；通用异步收发器（UART）和通用串行接口（USB）是蓝牙模块与主机控制器连接的两种接口方式，可根据连接方式进行选择；测试模块除具有测试功能外，还提供有关认证和规范，为可选模块。

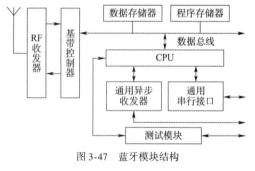

图3-47 蓝牙模块结构

2. 数据传输

蓝牙技术采用分散式网络结构以及快速跳频和短包技术，使用IEEE802.15协议，采用时分双工传输方案实现全双工传输，其数据传输速率可达1Mbit/s。蓝牙系统内的数据传输采用无线电波的方式，其频率为2.40～2.48GHz，数据传输速率可达1Mbit/s，支持一个异步数据通道，或3个并发同步语音通道。蓝牙发射器的有效距离为10m；如果外加放大器的话，其有效距离可达100m。此外，用蓝牙系统进行数据的传送不需要进行复杂的设定。

蓝牙模块将数据分成短而灵活的数据包，其时间长度为625μs，用一个16位大小的校验和数来检查数据包的完整性，如有干扰，自动再次发送数据包，使用一个稳定的语言编码将语言转换成数字信号。蓝牙模块在每个数据包发送后，会以随机的方式改变发送和接收的频率（1600次/s），称为跳频。

3. 数据安全性

蓝牙技术非常重视对传送数据的保护,如数据的处理和防窃听。数据是用128位长的电码来编制代码的,接收器的真实性也由一个128位电码来校验,这时各装置用一个密码来彼此识别。蓝牙技术的有效作用距离比较短,对数据的处理操作也只能在这个范围内进行,这样也提高了数据的安全性。

4. 蓝牙装置间的适配

如果两个蓝牙装置相遇,它们之间会自动建立起联系。这种联系在建立前,须输入PIN来进行两装置间的适配(只能进行一次),在此过程中会产生无线微元(Piconet),从而能够使装置协调工作。每个Piconet最多可为8个蓝牙装置提供位置,而每个装置又可同时从属于多个Piconet。在每个Piconet上,有一个装置执行主控功能,主控装置先建立起联系,其他装置与主控装置进行同步设定,只有收到主控装置数据包的装置才会作出应答。

(三)蓝牙技术的应用

1. 汽车中的蓝牙无线网

车载中的蓝牙主控设备称为蓝牙基站,蓝牙基站集成在车载网络的网关内,与CAN总线、MOST总线、LIN总线等可以进行数据交换。蓝牙基站与车内的蓝牙节点建立蓝牙无线网络,较完全的车载蓝牙网络可以实现以下功能。

(1)接收车内智能传感器的数据。

(2)向车内智能执行器发送控制数据。

(3)建立车内语音无线通信,用车内无绳电话和移动电话与外界通话。

(4)建立车内视音频无线娱乐信号传送,用蓝牙耳机听音乐。

(5)建立车内与车外互联网的通信,可以浏览互联网,发电子邮件。

(6)建立与汽车维修服务站和维修工程师的计算机通信。

图3-48是汽车网络中的蓝牙节点示意图,其中黑色小方块代表蓝牙节点。汽车的每个车门、座椅和操纵轮都有灵活的电缆,而这些灵活的电缆常常会出现问题。解决的方法是可以采用蓝牙无线控制。轮胎内的压强也可用嵌入在轮胎内的微型蓝牙模块监控。蓝牙技术还有如下应用:完成便携式计算机、手机与互联网的连接,以实现信息传输和娱乐;通过用户的便携式计算机收发e-mail;实现驻车加热装置的遥控等。

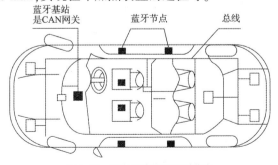

图3-48 汽车网络中的蓝牙节点

2. 蓝牙技术与汽车维修

车载蓝牙基站具有对外无线通信、交流数据的功能。

(1) 当汽车进入服务站时,它的蓝牙站和服务站主计算机建立连接。

(2) 服务站主计算机可以下载一些需要的汽车技术信息和故障信息,为维修和服务提供依据。

(3) 维修人员在给汽车维修或服务时,维修人员的诊断测试仪或 PC 机可以与汽车上的蓝牙基站建立连接,维修人员可以监控和操作汽车的传感器及电控单元,控制和调节一些功能,如灯、窗户、空气、发动机参数等,也可为任何电控单元下载最新版本的控制软件。

前两点使得汽车制造商可以隐藏或控制一些信息,以致它们不能被未授权者改变。

思政点拨

2003 年,比亚迪收购秦川汽车,开始正式涉足汽车制造业。踏入汽车制造业的比亚迪快速发展。到 2008 年,国内开始推行新能源汽车开发鼓励政策,也正是在这一年,比亚迪推出了旗下首款,同样也是全球首款插电式混合动力车型 F3 DM。比亚迪仅是依照其可油可电的特性,定名了 DM 这种动力形式(Dual Mode,即双模)。时间来到 2022 年 6 月,比亚迪 A 股市值成功超越大众集团,成为进入亿万俱乐部的首个中国自主汽车品牌。在比亚迪大跨步的发展与提升背后,其强大的产业链布局起到了决定性的作用,特别是在 2021 年整个汽车制造业遭遇疫情停工、"芯荒",以及进口受阻等一系列问题的混乱叠加后,更是让仰仗进口来维持生产的国内汽车企业步履维艰,生产与交付完全就是一纸空谈。因为手握全套可靠的自研技术,同时又拥有完整的产业链结构等多重优势,比亚迪可以通过强大的自身供应体系,顺利平稳地完成生产与交付,在传统销售淡季的 2022 年 7 月,比亚迪以 16.253 万辆的销量成绩再次获得了业界瞩目。除了国内市场以外,比亚迪商用车的销售版图目前已扩张至全球六大洲的 70 多个国家和地区,超过 400 座海外城市。

从手机电池头把交椅到新能源汽车引领者,比亚迪始终秉承"技术为王,创新为本"的品牌理念,产业领域与业务范畴不断扩大。时至今日,除布局全球汽车制造业外,比亚迪的其他业务领域已横跨电池、储能、IT、半导体、轨道交通、光伏、电子、口罩等多个板块,下游直接触达汽车消费终端,上游布局也延伸至锂矿等资源端,形成了包括汽车、轨道交通、新能源和电子四大产业的全产业链生态闭环。凭借近些年持续优秀亮眼的表现,比亚迪进入了《财富》世界 500 强榜单。(来源:车市江湖)

技能实训

(一) 子总线系统结构认识

实训内容:LIN 总线系统、VAN 总线系统、LAN 总线系统和蓝牙系统的结构认识。

1. 准备工作

(1) 总线系统相关说明书、维修手册等资料。

(2) 相关职场健康和安全的信息。

(3) 相关维修知识和维修资料的网页。

2. 技术要求与注意事项

(1) 能够正确使用维修资料等技术资料,正确选用工具。

(2) 能够在规定的时间内完成工作任务。

(3) 在诊断维修过程中注意操作规范、职场健康和安全。

3. 操作步骤

(1) 正确读取分析维修手册等技术资料。

(2) 能说出各子总线系统在车上的应用。

(3) 分析子总线系统的结构。

4. 工作页

(1) LIN 总线。

① 根据 LIN 总线结构,请在划线处填上相应信息。

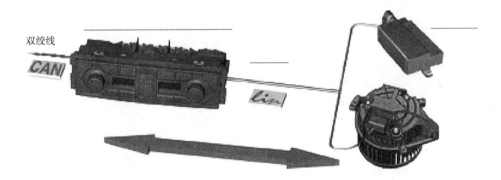

② 请描述 LIN 总线主控制单元的功能。

_____

_____

_____

③ 请描述 LIN 总线从控制单元的功能。

_____

_____

_____

(2) VAN 总线。

① 请指出下图 VAN 数据总线系统节点结构中 a、b 和 c 是什么部件。

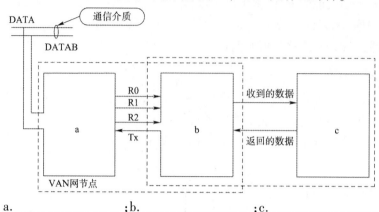

a. _____; b. _____; c. _____

② 请指出 VAN 数据总线系统帧的组成及其功能。

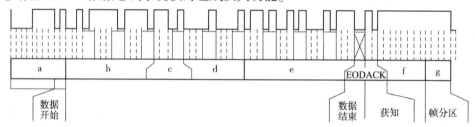

a. _____, 功能是 _____。
b. _____, 功能是 _____。
c. _____, 功能是 _____。
d. _____, 功能是 _____。
e. _____, 功能是 _____。
f. _____, 功能是 _____。
g. _____, 功能是 _____。

(3) LAN 总线。

请指出下图分别属于哪种 LAN 常用的拓扑结构,并分别说明各自的特点。

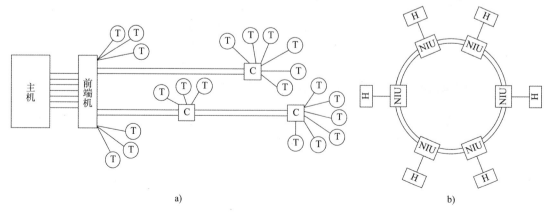

a)　　　　　　　　　　　　　　　　　　　　b)

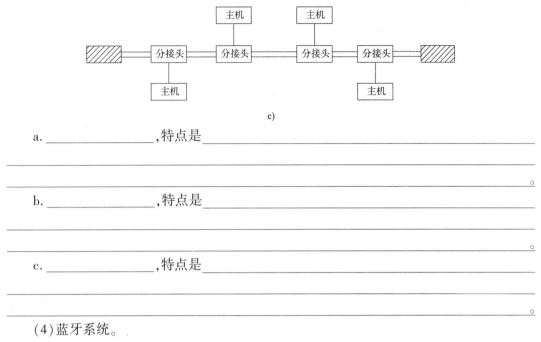

c)

a. _____,特点是_____
_____
_____。

b. _____,特点是_____
_____
_____。

c. _____,特点是_____
_____
_____。

(4)蓝牙系统。

请指出下图蓝牙模块结构的组成及其功能。

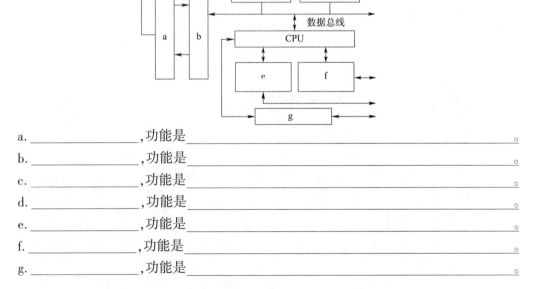

a. _____,功能是_____。
b. _____,功能是_____。
c. _____,功能是_____。
d. _____,功能是_____。
e. _____,功能是_____。
f. _____,功能是_____。
g. _____,功能是_____。

(二)LIN 子总线系统的检测

实训内容:使用 VAS6356、VAS6150B 等仪器检测一汽大众车辆的 LIN 总线系统。

1. 准备工作

(1)熟悉相关的安全常识和理论知识。

(2)准备工具:VAS6356 测量仪器、VAS6150B 诊断仪器、诊断线束 1594D 和维修工具车一辆(含有常用工具)。

(3)准备车辆:某一款一汽大众车辆。

2. 技术要求与注意事项

(1)严禁操作人员佩戴尖锐饰物。

(2)正确连接仪器、仪表和测试设备到车辆。

(3)正确地读识相应的电路。

(4)断开各模块插头前,应断开蓄电池连接。

(5)操作过程中,注意对测试设备和车辆的保护。

(6)涉及实车接触的环节注意做好5S及安全防护。

(7)操作结束后,仪器、工具和零件摆放整齐,测试设备合理归位。

3. 操作步骤

(1)VAS6356和VAS6150B诊断仪按照面板上的端口标识连接即可,或按照维修手册的指导连接。

(2)测量LIN总线的信号波形,记录数据并绘制出一个完整的波形图。

4. 工作页

完成使用大众的专用测量仪器VAS6356和VAS6150B4对某一款大众车辆进行LIN总线波形检测操作,并做好相应的记录。

(1)基本信息读识。

①识别大众汽车LIN线颜色:_____;

②右后侧车窗LIN通信线的编号:_____。

(2)测量正常工作时右后侧车窗LIN线的波形,并绘制出波形图。

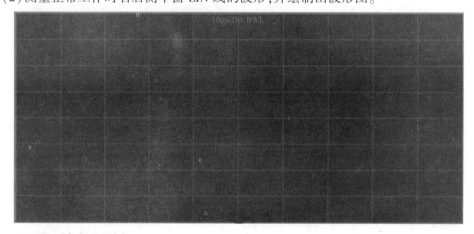

(三)评价与反馈

1. 自我评价与反馈

(1)是否遵守课堂纪律、是否认真听讲,占20%,成绩为_____。

(2)团队合作意识、尊重团队成员(包括老师和其他同学),占30%,成绩为_____。

(3)学习任务(工作任务)完成情况,占 40%,成绩为_____。

(4)5S 及环保意识,占 10%,成绩为_____。

2. 小组评价与反馈

(1)是否遵守课堂纪律、是否认真听讲,占 20%,成绩为_____。

(2)团队合作意识、尊重团队成员(包括老师和其他同学),占 30%,成绩为_____。

(3)学习任务(工作任务)完成情况,占 40%,成绩为_____。

(4)5S 及环保意识,占 10%,成绩为_____。

3. 教师评价及反馈

(1)是否遵守课堂纪律、是否认真听讲,占 20%,成绩为_____。

(2)团队合作意识、尊重团队成员(包括老师和其他同学),占 30%,成绩为_____。

(3)学习任务(工作任务)完成情况,占 40%,成绩为_____。

(4)5S 及环保意识,占 10%,成绩为_____。

综合评价的最终成绩为:_____。

模块小结

LIN 总线是用于汽车分布式电控系统的一种新型低成本串行通信系统,是一种基于 SCI(UATR)数据格式、主从结构的单线 12V 的总线通信系统,主要用于智能传感器和执行器的串行通信。该总线系统是单线式总线,一般由 1 个主控制单元、至多 16 个从控制单元以及单根导线组成。在 LIN 总线的信息中包含两个部分,一是由 LIN 主控制器发送的信息标题,二是由 LIN 主控制器或 LIN 从控制器发送的信息内容。

VAN 总线系统协议是一种只需要中等通信速率的通信协议,支持分布式实时控制的通信网络,可广泛应用于汽车门锁、电动车窗、空调、自动报警以及娱乐控制等系统。VAN 的物理层由互补数据对组成(通信介质是铜线),其两条线分别称为 DATN 和 DATAB。

LAN 的特点主要取决于 3 个因素:传输介质、拓扑结构和介质访问控制协议(MAC),其中传输介质和拓扑结构是主要的技术选择,它们在很大程度上决定了可以传输的数据类型、通信速度、效率以及网络提供的应用种类。

BSD 总线采用线形结构,数据以单线形式传输,数据传输速率为 9.6kbit/s。在早期生产的华晨宝马车系中,BSD 用于电源管理系统,在智能蓄电池传感器 IBS 与发动机控制单元之间传输数据以实现通信。

蓝牙技术采用分散式网络结构以及快速跳频和短包技术,是一种短距离无线数据与语音通信的开放性全球规范。蓝牙系统由蓝牙模块、蓝牙协议、应用系统和无线电波组成。车载中的蓝牙主控设备集成在车载网络的网关内,与 CAN 总线、MOST 总线、LIN 总线等可以进行数据交换。

思考与练习

(一)填空题

1. 在 LIN 总线的信息中包含两个部分,一是_____,二是_____。

2. 信息标题由 LIN 主控制单元按周期发送,分为_____、_____和_____三部分。

3. VAN 数据总线系统协议的 OSI 模型分层包括_____、_____、_____、_____和_____。

4. VAN 数据总线系统节点结构为由_____和_____两个主要部分组成。

5. LAN 的特点主要取决于 3 个因素:_____、_____和_____。

6. LAN 常用的拓扑结构有 3 种:_____、_____和_____。

7. 蓝牙系统由_____、_____、_____和_____组成。

8. 蓝牙模块由_____、_____、_____、_____、_____和_____组成。

9. 蓝牙模块在每个数据包发送后,会以随机的方式改变发送和接收的频率,称为_____。

(二) 判断题

1. LIN 总线媒体访问采用单主/多从的机制,需要进行仲裁。( )

2. LIN 总线上的主控制单元与 CAN 总线和 LIN 总线相连,从控制单元都与 LIN 总线相连。( )

3. LIN 总线主控制单元以循环形式传输当前信息。( )

4. 在 LIN 主控制单元不发出命令的情况下,LIN 从控制单元也可以通过 LIN 总线进行数据传输。( )

5. VAN 总线的信号传输常用双绞铜线,一般情况下每个电控单元只对应一个双绞铜线的传输介质。( )

6. VAN 总线上数据线 DATA 和数据线 DATAB 传输相同的电平信号。( )

7. 同轴电缆可以满足较高性能的要求,与双绞线相比,它可以提供较高的吞吐量,连接较多的设备,跨越更大的距离。( )

8. 星形网络将所有的入网计算机通过分接头接到一条载波传输线上。( )

9. 在华晨宝马电源管理系统中,智能蓄电池传感器与发动机控制单元之间通过 BSD 总线传输数据,实现通信。( )

10. 基带控制器是蓝牙模块中的关键模块,其主要功能是在 CPU 控制下实时处理数据流,如对数据分组、加密、解密、校验、纠错等。( )

11. 用蓝牙系统进行数据的传送需要进行复杂的设定。( )

(三) 选择题

1. LIN 总线采用_____连接,传输速度最高可达_____。( )
   A. 双线;20kbit/s   B. 单线;50kbit/s
   C. 单线;20kbit/s   D. 双线;50kbit/s

2. LIN 总线系统一般由_____个主控制单元、至多_____个从控制单元组成。( )
   A. 2;10   B. 1;16   C. 2;16   D. 1;10

3. 在 LIN 总线系统中,信息内容由_____个数据区构成,每个数据区是_____个二进制位。(　　)

　　A. 1~6;8　　　　B. 1~8;10　　　　C. 1~6;10　　　　D. 1~8;8

4. VAN 数据总线系统的(　　)用于标明数据的性质和数据的接收者。

　　A. 获知域　　　　B. 帧结束域　　　　C. 控制域　　　　D. 识别域

5. 双绞线的信号类型是_____,最大传输距离是_____。(　　)

　　A. 数字;0.1km　　B. 数字;1km　　　　C. 模拟;1km　　　　D. 模拟;1.0km

6. BSD 总线采用_____,数据以单线形式传输,数据传输速率为_____。(　　)

　　A. 线形结构;9.6kb/s　　　　　　　B. 环形结构;9.6kb/s

　　C. 线形结构;96kb/s　　　　　　　 D. 环形结构;96kb/s

7. 蓝牙系统内的数据传输采用无线电波的方式,其频率为_____,数据传输速率可达_____。(　　)

　　A. 2.40~2.48GHz;10Mbit/s　　　　B. 4.40~4.48GHz;1Mbit/s

　　C. 2.40~2.48GHz;1Mbit/s　　　　 D. 2.40~4248GHz;10Mbit/s

(四) 简答题

1. 简述 LIN 总线系统的数据传输原理。

2. 简述 VAN 数据总线系统 3 种可行的传输模式。

3. 简述 LAN 不同拓扑结构的特点。

4. 简述蓝牙技术数据传输的特点和过程。

5. 简述蓝牙模块的组成及其主要模块的功能。

模块四 光学总线系统技术分析

 学习目标

☞ **知识目标**

1. 熟悉光学总线系统的技术特征；
2. 掌握 MOST 总线系统的组成、数据传输原理；
3. 熟悉 MOST 光纤网络损坏造成的系统故障现象；
4. 了解 MOST 总线系统的应用。

☞ **技能目标**

1. 能区分光学总线系统和电学总线系统；
2. 能描述 MOST 总线系统的工作原理；
3. 能用相应的检测仪器对 MOST 光纤网络进行检测。

☞ **素养目标**

1. 培养学生乐于思考、敢于实践、做事认真的工作作风；
2. 培养学生好学、严谨、谦虚、不怕苦的工作学习态度；
3. 培养学生自我检查、自我学习、自我促进、自我发展、善于沟通交流和团队协助的能力。

☞ **思政目标**

通过思政学习，提高学生缘事析理、明辨是非的能力，让学生成为德才兼备、全面发展的人才。

 建议学时

8 学时

一、光学总线的信息传输

（一）光学传输简介

1. 光学传输的定义

光传输是在发送方和接收方之间以光信号形态进行传输的技术。光传输设备就是把各种各样的信号转换成光信号在光纤上传输的设备，因此，现代光传输设备都通常要用到光纤。

与传统的电传输信号不同,光学传输是利用光来传输信号的,两者的区别如图 4-1 所示,进行光学信息传输时,数字信号借助发光二极管被转换成光信号。光信号通过光导纤维(光缆)传输到下一个控制单元(图 4-2)。在该控制单元上,光电二极管把光信号重新转换成数字信号。

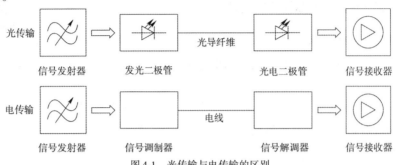

图 4-1　光传输与电传输的区别

2. 光学传输的优点

光纤通信之所以受到人们的极大重视,这是因为和其他通信手段相比,具有无与伦比的优越性。

1) 通信容量大

图 4-2　光信号通过光导纤维(光缆)传输

从理论上讲,一根仅有头发丝粗细的光纤可以同时传输 1000 亿个话路。虽然目前远未达到如此高的传输容量,但用一根光纤同时传输 24 万个话路的试验已经取得成功,它的传输容量比传统的明线、同轴电缆、微波等要高出几十乃至上千倍以上。一根光纤的传输容量如此巨大,而一根光缆中可以包括几十根甚至上千根光纤,如果再加上波分复用技术把一根光纤当作几根、几十根光纤使用,其通信容量之大就更加惊人了。

2) 中继距离长

由于光纤具有极低的衰耗系数(目前商用化石英光纤已达 0.19dB/km 以下),若配以适当的光发送与光接收设备,可使其中继距离达数百公里以上。这是传统的电缆(1.5km)、微波(50km)等根本无法与之相比拟的。因此,光纤通信特别适用于长途一、二级干线通信。据报道,用一根光纤同时传输 24 万个话路、100km 无中继的试验已经取得成功。此外,已在进行的光孤子通信试验,已达到传输 120 万个话路、6000km 无中继的水平。因此,在不久的将来实现全球无中继的光纤通信是完全可能的。

3) 保密性能好

光波在光纤中传输时只在其芯区进行,基本上没有光"泄漏"出去,因此,其保密性能极好。

4) 适应能力强

不怕外界强电磁场的干扰、耐腐蚀,可挠性强(弯曲半径大于 25cm 时其性能不受影响)等。

5) 体积小,质量轻

便于施工维护。光缆的敷设方式方便灵活,既可以直埋、管道敷设,又可以在水底敷设和架空。

6）原材料来源丰富，潜在价格低廉

制造石英光纤的最基本原材料是二氧化硅即沙子，而沙子在大自然界中几乎是取之不尽、用之不竭的。因此，其潜在价格是十分低廉的。

（二）光学传输的系统结构

1. 光学传输的控制单元

光学总线的结构及信息传输

在光学总线中，每一个总线用户（收音机、CD唱机、视频导航仪等）都有一个光学传输控制单元，用于实现光学传输的信号调制、解调和控制。

光学传输控制单元（图4-3）由光导插头、电气插头内部供电装置、收发单元——光导发射器（FOT）、光波收发器、标准微控制器（CPU）、专用部件等组成。

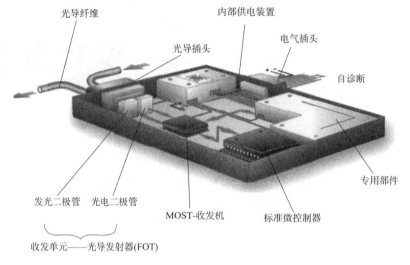

图4-3 光学传输控制单元

（1）光导插头。光导插头用于实现光导纤维与光学传输控制单元之间的连接。光信号通过光导插头进入光学传输控制单元，或将本控制单元产生的光信号通过光导插头、光导纤维传往下一个光学传输控制单元（总线用户）。

（2）电气插头。电气插头用于系统供电、系统故障自诊断以及输入/输出信号的传输。

（3）内部供电装置。由电气插头送入的电能再由内部供电装置分送到各个部件，这样就可以有选择地单独关闭控制单元内某一部件，从而减小了静态电流。

（4）收发单元——光导发射器。光导发射器由一个光电二极管和一个发光二极管构成，到达的光信号由光电二极管转换成电压信号（实现由光到电的转变）后传至光波收发器。发光二极管的作用是把来自光波收发器的电压信号再转换成光信号（实现由电到光的转变）。

（5）光波收发器。光波收发器由发射器和接收器两个部件组成。发射器将要发送的信息作为电压信号传至光导发射器。接收器接收来自光导发射器的电压信号并将所需的数据传至控制单元内的"标准微控制器"（CPU）。其他控制单元不需要的信息由收发器来传送，而不是将数据传到CPU上，这些信息原封不动地发至下一个控制单元。

（6）标准微控制器。标准微控制器是控制单元的核心元件，它的内部有一个微处理器，用于操纵控制单元的所有基本功能。

（7）专用部件。专用部件用于控制某些专用功能,例如 CD 播放机的选曲和收音机调谐器的控制(选择广播电台频率)等。

2. 光电二极管

普通二极管在反向电压作用时处于截止状态,只能流过微弱的反向电流,光电二极管在设计和制作时尽量使 PN 结的面积相对较大,以便接收入射光。图 4-4 为光电二极管的工作原理图,是在反向电压作用下工作的,没有光照时,反向电流极其微弱,叫暗电流;有光照时,反向电流迅速增大到几十微安,称为光电流。光的强度越大,反向电流也越大。光的变化引起光电二极管电流变化,这就可以把光信号转换成电信号,成为光电传感器件。光电二极管有两个终端,如图 4-5 所示。较小的端子用作阴极,较长的端子用作阳极。

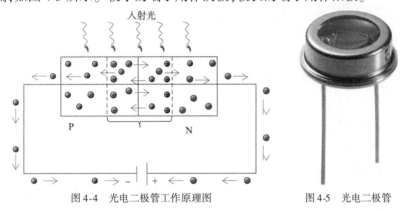

图 4-4　光电二极管工作原理图　　图 4-5　光电二极管

在实际应用中,光电二极管一般与一个电阻串联连接,如图 4-6 所示。如果入射光强度很高(入射光强烈),流过光电二极管和电阻 R 的电流就会增大,电阻 R 上的电压降也会增大,P 点呈现高电平状态。反之,如果入射光比较微弱,则流过光电二极管和电阻 R 的电流就会减小,电阻 R 上的电压降也会减小,P 点呈现低电平状态。这样,利用光电效应原理,就可以将照射到光电二极管的光波信号转换成电压信号了。

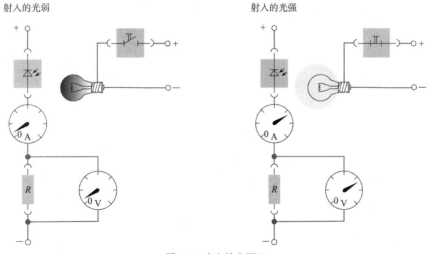

图 4-6　光电效应原理

3. 光导纤维

光纤即为光导纤维的简称,它是一种由玻璃制成、能传输光线、结构特殊的玻璃纤维。也有少数是由合成树脂制成的高分子光导纤维,如聚甲基丙烯酸甲酯和聚苯乙烯等。光纤通信是以光波作为信息载体,以光纤作为传输媒介的一种通信方式。从原理上看,构成光纤通信的基本物质要素是光纤、光源和光检测器。光纤除了按制造工艺、材料组成以及光学特性进行分类外,在应用中,光纤常按用途进行分类,可分为通信用光纤和传感用光纤。传输介质光纤又分为通用与专用两种,而功能器件光纤则指用于完成光波的放大、整形、分频、倍频、调制以及光振荡等功能的光纤,并常以某种功能器件的形式出现。

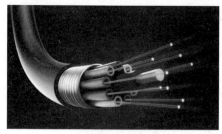

高分子光导纤维开发之初,仅用于汽车照明灯的控制和装饰。现在主要用于医学、装饰、汽车、船舶等方面,以显示元件为主。在通信和图像传输方面,高分子光导纤维的应用日益增多,工业上用于光导向器、显示盘、标识、开关类照明调节、光学传感器等,同时也用在装饰显示、广告显示。光纤如图4-7所示。

图4-7 光纤

(三) 光导纤维的结构及光波传输

1. 光导纤维的结构

光纤由纤芯、包层、涂覆层(亦称保护层)、增强纤维及保护套组成。其中纤芯和包层是光纤的主体,主要成分是二氧化硅,纤芯直径在 $5\sim50\mu m$ 之间,包层直径为 $100\sim150\mu m$,它们对光波传输起决定作用。保护层、增强纤维及保护套的作用主要是屏蔽杂光、增大光纤的强度以及保护作用。光导纤维的结构如图4-8所示。

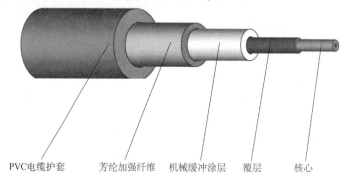

图4-8 光导纤维的结构

光纤的基本工作原理是源于光的全反射现象。光在光纤的纤芯之内传播,由于纤芯的折射率大于包层的折射率,则当孔径满足全反射的条件时,入射光将不会发生折射,而是全部沿纤芯反射前进。故光纤能将光约束在其纤芯内,并引导光波沿光纤轴线向前传播。

2. 光波在光纤中的传输

不是所有的入射光都可以在光纤中传输。我们知道,当光波从高折射率介质入射到低折射率介质时,在边界处会发生反射和折射,当入射角超过临界角时会发生全反射。

根据以上理论,因此,在光纤的末端,从空气中以不同角度入射到光纤芯部的光,并不是所有的光都能在光纤中传输,只有在一定角度范围内的光注入光纤后才能在光纤中传输。

如果光纤端面的入射角为 α,则波导中的光与垂直于光纤轴线的夹角为 θ。此时,$\theta > \theta_c$(临界角)的光将被完全反射,$\theta < \theta_c$ 的光将进入包层并泄漏出去。光波的传输特点如图 4-9 所示。

因此,为了在光纤中传输光,入射角必须能够使进入光纤的光在光纤中发生完全反射,并返回纤芯,呈折形向前传播。在直的光导纤维中,光波是按全反射原理在纤芯表面以 Z 字形曲线传输的;在弯曲的光导纤维中,通过全反射在纤芯的涂层界面上反射,可以实现光波的正常传输,但光导纤维的曲率不宜过大。

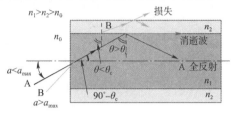

图 4-9 光波的传输特点

二、MOST 总线

(一)MOST 总线系统的定义与应用

1. MOST 总线的定义

MOST 总线系统

MOST 是多媒体定向系统传输(Media Oriented Systems Transport)的简称。在汽车网络中常见的 MOST 系统中,比较典型的是塑料光纤(POF)网络。MOST 将音响装置、电视、全球定位系统及电话等设备相互连接起来,给用户带来了极大的便利。在 MOST 中,不仅对通信协议给出了定义,而且也说明了分散系统的构筑方法。MOST 总线专门用于满足要求严格的车载环境。这种新的基于光纤的网络能够支持 24.8Mbit/s 的数据速率,与以前的铜缆相比具有减轻质量和减小电磁干扰(EMI)的优势。MOST 可以不需要额外的主控计算机系统,结构灵活、性能可靠和易于扩散。MOST 网络光纤作为物理层的传输介质,可以连接视听设备、通信设备以及信息服务设备。MOST 网络支持"即插即用"方式,在网络上可以随时添加和去除设备。MOST 具有以下优点。

(1)保证低成本的条件下,可以达到 24.8Mbit/s 的数据传输速度。

(2)无论是否有主控计算机都可以工作。

(3)使用塑料光纤,不会受到电磁辐射干扰与搭铁环的影响。

(4)支持声音和压缩图像的实时处理。

(5)支持数据的同步和异步传输。

(6)发送/接收器嵌有虚拟网络管理系统。

(7)支持多种网络连接方式,提供 MOST 设备标准,方便、简洁地应用系统界面。

(8)通过采用 MOST,不仅可以减轻连接各部件的线束的质量、降低噪声,而且可以减轻系统开发技术人员的负担,最终在用户处实现各种设备的集中控制。

MOST 系统的标志如图 4-10 所示。

图 4-10　MOST 系统的标志

2. MOST 总线的应用

MOST 系统可连接汽车音响系统、视频导航系统、车载电视、高保真音频放大器、车载电话、多碟 CD 播放器等模块，非常适应汽车媒体设备应用环境的需求，所以汽车行业已经把 MOST 技术作为将来汽车上多媒体系统的一个标准。汽车生产商采用 MOST 主要是由于其性能可靠、成本低、系统简单、结构灵活、数据兼容性好和 EMI 性能良好。MOST 网络在奥迪 A8 多媒体系统的应用如图 4-11 所示。

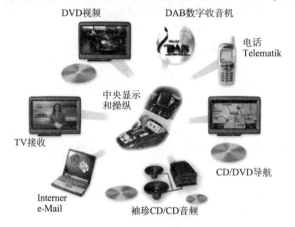

图 4-11　MOST 网络中的多媒体和通信设备

MOST 网络使用光纤，可以减少 250m 的线缆，质量减轻 4.5kg。这种结构为将来可以随时加入新媒体设备节点的结构提供了基础，特别适合于车上媒体设备和信息设备的声控技术应用。随着车上信息设备的不断增加，驾驶中使用这些设备的情况越来越多，通过声控系统访问这些设备是最安全和最经济的方式，声控方式被认为是将来车上设备使用的首选人机接口方式。通过 MOST 网络把人机语音接口与车上媒体设备、通信设备以及其他信息设备连接，是实现这种车上设备语音访问技术的有效方式。图 4-12 为用 MOST 实现这种车上媒体设备、信息设备连接的示意图。

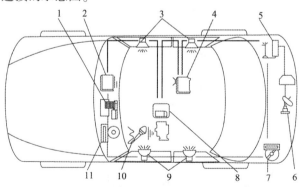

图 4-12　车载多媒体、通信设备的 MOST 网络图

1-计算机及键盘；2-显示器；3、9-音响；4-电视；5-无线信号发送接收器；6-卫星信号接收机；7-CD-ROM（电子地图等数据）；8-车载电话；10-语音控制输入接口；11-CD（VCD）播放机

MOST 为多媒体时代的车载电子设备所必需的高速网络、分散系统的构筑方法、遥控操

作、集中管理的方法等提出了方案。宝马轿车（BMW）7 系列、戴姆勒-克莱斯勒（Daimler-Chrysle）轿车 E 系列已经采用了 MOST，奥迪（Audi）轿车的 A8、沃尔沃（Volvo）轿车 XC90 也采用了 MOST，MOST 技术已成为汽车用多媒体设备所不可缺少的技术。图 4-13 所示为奥迪 A8 使用的 MOST 网络系统。

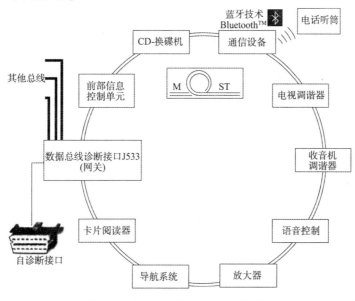

图 4-13　奥迪 A8 使用的 MOST 网络系统

（二）MOST 总线系统的组成与系统状态

1. 系统组成

1）MOST 节点结构

MOST 标准的节点结构模型如图 4-14 所示。MOST 网络可以连接基于不同内部结构和内部实现技术的节点。MOST 网络上的设备分享不同的同步和异步数据传输通道，不同类型的数据具有不同的访问机制。

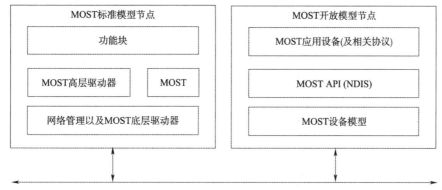

图 4-14　MOST 节点结构模型

MOST 网络有集中管理和非集中管理两种管理模式。在集中管理模式中，管理功能由网络上的一个节点实施，当其他节点需要这些服务时，必须向这个节点申请。在非集中管理模式中,网络管理分布在网络上的节点中,不需要中心管理。

一个 MOST 网络系统由以下 3 个方面决定:MOST 连接机制、MOST 系统服务、MOST 设备。MOST 网络启动时,为每一个网上设备分配一个地址;数据传输时,通过同步位流实现各节点的同步。

2) MOST 设备

连接到 MOST 上的任何应用层部分都是 MOST 设备。MOST 设备是建立在 MOST 系统服务层上的,它可以应用 MOST 网络提供的信息访问功能以及位流传送的同步频道和数据报文异步传送功能。它可以向系统申请用于实时数据传送的带宽,同时还可以报文形式访问网络和发送/接收控制数据。MOST 网络中,在网络管理系统的控制下,这些设备可以协同工作,它们之间可以同时传送数据流、控制信息和数据报文。

如图 4-15 所示,在逻辑上,一个 MOST 设备包括节点应用功能块、网络服务层、MOST 发送器/接收器以及物理层接口。一个 MOST 设备可以有多个功能块,如使用 CD,需要有"播放""停止""设置播放时间"等功能,这些功能对于 MOST 设备来说是外部可访问的。

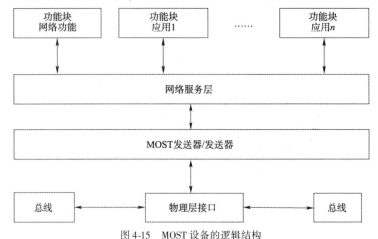

图 4-15 MOST 设备的逻辑结构

典型 MOST 设备的硬件结构如图 4-16 所示。其中,由 MOST 功能模块由控制器、发送器和接收器组成,接收和发送信号。微控制器模块由单片机开发。应用系统功能产生控制信号和数据信号。在一些简单的设备中,可以没有微控制器部分,由 MOST 功能模块直接把应用系统连到网络上。

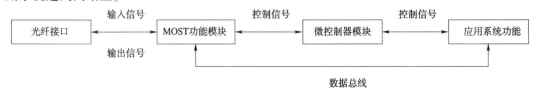

图 4-16 典型 MOST 设备的硬件结构

3) MOST 总线的拓扑结构

MOST 网络规范定义了一种功能强大总线系统。MOST 网络系统允许有不同总线拓扑结构,最常见的是图 4-17 所示的环形拓扑结构。

MOST 网络支持一条物理数据线上同时传送音频和视频等同步数据(Synchronous Data)

和数据包形式的异步数据(Asynchronous Data)。MOST 网络系统的经典拓扑结构为环形,各种组件通过一根塑料光纤连接,每个组件都称为网络的一个节点。MOST 网络系统是一个一点到多点的数据传输网络。系统支持的最大节点数为 64 个。

2. 系统状态

1)休眠模式

这时 MOST 总线内没有数据交换,装置处于待命状态,只能由系统管理器发出的光启动脉冲来激活,静态电流被降至最小值。休眠模式如图 4-18 所示。

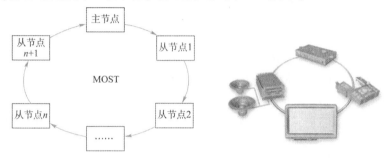

图 4-17　MOST 网络环形拓扑结构　　　　图 4-18　休眠模式

进入休眠模式的条件是:
(1) MOST 总线系统上的所有控制单元都已准备好要切换到休眠状态;
(2) 其他总线系统没有通过网关提出任何要求;
(3) 故障自诊断系统没有处于工作状态。

2)备用模式

MOST 总线系统处于备用模式时,无法为用户提供任何服务,给人的感觉就像系统已经关闭一样。但这时 MOST 总线系统仍在后台运行,所有的输出介质(如显示屏、收音机放大器等)都不工作或不发声。备用模式在发动机起动及系统持续运行时被激活。备用模式如图 4-19 所示。

进入备用模式的条件是:
(1) 由其他数据总线通过网关激活,如驾驶人车门的开锁/开门,点火开关接通;
(2) 由 MOST 总线上的某个控制单元来激活,如打入的电话。

3)通电模式

MOST 总线系统处于通电工作模式时,控制单元完全接通,MOST 总线上有数据交换,用户可使用影音娱乐、通信、导航等所有功能。通电模式如图 4-20 所示。

图 4-19　备用模式　　　　　　　图 4-20　通电模式

进入通电模式的条件是：

（1）MOST总线处于备用状态；

（2）其他数据总线通过网关激活MOST总线系统（如将汽车钥匙插入使用和起动授权开关内，S触点闭合）；

（3）通过用户操作影音娱乐设备来激活MOST总线系统（如操作多媒体操纵单元E380的功能选择按钮）。

（三）MOST总线系统的数据传输

1. 信息帧

在MOST总线的物理层，数据的结构是按照帧（Frame）组织的，如图4-21所示。帧的长度是固定的，对不同的MOST标准，帧的长度不一样。MOST 25帧的长度为512位，帧采样率为44.1kHz或者48kHz。每一帧的开始4位是前导符（Preamble），每个节点是利用前导符与网络同步的。接下来的4位是边界描述符（Boundary Descriptor），边界描述符由时间主节点确定，取值范围为6~15，表明后面数据段同步区与异步区各自所占的带宽。接下来是同步数据区和异步数据区，两个区共占用60个字节，它们的分界靠边界描述符限定，以每4个字节（1 quadlet）为单位进行调节，同步区的范围为24~60字节。紧接着就是2字节的控制信道，控制数据可以利用控制信道进行传递。最后一个字节为帧控制，其中最后一位传递的是帧奇偶校验位。

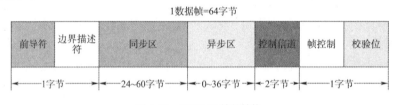

图4-21 MOST 25帧的结构

2. 控制数据的传输

控制命令在控制信道中传送。控制命令到各层的映射如图4-22所示。发送控制命令，控制命令以应用协议的形式存在于应用层；控制命令传到网络服务层，将添加设备地址，如果控制命令的数据长度大于12字节，那么控制命令将被分段；控制命令传到数据链路层，将打包成控制报文的形式（图4-22中的控制报文），控制报文将被分配到16个MOST帧中去，以数据块的形式发送出去。每个数据块的第一个帧的前导符具有特殊的格式。图4-22中控制报文固定的长度为32字节，各部分的意义如下：

仲裁（4字节）：起始的两个帧来实现，根据载波监听多路访问（Carrier Sense Multiple Access，CSMA）机制由MOST网络接口控制器自动产生的仲裁数据，保证总线的公平分配。

地址（4字节）：4、5字节为目的地址，6、7字节为源地址。

报文类型（1字节）：0x00为常规报文，其他为系统消息，由MOST网络接口控制器自己解决，应用程序不可见。

数据（17字节）：这一部分实际上就是应用协议的数据格式。12字节用于传递参数，当参数少于12字节时,报文标识符为0,一个报文就能发送完一条完整的控制消息,如果数据格式参数多余12字节,报文要分段发送,第一个报文的报文标识符为1,中间报文的报文标识符都为2,最后一个报文的报文标识符为3。12字节参数数据中,如果是多段消息,第一个字节还要用于报文计数,传递参数的只有11字节。

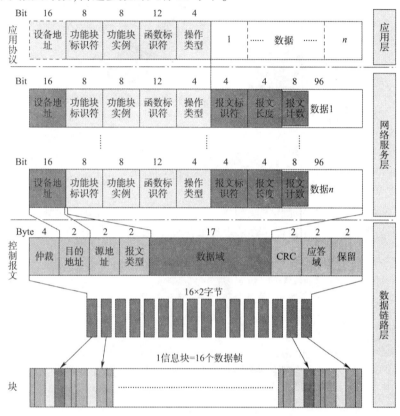

图4-22 控制命令到各层的映射

循环冗余校验(Cyclic Redundancy Check,CRC):用2字节实现,使接收者确定接收的信息是否有误。

应答域(2字节):接收消息方通过应答域将接收成功、缓冲区阻塞或CRC错误其中一种接收状态告诉发送方。

3. MOST总线的工作过程

1)系统启动(唤醒)

如果MOST总线处于休眠模式,必须通过唤醒过程将系统切换到备用模式。如果某一控制单元(系统管理器除外)唤醒了MOST总线,那么该控制单元就会向下一个控制单元发射一种专门调制的光波(称为伺服光波)。环形总线上的下一个控制单元通过在休眠模式下工作的光电二极管来接收这个伺服光波并将该光波继续下传,该过程一直进行到系统管理器为止。

2)同步数据传输

在MOST系统中,音频和视频信息是作为同步数据传输的。为便于理解,下面以Audi A8 2003年型汽车播放音乐CD为例来进行说明。MOST系统同步数据传输如图4-23所示。

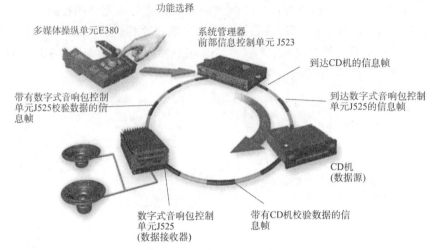

图 4-23　MOST 系统同步数据传输

3）同步数据传输

在 MOST 系统中，导航系统的地图显示、导航计算、互联网网页和 e-Mail 等图片、文本信息是作为异步数据传输的，MOST 系统异步数据传输如图 4-24 所示。

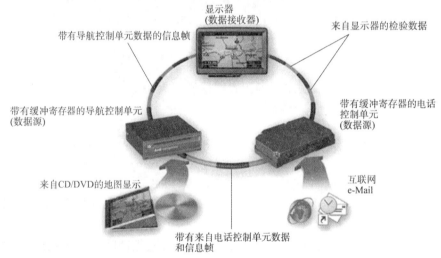

图 4-24　MOST 系统异步数据传输

（四）MOST 总线系统的通信协议

在 MOST 网络规范中，定义了一个实现 MOST 网络系统中功能块对应的应用相互交互的通信协议。该通信协议通过 MOST 网络控制信道传输，也可用于异步信道的通信。

1. 数据格式

MOST 网络应用协议的格式，如图 4-25 所示。

设备地址	功能块标识符	功能块实例	函数标识符	操作类型	数据

图 4-25　MOST 网络应用协议格式

设备地址(DeviceId):表示接收者或发送者的地址。

功能块标识符(FBlockId):描述功能块的类型,即功能块的属性,如音频设备、被控对象的属性等。小于 0xC0 的功能块标识符,MOST 组织已作了明确的定义。

标识符 0xC0～0xEF(不包括 0xC8)之间的功能块由系统集成商定义;0xF0～0xFE 之间的功能块由设备制造商定义。

功能块实例(InstId):用于区分同一类型的多个功能块。功能块标识符和功能块实例共同确定功能块地址。

函数标识符(FktId):用于区分同一功能块中不同的功能。MOST 网络标准定义了 0x000～0x1FF 的函数标识符,0x200～0x3FF 之间的函数标识符根据相关功能块规范定义,0x400～0x9FF 之间的函数标识符可选择性定义。

操作类型(OPType):表示同一函数中不同的操作。

数据(Data):表示发送或接收的数据。

设备地址、功能块标识符和功能块实例构成编址域;函数标识符和操作类型构成函数域。

2. 动态行为

所谓的动态行为,是指 MOST 网络和节点处于某个状态,或者功能块收到某个指令后必须做出的相应的动作,与网络管理密切相关。

(1)属性查询前面讲过,功能块可以是一个属性,那么这个属性是可以查询和修改的。如果要查询功能块的属性,过程如下:

发送操作类型为 Get 的控制信息。当没有发生错误时,会返回操作类型为 Status 应答信息,属性的具体意义包含在这个消息的数据域里。如果错误,就会返回操作类型为 Error 的错误信息。

(2)功能块可以是一个方法,方法可用于开启一个动作,来改变功能块的状态。如果要开启一个方法,发送操作类型为 Start 的控制信息,它不需要立刻返回结果,只有在出错时返回错误信息。

(3)通知机制(Notification Mechanism)是 MOST 网络标准中定义的一种特殊的动态行为。如果功能块具有通知机制的功能,则它的某些属性值在发生改变或者改变规定的数值时,可以不通过查询命令自动向其他节点通知包含该属性值的消息,而其他节点要做的是在其通知矩阵(Notification Matrix)中对自己感兴趣的属性进行登记。

(五)MOST 总线系统的诊断

1. 诊断管理器

除系统管理器外,MOST 总线还有一个诊断管理器。诊断管理器执行环路断开诊断,并将 MOST 总线上的控制单元诊断数据传给诊断控制单元。在 AudiA8 2003 款汽车上,数据总线诊断接口 J533 就是执行自诊断功能的,图 4-26 所示为 MOST 诊断管理器。

图 4-26 MOST 诊断管理器

2. 系统故障

如果在MOST总线上发生数据传输中断，就无法完成正常的数据传输任务。由于MOST总线是环形结构，因此，将这种数据传输中断称为环路断开，亦即总线断路。诊断管理器的故障存储器中存有故障信息——"光纤数据总线断路"。

3. 环路断开诊断

1) 诊断导线与询问脉冲

诊断导线通过中央导线连接器与MOST总线上的各个控制单元相连。为准确判断出发生环路断开的具体位置，如图4-27所示，需要使用诊断导线来进行环路断开诊断。

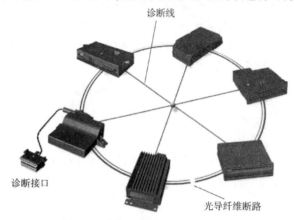

图4-27 诊断导线来进行环路断开诊断

2) 应答的内容

环路断开诊断开始后，MOST总线上的各个控制单元发送以下两种信息：

（1）控制单元电气方面是否正常——本控制单元电气功能是否正常（如电源供电是否正常）；

（2）控制单元光学方面是否正常——本控制单元的光电二极管是否能够接收到环形总线上位于其前面的控制单元发出的光波信号。

诊断管理器通过这些信息就可识别出：

（1）MOST总线系统是否有电气故障（供电故障）以及是哪个控制单元出现了电气故障；

（2）MOST总线系统中哪两个控制单元之间的数据传输中断了，亦即是哪两个控制单元之间的光导纤维发生了断路。

3) 故障的确认

可利用备用的控制单元VAS6186来替换可疑控制单元，然后观察MOST系统是否恢复正常。若替换后，系统恢复正常，则可确认，故障确系可疑控制单元损坏所致。VAS6186替换可疑控制单元如图4-28所示。

4) 信号衰减幅度增大的诊断

诊断管理器还有信号衰减幅度增大的诊断功能，即通过监测MOST系统传输光波功率的降低来判断光学系统在信号传输过程中是否存在信号衰减幅度过大的故障。如图4-29所示的信号衰减增大，可能是由光导纤维收缩导致。

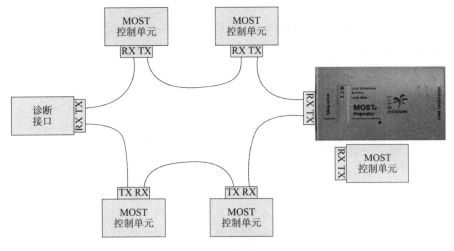

图 4-28　VAS6186 替换可疑控制单元

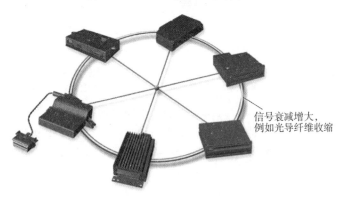

图 4-29　信号衰减增大

三、DDB 总线

（一）DDB 总线系统简介

DDB 总线（Domestic Digital Bus）是由荷兰皇家飞利浦电子公司（Royal Dutch Philips Electronics Ltd.,）于 20 世纪 90 年代初开发的一种光学数据传输总线。1990 年，飞利浦公司成功开发了应用于联网家庭系统的数字数据总线 DDB（Digital Data Bus）。此后不久，又将其重新命名为家庭数字总线（Domestic Digital Bus）。此后，飞利浦公司的 DDB 总线技术被英国 C&C 电子公司（C&C Electronics）收购，并于 1992 年推向汽车多媒体传输市场。

（二）DDB 总线系统的应用

DDB 总线是一种光纤数据传输总线，一开始就得到美洲虎（Jaguar）和梅赛德斯-奔驰公司的支持,在奔驰S系、美洲虎X型、S型及XJ型汽车上均有应用。在早期生产的奔驰车型上,如163、203、210、220等,用于收音机、导航、C1换碟器、音控放大器、移动电话等部件之间的通信,通过光波来传输数据。DDB数据总线传输速率大约是5.6Mbit/s,可以同时传输声音和命令信号。DDB数据网络一般情况下需要5根外接线:2根电源线、输入与输出光纤线路(DDB)、唤醒信号(wakeup)线。

图4-30所示为DDB总线在奔驰W210上的应用。

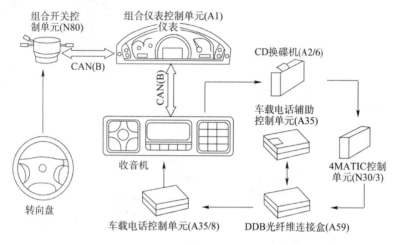

图4-30 DDB总线在奔驰W210上的应用

DDB总线采用波长为650nm的红光。奔驰车系只是在2003年9月1日之前采用DDB光学总线,而在2003年9月1日之后,则转为采用传输速率更高、数据吞吐量更大的、DDB光学总线的升级换代技术——MOST光学总线。

四、Byteflight总线

(一)Byteflight总线简介

Byteflight系统是由BMW与Motorola、Elmos、Infineon合作开发的,主要用于传输时间上要求特别紧迫的安全气囊系统数据。Byteflight系统的数据传输速率为10Mbit/s,可以满足对数据传输的实时性要求非常高的汽车安全气囊系统的要求,且可在强电磁干扰条件下可靠地传输数据。

Byteflight系统采用星形拓扑结构。星形拓扑结构的特点是一主多副,即系统有一个主控单元和多个副控单元(亦称从属控制单元)。副控单元(从属控制单元)通过一根单独的导线(光导纤维)连接到主控单元(上级控制单元)上。Byteflight系统拓扑结构如图4-31所示。

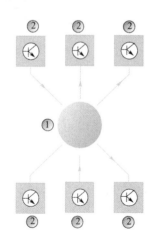

图4-31 Byteflight系统采用星形拓扑结构
1-主控单元(上级控制单元);2-副控单元(从属控制单元)

（二）Byteflight 总线系统的数据传输

1. Byteflight 的数据结构

Byteflight 有多个集成了碰撞传感器的控制单元安装在车辆内的关键位置处。它们通过总线系统与 SIM 或 SGM 连接。系统不断查询所有碰撞传感器信息并将数据分配给所有卫星式控制单元。

同 CAN 总线一样，数据也通过数据电码传输，除数据字节的数量外数据电码结构完全相同。Byteflight 可传输最长为 12 个字节的数据。

Byteflight 结合了同步和异步数据传输的优点，因此，能够确保重要信息的快速访问时间和次要信息的灵活使用。SIM 或 SGM 发出一个同步脉冲，其他控制单元必须遵守该脉冲。Byteflight 数据电码的结构如图 4-32 所示。

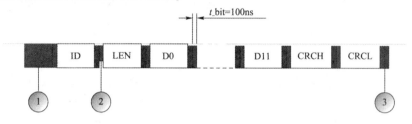

图 4-32 Byteflight 数据电码的结构

1-起始顺序；2-起始位；3-停止位；ID-标识符（决定电码的优先级和数据内容）；LEN-长度（包括数据字节的数量）；D0-数据字节 0（起始数据字节）；D11-数据字节 11（最大的结束数据字节）；CRCH-高位循环冗余码校验；CRCL-低位循环冗余码校验

数据优先级通过标识符进行识别。标识符允许范围位于 1～255 之间，其中 1 表示最高优先级。优先级较高的信息是碰撞传感器发来的数据，而优先级较低的信息一般是系统状态信息和系统故障诊断信息。电码优先级如图 4-33 所示。

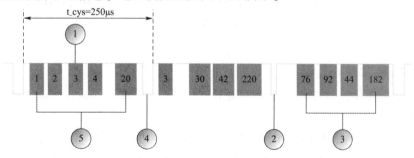

图 4-33 电码优先级

1-标识符（决定电码优先级）；2-报警同步脉冲（报警状态下的同步脉冲）；3-低优先级信息（优先级较低的电码）；4-正常同步脉冲（正常状态下的同步脉冲）；5-高优先级信息（优先级较高的电码）；t_cyc-循环时间（一个同步脉冲的循环时间）

2. 卫星式控制单元

ISIS（智能安全集成系统）有多个集成了碰撞传感器的控制单元安装在车内的关键位置处。因为这些控制单元在星形拓扑结构的 Byteflight 系统中是环绕主控制单元存在的，类似于太阳系中的卫星环绕于太阳（恒星），故 BMW 称这些集成了碰撞传感器的控制单元为卫星式控制单元。各个卫星式控制单元与 SIM 之间的数据流如图 4-34 所示。

3. 总线访问程序

Byteflight 系统根据规定的时间间隔分配来控制总线访问情况。执行这个控制程序时，只能在规定时间内发送特定信息，该信息通过其标识符进行识别。

当然，这个程序要求所有总线设备都保持相当准确的时间同步性。Byteflight 通过循环（反复）发送一个脉冲（所谓的同步脉冲），使该系统同步化。

4. 发送和接收模块

发送和接收模块能够将电信号转变为光信号并通过光导纤维传输。每个卫星式控制单元都有一个电子光学发送和接收模块（SE）。

这些 SE 模块分别通过光导纤维连接在 SIM 内的智能型星形连接器上。SIM 内也有用于与各个卫星式控制单元交换数据的发送和接收模块 SE，其数据交换过程如图 4-35 所示。

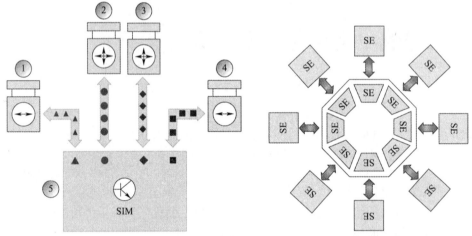

图 4-34　各个卫星式控制单元与 SIM 之间的数据流　　图 4-35　SE 数据交换过程
1～4-安装于车内不同位置的卫星式控制单元；5-SIM
（安全和信息模块）

5. Byteflight 主控单元

Byteflight 主控单元执行两个任务：一是产生同步脉冲（Syncpulse）；二是使卫星式控制单元进入报警模式。

在 ISIS（智能安全集成系统）内将 SIM（安全和信息模块）设定为 Byteflight 系统的主控单元（总线主控单元），而在 ASE（高级安全电子设备）内，SGM 则承担 Byteflight 系统主控单元的功能。原则上来说，每个卫星式控制单元都可以通过软件设定为总线主控单元。但系统内只能有一个总线主控单元，所有其他总线设备（总线副控单元）都通过同步脉冲进行内部同步化。每个总线设备都可以在同步脉冲之间将电码发送到 Byteflight 总线上。

6. 同步脉冲

SIM 内的 Byteflight 总线主控单元以 250μs 为时间间隔发送同步脉冲。报警模式通过同步脉冲宽度发送。处于报警状态时，一个同步脉冲的持续时间约为 2μs。同步脉冲时间通常约为 3μs。Byteflight 总线上的信息循环如图 4-36 所示。

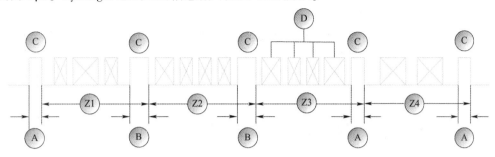

图 4-36 Byteflight 总线上的信息循环

A-报警同步脉冲；B-正常同步脉冲；C-同步脉冲；D-电码；Z1-循环 1；Z2-循环 2；Z3-循环 3；Z4-循环 4

总线主控单元必须根据所有碰撞传感器发送的信息决定是否将卫星式控制单元设为报警模式。由主控单元设置报警模式后，安全系统的所有引爆电路都将设为准备触发状态。需要触发一个引爆输出级时，必须始终将两个独立的信号传输到 Byteflight 总线上。使左前侧安全气囊引爆电路触发的信号流程如图 4-37 所示。

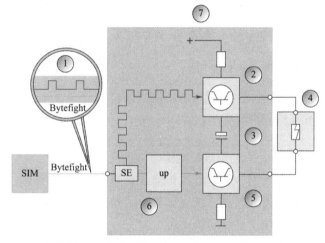

图 4-37 使左前侧安全气囊引爆电路触发的信号流程

1-报警模式脉冲；2-高压侧开关；3-引爆电容器；4-左前侧安全气囊引爆器；5-低压侧开关；6-微处理器；7-用于控制左前侧安全气囊的卫星式控制单元

（三）Byteflight 总线系统的应用

Byteflight 在 ISIS 和 ASE 中使用，这两个安全系统负责控制安全气囊、安全带拉紧装置和断开安全蓄电池接线柱。宝马汽车在安全控制技术方面一直处在世界领先位置，其 ISIS 及 ASE 系统获得汽车业界广泛认可。

基于 Byteflight 总线开发的高级安全电子系统 ASE 具有以下优点。

（1）快速获取并传输数据（传输速率为 10Mbit/s）、准确识别碰撞、安全气囊控制系统联网、选择性触发、精确控制智能型安全气囊、触发安全性高、抗电磁干扰能力强；需要时可断开安全蓄电池接线柱，进行蓄电池线路诊断等。

（2）通过分布于车辆上重要位置的多个加速传感器，能够比多重乘员保护系统（MRS）

更准确地识别出碰撞情况。由车内加速传感器探测到的车辆减速信息都被传送至安全和网关模块 SGM。

(3) SGM 与所有卫星式控制单元交换减速数据,据此描绘出准确的碰撞情况。然后根据碰撞情况及时地、有选择地触发执行器。发生碰撞时,仅触发那些必要的执行器(气囊),以便对车内乘员提供最佳的保护,并降低维修费用。

五、光纤信号的衰减及光纤使用维修

(一) 光纤传输信号衰减及原因

1. 光波传输系统的信号衰减

光纤信号的衰减及光纤使用维修

为了表征光波在传输过程中的损失程度,引入了光波信号衰减这一概念。如果在传输过程中,由于历经多次转发,光波的功率降低了,就称为发生了光波信号衰减。

光波信号的衰减程度用衰减常数来表示,其单位为分贝(dB)。衰减常数的定义为:

$$衰减常数(A) = 10 \times \lg \frac{光波发射源发射的光波功率}{光波接收源接收到的光波功率} \quad (4-1)$$

如果光波发射源发射的光波功率为 20W,而光波接收器接收到的光波功率为 10W。则在这一转发过程中,光波的衰减常数为:

$$衰减常数(A) = 10 \times \lg \frac{光波发射源发射的光波功率}{光波接收源接收到的光波功率} = 10 \times \lg \frac{20W}{10W} = 3dB$$

也就是说,对于衰减常数为 3dB 的光波传输系统而言,光波信号会衰减一半。在光学总线系统中,一般将 3dB 作为光波传输系统衰减常数的极限值,超出极限值即认为光波传输系统的信号衰减幅度过大,必须予以维修或更换。

2. 光纤信号衰减的原因

当光从光纤的一端射入,从另一端射出时,光的强度会减弱。这意味着光信号通过光纤传播后,光能量衰减了一部分。这说明光纤中有某些物质或因某种原因,阻挡光信号通过,这就是光纤的传输损耗。只有降低光纤损耗,才能使光信号畅通无阻。

造成光纤衰减的主要因素有:本征、弯曲、挤压、杂质、不均匀和对接等。

(1) 本征:是光纤的固有损耗,包括瑞利散射、固有吸收等。

(2) 弯曲:光纤弯曲时部分光纤内的光会因散射而损失掉,造成损耗。

(3) 挤压:光纤受到挤压时产生微小的弯曲而造成的损耗。

(4) 杂质:光纤内杂质吸收和散射在光纤中传播的光,造成的损失。

(5) 不均匀:光纤材料的折射率不均匀造成的损耗。

(6) 对接:光纤对接时产生的损耗,如:不同轴(单模光纤同轴度要求小于 0.8μm),端面与轴心不垂直,端面不平,对接心径不匹配和熔接质量差等。

（二）光导纤维的使用

光纤使用中应注意：

（1）将光纤帽取下，擦拭光纤头表面（使用蘸有乙醇的棉签），确保光纤头表面擦拭干净后再使用光纤，酒精挥发后方可开机。

（2）切勿触摸光纤头表面，光纤头表面不要接触到任何表面，若被弄脏则需重新擦拭。

（3）光纤安装时轻插轻拔，用力过猛易造成光纤插芯发生偏移，从而影响激光传输质量。

（4）光纤在使用中不要过度弯曲和绕环，这样会增加光在传输过程的衰减。

（5）激光器使用完毕后，请及时盖上光纤帽，防止光纤端面被污染。

（6）激光信号传送之时请勿直视光纤端面。

（三）光导纤维的维修

1. 光导纤维维修概述

当确认光导纤维是光学传输系统的故障根源之后，就需要对光导纤维进行维修。首先将损坏的光导纤维从车上拆下来，再将备用的维修用光导纤维装上去。更换维修用光导纤维时，要视所需长度对光导纤维进行剪切并制作光导纤维插头。另外，还需要了解汽车上光导纤维包层颜色的含义及用途。

2. 维修光导纤维的注意事项

不允许用下述方法维护光导纤维及其构件：

（1）热处理之类的维修方法，如钎焊、热黏结及焊接。

（2）化学及机械方法，如粘接、平接对接。

（3）两条光导纤维绞合在一起，或者一根光导纤维与一根铜质电线绞合在一起。

（4）包层上打孔、切割、压缩变形等。

另外，还需注意以下几点：

（1）将光导纤维装入车内时不可有物体压到光导纤维包层。

（2）端面上不可脏污，如液体（水、油）、灰尘等。只有在插接和检测时才可小心地取下保护盖。

（3）在车内铺设光导纤维时不可打结，更换光导纤维时注意其正确的长度。

3. 维修光导纤维的专用工具

光导纤维的维修需要使用专用工具——VAS6223 组合套件（图 4-38），也称光导纤维维修包。VAS6223 组合套件中有两个专门用于光导纤维维修的钳子：剪切钳用于光导纤维的剪切，压接钳用于光导纤维铜质接头的压接。

4. 光导纤维维修实际操作

（1）视长度需要，使用 VAS6223 剪切钳将光导纤维粗略地剪开。注意，要使用侧剪功能，且动作要慢、稳，以

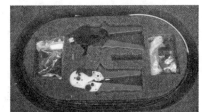

图 4-38　VAS6223 组合套件

免折断纤芯。

(2) 将光导纤维嵌入 VAS6223 剪切钳的保护层导槽中剪切保护层 (橘红色包层)。注意,此时的光导纤维绝对不允许弯曲或夹紧。

(3) 将光导纤维嵌入 VAS6223 剪切钳中,并将钳口闭合。注意,要使保护层导槽与箭头方向 (即光导纤维方向) 对正。

(4) 用 VAS6223 剪切钳的剪刀轮对光导纤维实施精剪切,以确保剪切后的光导纤维截面平滑、无损伤。注意,不要剪得太快,以免造成损伤。

思政点拨

我国车联网起步于 2009 年。2009 年,上汽通用汽车将 OnStar 命名为安吉星并正式引入中国,在国内率先开启了车联网应用的前瞻探索。按车联网技术发展情况划分,我国车联网市场经历了车联网导入阶段(支持远程通话)、手机互联网阶段(与汽车共享手机应用)、汽车 IVI 阶段(车载娱乐,围绕中控屏展开)和 5G + V2X 阶段。

当前,我国主要进行车联网与 5G 技术的应用融合,以期交通运输、汽车和通信等行业更快实现智能化和数字化,因此,近两年的大量政策均围绕 5G 和车联网展开,如 2020 年 9 月提出的《关于扩大战略性新兴产业投资培育壮大新增长点增长极的指导意见》以及 2021 年 6 月提出的《5G 应用"扬帆"行动计划(2021—2023 年)》,均对 5G 车联网未来发展目标进行了详细规划。另外,我国政策落脚于车路、车车协同技术升级,以支持智能交通,提高驾驶安全和提高交通效率。因此,车联网先导区、路侧设施和相关网络安全标准体系的建设也成是重要课题,是目前我国车联网相关政策的具体布局指导方向。

随着汽车从传统交通工具向着智能化、网联化和电动化方向演进,车联网成为 5G 交通和汽车领域跨界融合最具潜力的应用,已经成为我国战略性新兴产业的重要发展方向,也是当前跨学科、跨领域、跨行业管理部门的技术研究与产业发展热点。未来,随着 5G 与 V2X 技术的发展成熟,车联网产业将打开新的成长空间。

汽车智能网联化大浪已经来临,ADAS 技术的快速革新、高品质数字座舱、OTA 远程升级、5G 通信技术等的运用推进着车载网络带宽需求的爆发式增长。拥有高带宽的汽车以太网能很好地满足上述需求,且针对未来更高性能需求,其可扩展支持超高 Giga 比特带宽、超低时延 TSN 时间敏感型以太网技术等。汽车以太网将成为构建新一代汽车高速通信网络架构的基石,相对于 20 世纪末 CAN 通信技术给汽车工业带来的变革,它将更具革命性。当然,汽车以太网技术的发展也面临着行业配套发展刚起步、新的信息安全风险等众多挑战,让我们一起期待我国车载网络新技术的发展。

技能实训

(一) 光学总线系统结构认识

实训内容:认识光学总线系统的结构。

1. 准备工作

(1) 光学总线系统相关说明书、维修手册等资料。

(2) 相关职场健康和安全的信息。

(3) 相关维修知识和维修资料的网页。

2. 技术要求与注意事项

(1) 能够正确使用维修资料等技术资料,正确选用工具。

(2) 能够在规定的时间内完成工作任务。

(3) 在诊断维修过程中注意操作规范、职场健康和安全。

3. 操作步骤

(1) 正确读取分析维修手册等技术资料。

(2) 能说出各光学总线系统在车上的应用。

(3) 分析光学总线系统的结构。

4. 工作页

(1) 根据光学总线的结构,请在划线处填上相应信息。

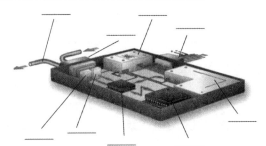

(2) 请描述光学总线系统中光波收发器的作用。

___
___
___

(3) 请描述光学总线系统中光导插头的作用。

___
___
___

(二)评价与反馈

1. 自我评价与反馈

(1) 是否遵守课堂纪律、是否认真听讲,占 20%,成绩为_____。

(2) 团队合作意识、尊重团队成员(包括老师和其他同学),占 30%,成绩为_____。

(3)学习任务(工作任务)完成情况,占40%,成绩为_____。

(4)5S 及环保意识,占10%,成绩为_____。

2. 小组评价与反馈

(1)是否遵守课堂纪律、是否认真听讲,占20%,成绩为_____。

(2)团队合作意识、尊重团队成员(包括老师和其他同学),占30%,成绩为_____。

(3)学习任务(工作任务)完成情况,占40%,成绩为_____。

(4)5S 及环保意识,占10%,成绩为_____。

3. 教师评价及反馈

(1)是否遵守课堂纪律、是否认真听讲,占20%,成绩为_____。

(2)团队合作意识、尊重团队成员(包括老师和其他同学),占30%,成绩为_____。

(3)学习任务(工作任务)完成情况,占40%,成绩为_____。

(4)5S 及环保意识,占10%,成绩为_____。

综合评价的最终成绩为:_____。

模块小结

在汽车影音娱乐和信息显示系统中,为保证音质清晰、画面流畅,需要传输的数据量很大,对传输速率要求也很高。CAN 总线的信息传输能力在这方面显得捉襟见肘,无能为力。为满足上述要求,特别开发了光学总线系统。目前,应用较多的汽车光学总线系统主要有 DDB、MOST 和 Byteflight 三类。其中,早期的 BENZ 车系的影音娱乐系统多采用 DDB 技术,而 BMW 和 Audi 车系的影音娱乐系统则采用 MOST。Byteflight 技术是 BMW 车系独有的,应用于 BMW 车系集成化智能安全系统的安全气囊控制系统。在三类光学总线中,以 MOST 的应用最为广泛。

思考与练习

(一)填空题

1. 光在光纤内是基于_____的原理进行无损耗传输的。

2. MOST 是_____的网络标准,通过采用 MOST,不仅可以减轻连接各部件的线束的质量、降低噪声,而且可以减轻系统开发技术人员的负担,最终在用户处实现各种设备的集中控制。

3. 为了能使光波传输过程中的损失尽可能小,光导纤维的端面应_____。

4. MOST 总线是一种用于_____的网络系统。

5. MOST 总线可连接_____、_____、_____、高保真音频放大器、车载电话、多碟 CD 播放器等模块,其数据传输速率最高可达_____,而且没有电磁干扰。

6. Byteflight 系统的数据传输速率为_____,可以满足对数据传输的实时性要求非常高的_____的要求,且可在强电磁干扰条件下可靠地传输数据。

(二)判断题

1. 车载多媒体影音娱乐系统工作时,为保证音质清晰、画面流畅,需要传输的数据量很

大(海量数据),对数据传输速率要求也很高。 （　）
2. MOST 系统环路断开诊断只能用于判定数据传输是否中断。 （　）
3. Byteflight 系统主要用于传输时间上要求特别紧迫的安全气囊系统数据。 （　）
4. Byteflight 总线控制单元联网时仅需要一根光导纤维,且只能朝一个方向单向传输数据。 （　）
5. 在 MOST 系统中,音频和视频信息是作为同步数据传输的。 （　）
6. 光导纤维断路、发射器或接收器控制单元的供电电路故障以及发射器或接收器控制单元本身损坏等原因均可能导致 MOST 总线系统出现环路断开。 （　）

(三) 选择题

1. MOST 总线系统特点不包括(　　)。
   A. 结构灵活　　　　B. 性能可靠　　　　C. 易于扩展　　　　D. 价格低廉
2. 汽车 MOST 技术是指(　　)。
   A. 无源光学星形网络　　　　　　　B. 多媒体定向系统传送
   C. 线控技术　　　　　　　　　　　D. 多路传送系统
3. 光纤出现故障,则所用诊断仪器为(　　)。
   A. 光学诊断仪　　　B. 万用表　　　C. 解码器　　　D. 示波器
4. MOST 总线传输速度是(　　)。
   A. 20Mbit/s　　　B. 100kbit/s　　　C. 500kbit/s　　　D. 10Mbit/s
5. (　　)不是 MOST 总线控制单元的结构组成。
   A. 光导插头　　　B. 电气插头　　　C. 光导纤维　　　D. 微处理器
6. (　　)是 MOST 总线的主要应用系统。
   A. 远程汽车检测系统　　　　　　　B. 多媒体娱乐系统
   C. 动态驾驶控制系统　　　　　　　D. 自适应巡航系统

(四) 简答题

1. 光纤的功能和其特点是什么?
2. 简述 Byteflight 总线的概念。
3. MOST 总线系统管理器有哪些?
4. MOST 总线系统状态包括哪些?

模块五 FlexRay与车载以太网技术分析

 学习目标

☞ **知识目标**

1. 了解 FlexRay 与以太网在车载网络系统中的应用情况；
2. 熟悉 FlexRay 与以太网的性能特点。

☞ **技能目标**

1. 能分析 FlexRay 与以太网的信息传输原理；
2. 能分析 FlexRay 与以太网的系统组成。

☞ **素养目标**

1. 培养学生乐于思考、敢于实践、做事认真的工作作风；
2. 培养学生谦虚严谨、刻苦钻研、积极进取的工作学习态度；
3. 培养学生劳模精神、劳模精神、工匠精神和创新意识。

☞ **思政目标**

通过企业技能大师故事分享，培养学生适应汽车维修工作岗位的精益求精的工匠精神。

 建议学时

4 学时

一、FlexRay

（一）FlexRay 简介

1. FlexRay 的发展

FlexRay

目前，FlexRay 总线已经成为车载网络系统的标准，并在对数据传输的实时性有较高要求的领域得到了应用。FlexRay 总线是继 CAN 和 LIN 之后的研发成果，可以有效管理多重安全和舒适功能，如 FlexRay 总线适用于主动悬架控制等线控操作（X-by-Wire）领域。

FlexRay 是戴姆勒-克莱斯勒的注册商标，如图 5-1 所示。其中，Flex = Flexibilitat（灵活的），Ray = Rochen（鳐鱼），意指 FlexRay 是一种非常快速、灵活的总线。

1999 年，宝马、戴姆勒-克莱斯勒和半导体制造商飞思卡

图 5-1　戴姆勒-克莱斯勒的注册商标

尔、飞利浦合作创建了 FlexRay 协会,以开发新型通信技术。后来博世和通用汽车也加入了该协会。从 2002 年至今,福特汽车公司、马自达、艾尔默斯和西门子 VDO 也相继加入该协会。在此期间,世界范围内几乎所有有影响的汽车制造商和供货商都加入了 FlexRay 协会。

FlexRay 是一种新型通信系统,目标是在电气设备与机械电子组件之间实现可靠、实时、高效的数据传输,以确保满足未来新的车载网络技术的需要。

由于控制单元在车辆内联网对通信系统技术方面的要求越来越高,同时认识到有必要为基础系统提供一个开放式标准化解决方案,因此开发了新型通信系统 FlexRay。FlexRay 为车内分布式网络系统的实时数据传输提供了有效协议。

FlexRay 是专门瞄准下一代汽车应用及"线控"应用的新型网络通信系统,旨在应用于需要高通信带宽和决定性容错数据传输能力的底盘控制、车身控制和动力总成控制等场合。FlexRay 具有创新的功能和安全的特点,能够使汽车系统安全达到一个很高的、崭新的水平。

FlexRay 不仅能简化汽车电子系统和通信系统结构,同时还可帮助汽车电子控制单元变得更加稳定和可靠。

2. FlexRay 的数据传输速率

如图 5-2 所示,FlexRay 的最大数据传输速率为每通道 10Mbit/s,明显高于以前在车身和动力传动系统/底盘系统所用的数据总线。以前只有使用光导纤维才能达到该数据传输速率。

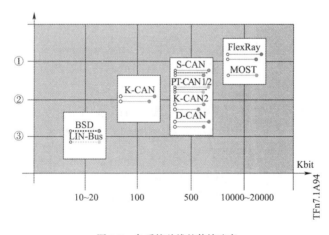

图 5-2 各系统总线的传输速率

除较高的带宽外,FlexRay 还支持确定性数据传输且能以容错方式进行配置,即个别组件失灵后其余的通信系统仍能可靠地继续工作。

3. FlexRay 的优点

FlexRay 采用基于时间触发的运行机制,且具有高带宽、容错性能好等特点,在实时性、可靠性以及灵活性等方面越来越凸显其优势。

作为车载网络系统的标准,FlexRay 具有以下优点:
(1)数据传输速率较高(可达 10Mbit/s,而 CAN 仅为 0.5Mbit/s);
(2)可以保证确定性(对实时性要求高)数据的可靠传输。

FlexRay 是一种时间触发式的总线系统,采用建立在通信周期固定的时分多址访问机制,因此在时间控制区域内,时隙会分配给确定的信息,即会将规定好的时间段分配给特定的信息。重要的实时性、确定性数据传输在通信周期内拥有固定的时隙,从而可以确保报文传输的时效性。同时,由于实时性、确定性数据在 FlexRay 总线上的传输是按部就班地进行的,其传输时间可以预测出来,因而保证了其数据传输的确定性。

实时性、确定性数据在 FlexRay 总线上按部就班地传输,其传输时间是确定的,也是可预测的。这一点,可以用旅游景区缆车载运游客的例子加以说明。

旅游景区的缆车有固定的运行时刻表(FlexRay 总线有固定的通信周期),游客从山下的缆车始发站(FlexRay 总线的发送器)出发,乘坐缆车(数据帧)上山。历经一段运行时间后,按照固定的运行时刻表,缆车会如期达到山顶的终点站(FlexRay 总线的接收器),游客(有效的确定性数据)也如期达到山顶(有效的确定性数据被 FlexRay 总线的接收器如期接收)。

旅游景区的管理方按照精准的、固定的运行时刻表运行缆车,就可以按照固定的运行时刻表,在精准的时刻把游客送达山顶。相应地,FlexRay 总线上有效的确定性数据的传输时间是确定的,也是可预测的。

由于缆车的运行时刻表是固定不变的,在某一班次,即使没有游客上车,缆车依然会按时发车(发空车)。与此相对应,在 FlexRay 总线上,即使某一时刻没有具体数据需要发送、总线处于空闲状态,总线用户也会发送空帧(相当于零报告)。

(3)分布式时钟同步。FlexRay 总线采用基于同步时基的访问方法,同步时基是通过协议自动建立的,精度可达 1μs。

(4)数据通信的可靠性。FlexRay 总线通过专用的确定性故障容错协议支持多个级别的容错,其中包括单信道和双信道两种模式,提供数据传输所需要的冗余和可扩展的系统容错机制,从而确保了数据传输的可靠性。

(5)支持系统集成,灵活性好。FlexRay 总线支持线形、星形、混合总线拓扑结构,支持报文的冗余和非冗余传输,且可提供大量配置参数供用户灵活进行系统调整和扩展。

FlexRay 虽然是时间触发的总线系统,事实上,它仍可通过事件触发方式来进行部分数据的传输,尤其对于实时性要求不高的非重要信息,就可以在事件控制区域内传输。因此,FlexRay 总线具有"以时间触发为主,以事件触发为辅,兼具两者优点"的灵活的系统特性。

(二)FlexRay 的特性

下面介绍 FlexRay 总线系统的拓扑结构、冗余数据传输、信号特性、确定性数据传输唤醒和休眠、同步化等重要特性。

1. 总线拓扑结构

FlexRay 总线系统可以不同的拓扑结构和形式安装在车内。既可以采用线形总线拓扑结构,也可以采用星形总线拓扑结构,还可以采用混合总线拓扑结构。

(1)线形总线拓扑结构。

如图 5-3 所示,在线形总线拓扑结构内,所有控制单元(例如 SG1~SG3)都通过一个双线总线连接。该总线采用两根铜芯双绞线,CAN 总线也使用这种连接方式。线形拓扑结构在两根导线上传输相同的信息,但电平不同。线形拓扑结构所传输的差分信号不易受到干扰,仅适用于电气数据传输。

(2)星形总线拓扑结构。

在星形总线拓扑结构,如图 5-4 所示,卫星式控制单元(控制单元 SG2~SG5)分别通过一根独立的导线与中央主控控制单元(SG1)连接。这种星形拓扑结构既适合于电气数据传输,也适合于光学数据传输。

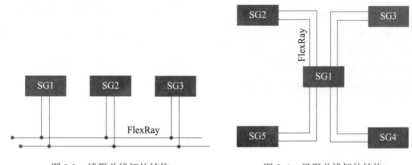

图 5-3　线形总线拓扑结构　　　　图 5-4　星形总线拓扑结构

(3)混合总线拓扑结构。

在同一个总线系统内可以使用不同的拓扑结构。总线系统的一部分采用线形结构,另一部分为星形结构。华晨宝马车系的 F01/F02 车型使用的就是混合总线拓扑结构。根据车辆配置情况,在中央网关模块内带有一个或两个星形连接器,每个星形连接器都有 4 个总线驱动器。因此,最多可提供 8 个接口。

2. 冗余数据传输

在容错性系统中,即使某一总线导线断路,也必须确保数据能继续可靠传输。这一要求可以通过在第二个数据信道上进行冗余数据传输来实现,如图 5-5 所示。

具有冗余数据传输能力的总线系统使用两个相互独立的信道。每个信道都由一组双线导线组成。一个信道失灵时,该信道应传输的信息可在另一条没有发生故障的信道上传输。

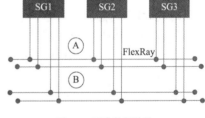

图 5-5　冗余数据传输

3. 信号特性

FlexRay 总线信号必须在规定范围内。图 5-6 和图 5-7 分别给出了总线信号的正常波形和非正常波形。无论在时间轴上还是电压轴上,总线信号都不应进入内部区域。

FlexRay 总线系统是数据传输速率较高且电平变化较快的一种总线系统,对电平高低以及电压上升沿和下降沿的斜率都有严格的规定,必须达到规定数值,且信号波形不得进入所标记的区域(绿色或红色六边形)。因导线安装不正确、接触电阻等产生的电气故障可能会导致数据传输出现问题。

FlexRay 总线系统的电压范围如下:

(1)系统接通。系统接通时,如果无总线通信,则其电压为 2.5V。

（2）高电平信号。高电平信号的电压为 3.1V（电压信号上升 600mV）。

（3）低电平信号。低电平信号的电压为 1.9V（电压信号下降 600mV）。

注：电压值以对地测量方式得到。

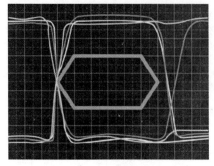
图 5-6　正常波形

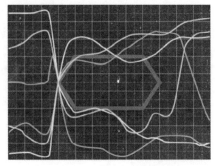
图 5-7　非正常波形

4. 确定性数据传输

CAN 网络是一个事件触发式总线系统，发生一个事件时就会传输一次数据。多个事件汇集在一起时，可能在后续信息发送时出现延迟现象。如果无法成功准确地传输一条信息，该信息将一直发送，直至相应通信设备确认已接收到。如果 CAN 总线系统内出现故障，可能会导致这些事件触发的信息汇集在一起并造成总线系统过载，即各信号的传输要延迟很长时间，这样会导致各系统的控制性能变差。

FlexRay 是一种基于时间触发方式的总线系统，它也可以通过事件触发方式进行部分数据传输。也就是说，FlexRay 采用柔性时间触发方式工作，可以很好地兼容时间触发和事件触发这两种触发方式，从而更好地兼顾重要的确定性数据的传输（时间触发）和非确定性数据的传输（事件触发）。在时间控制区域内，时隙分配给确定的信息。一个时隙是指一个规定的时间段，该时间段对特定信息（例如转速）开放。这样，在 FlexRay 总线系统内重要的周期性信息以固定的时间间隔传输，因此不会造成 FlexRay 总线过载。

对时间要求不高的其他信息则在事件控制区域内传输。FlexRay 总线系统内确定性数据的传输过程，如图 5-8 所示。

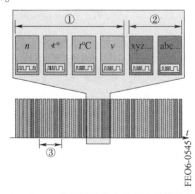

图 5-8　FlexRay 总线系统内确定性数据的传输过程

1-循环数据传输的时间触发区域；2-循环数据传输的事件触发区域；3-循环[总循环时间 5ms，其中 3ms 为静态（时间触发），2ms 为动态（事件触发）]；n-转速；$\alpha°$-角度；$t°C$-温度；v-车速；xyz...，abc...-事件触发的信息；t-时间

确定性数据传输用于确保时间触发区域内的每条信息都能实现实时传输,即每条信息都能在规定时间内进行传输。因此,FlexRay 不会由于总线系统过载而导致重要总线信息发送延迟。如果由于暂时性总线故障(例如 EMC 故障)导致一条信息丢失,则该信息不会再次发送,在为此规定的下一时隙内将发送当前数值。

5. 唤醒和休眠特性

在华晨宝马车系车型中,虽然可通过总线信号唤醒 FlexRay 控制单元,但大部分 FlexRay 控制单元由 CAS(便捷登车及起动系统)通过一个附加唤醒导线进行唤醒。该唤醒导线的功能与以前华晨宝马车系 PT-CAN 内的唤醒导线(15WUP)相同,其信号曲线也与 PT-CAN 的信号曲线一样。

主动转向系统和 VDM(垂直动态管理系统)不通过唤醒导线,而是通过总线信号唤醒随后通过接通供电直接由 VDM 启用四个减振器卫星式控制单元。

FlexRay 的唤醒信号曲线如图 5-9 所示,从中可以清楚地看出车辆开锁(打开车门锁)和起动时的典型的电压曲线。

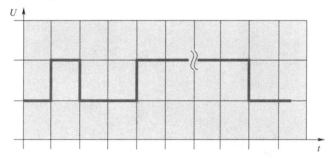

图 5-9　FlexRay 的唤醒信号曲线

第一阶段,驾驶人用车钥匙或遥控器将车辆开锁。CAS 控制单元启用唤醒脉冲并通过唤醒导线将车辆开锁信号(高电平)传输给所连接的 FlexRay 控制单元。

第二阶段,驾驶人打开车门,进入车内。在将车钥匙插入点火开关之前,由于总线端 R 仍处于断开状态,总线系统内的信号电平再次下降(低电平)。

第三阶段,驾驶人起动发动机,总线端 15 接通,则总线系统内的信号电平保持在设定值(高电平),直至再次关闭总线端 15。

第四阶段,驾驶人关闭发动机,拔出车钥匙,锁好车门。此时,总线端 R 再次处于断开状态。当总线端 R 处于断开状态时,FlexRay 总线系统进入休眠模式,以免耗电过多。为确保所有控制单元都进入休眠模式,FlexRay 总线系统内的每个控制单元都自动注销。如果有某些控制单元未能进入休眠模式(可能会导致系统耗电过多),系统会自动存储一条故障信息。当对车辆进行电能(能量)诊断工作时,将评估这条故障信息。

6. 同步化

为了能够在联网控制单元内同步执行各项功能,需要有一个共同的时间基准。由于在所有控制单元内部都是利用其自身的时钟脉冲发生器工作的,因此,必须通过总线进行时基匹配。控制单元测量某些同步位的持续时间,据此计算平均值并根据这个数值调整总线时钟脉冲。同步位在总线信息的静态部分中发送。系统启动后,只要 CAS 控制单元发送一个唤醒脉冲,FlexRay 上的两个授权唤醒控制单元之间就会开始进行同步化。该过程结束时,其余控制单元相继自动在 FlexRay 上注册,计算出各自的差值并进行校正。

此外,在运行期间还会对同步化进行计算校正。这样可以确保最小的时间差,从而在较长时间内不会导致传输错误。

(三)FlexRay 在汽车上的应用

1. 华晨宝马车系中的 FlexRay

在华晨宝马车系 F01/F02 车型中,通过 FlexRay 总线系统以跨系统方式实现汽车行驶动态管理系统和发动机管理系统的联网。同时,FlexRay 是行驶动态管理系统(亦即主动悬架系统)的综合性主总线系统,中央网关模块用于不同总线系统与 FlexRay 之间的连接,如图 5-10 所示。

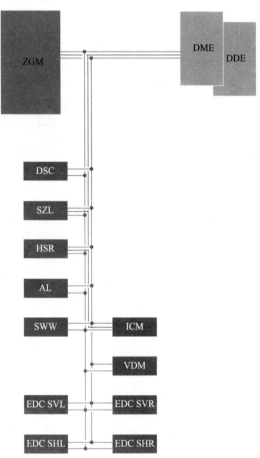

图 5-10 中央网关模块用于不同总线系统与 FlexRay 之间的连接

F01 车型 FlexRay 总线的拓扑结构如图 5-11 所示。根据车辆配置情况,中央网关模块(ZGM)带有一个或两个星形连接器,每个星形连接器都有四个总线驱动器。总线驱动器将控制单元数据通过通信控制器传输给 ZGM。根据 FlexRay 控制单元的终端形式,总线驱动器通过两种方式与这些控制单元相连。

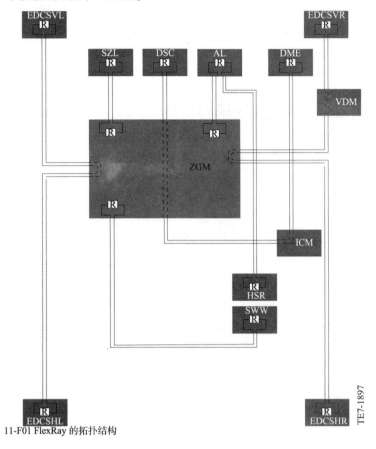

11-F01 FlexRay 的拓扑结构

图 5-11　FlexRay 总线系统的拓扑结构

AL-主动转向系统;DME-数字式发动机电子系统;DSC-动态稳定控制系统;EDCSHL-左后电子减振器控制系统卫星式控制单元;EDCSHR-右后电子减振器控制系统卫星式控制单元;EDCSVL-左前电子减振器控制系统卫星式控制单元;EDCSVR-右前电子减振器控制系统卫星式控制单元;HSR-后桥侧偏角控制系统;ICM-集成式底盘管理系统;SZL-转向柱开关中心;VDM-垂直动态管理系统;ZGM-中央网关模块

2. 终端电阻的设置

与大多数总线系统一样,为了避免在导线上产生信号反射,FlexRay 上的数据导线两端也使用了终端电阻(作为总线终端)。这些终端电阻的阻值由数据传输速率和导线长度决定。

终端电阻位于各个控制单元内部。

如果一个总线驱动器上仅连接一个控制单元(例如 SZL 与总线驱动器 BD0 相连),则总线驱动器和控制单元的接口各有一个终端电阻,如图 5-12 所示。中央网关模块的这种连接方式称为"终止节点终端"。

如果控制单元上的接口不是物理终止节点(例如总线驱动器 BD2 上的 DSC、ICM 和 DME),而是形成环路,

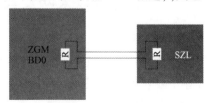

图 5-12　终止节点终端内部的终端电阻

则每个总线路径端部的两个组件内部必须设置终端电阻。

这种连接方式既用于中央网关模块,也用于一些控制单元。但是形成环路的控制单元还使用一个"非终止节点终端"来获取数据。受这种终端形式的电阻/容器电路所限,无法通过测量技术在控制单元插头上对其进行检查通过测量(无电流)FlexRay 总线确定导线或终端电阻时,必须使用车辆电路图。

(四)FlexRay 的故障处理与检测

1. 故障处理

FlexRay 总线导线出现故障(例如短路或对地短路)或 FlexRay 控制单元自身出现故障时,可能会切断各控制单元或整个支路与总线之间的通信,带有四个授权唤醒 FlexRay 控制单元(ZGM、DME、DSC、ICM)的分支除外。如果这些控制单元之间的通信中断,则发动机无法起动。此外,控制单元内的这种总线监控功能还能防止在非授权时间发送信息,从而防止覆盖其他信息。

2. 布线特点

华晨宝马车系 F01/F02 车型的 FlexRay 总线采用带电缆套的双芯双绞线电缆。电缆套用于防止电缆机械损坏。终端电阻位于中央网关模块和终端设备内。由于导线的波阻抗(高频导线的阻抗)取决于外部影响因素,因此,终端电阻根据所需阻值进行了精确测节。借助万用表(欧姆表)可以相对简单地检测至终端设备的部分导线。为此,应从中央网关模块处进行测量。

3. 导线电阻的检测

检测 FlexRay 导线电阻时必须使用车辆电路图。由于终端电阻的设计方案不同,如果没有电路图和数据的标准值,可能导致对测量结果作出错误判断。

FlexRay 导线电阻的检测结果无法 100% 地判断出系统功能正常与否。出现挤压变形或插头腐蚀等损坏情况时,在静态模式下电阻值可能位于公差范围内。但在动态模式下,电气影响可能会引起波阻抗提高,从而出现数据传输问题。FlexRay 的导线是双绞线,导线损坏时可以用普通导线进行替换维修,但是安装时必须遵守其特殊要求。对 FlexRay 的导线进行维修时,必须尽可能保持双绞线布置方式,剥掉绝缘层的维修部位必须用冷缩配合软管加以密封。因为进水后可能会影响波阻抗,进而影响 FlexRay 总线系统的信息传输效率。

二、车载以太网

(一)车载以太网及其标准

车载以太网

1. 以太网

作为一种局域网技术,以太网(Ethernet)最早由 Xerox(施乐公司)于 1973 年创建,1980 年由 DEC(美国数字设备公司)、Intel(英特尔公司)和 Xerox(施乐公司)三家公司联合开发成为局域网标准。

历经40多年的发展,以太网已经成为应用最为普遍的局域网技术。以太网主要由IEEE 802.3 工作组负责标准化。以太网从最初支持10Mbit/s 的吞吐量开始,经过不断的发展,支持快速以太网(100Mbit/s)、千兆以太网(1Gbit/s)、万兆以太网(10Gbit/s)等。同时,为了适应应用的多样化,以太网速率打破了以10倍为一级来提升速率的惯例,开始支持2.5、5、25及400Gbit/s 的速率。

以太网技术不仅支持双绞线的铜线传输介质,也支持光纤传输。以太网不仅局限于局域网的应用,还可以更广泛地应用到城域网和广域网等领域。

2. 车载以太网

在进入汽车领域之前,以太网已经获得了广泛的应用,同时还具有技术成熟、高度标准化、高带宽以及低成本等优势。由于传统以太网采用载波监听多路访问/冲突检测方式工作,导致其数据传输具有不确定性或者非实时性,故传统以太网一直被认为是在数据传输过程中,具有"非确定性"的网络系统。当网络负荷较大时,数据传输的不确定性不能满足工业控制领域的准确定时通信的实时性要求(亦即确定性要求),故传统以太网技术难以直接在汽车中应用。

车载以太网(Automotive Ethernet)在传统以太网协议的基础上,通过改变物理接口的电气特性,显著提升了电磁兼容性能,可以满足车内环境对电磁兼容性能的严苛要求。同时,结合车载网络需求,专门定制了一系列新的标准和协议,形成了适应汽车环境要求的网络体系,从而得以应用于汽车。

目前,主流的车载以太网的技术标准是基于美国博通(Broadcom)公司的 BroadR-Reach 技术,电气与电子工程师协会(IEEE)已经完成对100Mbit/s 车载以太网技术的标准化,正在对1Gbit/s 传输速率的车载以太网进行标准化。

车载以太网是一种用以太网连接车内电子控制单元的新型局域网技术。与传统的以太网使用4对非屏蔽双绞线(Unshielded Twisted Pair,UTP)电缆(共8根铜质电线)不同,车载以太网在单对非屏蔽双绞线(共2根铜质电线)上可实现100Mbit/s 或1Gbit/s,甚至更高的数据传输速率。同时还能满足汽车行业对高可靠性、低电磁辐射、低功耗、带宽分配、低延迟以及同步实时性等方面的要求。

(二)车载以太网的发展趋势与应用

1. 车载以太网的发展趋势

车载以太网作为一种新型网络系统进入汽车,肯定是无法一蹴而就的,需要一个渐进的过程,在短期内,车载以太网无法取代现有的 CAN、LIN、FlexRay、MOST 等车载网络。

业界普遍认为,在车载以太网进入汽车网络领域的过程中,会先从子系统开始,然后逐步深入,并最终以整车骨干网络的形式整合整个汽车网络系统。可预期的车载以太网的发展主要可分为以下三个阶段,如图5-13 所示。

第一阶段:基于 DoIP 标准的车载诊断系统(OBD)和 ECU 软件刷新。以 ECU 软件刷新为例,和原有的 CAN 相比,刷新时间将缩短为原来的百分之一,大大提升故障诊断和程序刷新效率,节省工时,降低生产及服务成本。

第二阶段:车载以太网在信息娱乐系统和驾驶人辅助系统的使用,伴随着 BRR 技术的日益成熟和标准化的不断推进,基于 AVB、SOME/IP 等技术将逐步推广使用,车载以太网将以单节点或多个节点的形式进行搭载,如使用高分辨率的 IP 摄像头的全景泊车等驾驶辅助系统,多屏互动的高清信息娱乐系统等进入汽车,给驾乘人员带来全新的驾乘感受。

第三阶段:在前两个阶段,车载以太网专注于某个特定的应用领域,在经历了前两个阶段的积累和锤炼后,第三阶段将使用以太网作为车载网络骨干,集成动力总成、底盘、车身、多媒体、辅助驾驶等功能,真正形成一个域控制器(Domain Controller)级别的汽车整车网络。

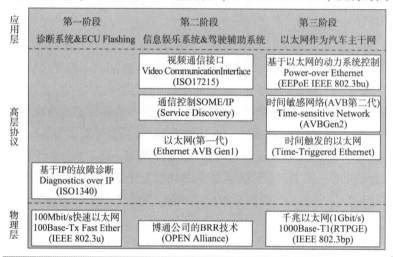

图 5-13　车载以太网的发展三个阶段

2. 车载以太网在汽车上的应用

使用车载以太网物理层的基于互联网协议的车辆诊断通信标准 ISO 13400 DoIP,用以太网代替 CAN 总线,实现车载诊断系统(OBD)和为 ECU 进行软件更新,这一技术已经在宝马车系得到应用。通过 CAN 上传 81MB 大小的更新需要 10h,而通过以太网上传 1CB 的数据只需要 20min。显而易见,采用以太网 100BASE-TX 和 CAT5(五类线)的诊断接口和软件更新显然更节省时间、生产及服务成本。

在华晨宝马车系的 F01/F02 车型(2009 款宝马 7 系底盘代号标准版为 F01,长轴版为 F02)上采用快速以太网(100Mbit/s)作为快速编程接口,如图 5-14 所示。同时,快速以太网负责在 CIC(车辆信息计算机)与 RSE(后座娱乐系统)之间传输媒体数据。

只有插入宝马编程系统(ICOM A)时才会启用诊断插座内的以太网。编程插头内的线脚 8 与线脚 16 之间有一个启用电桥,该电桥负责接通中央网关模块内以太网控制器的供电电路。也就是说,车辆行驶时通过以太网连接中央网关模块的功能处于停用状态。信息和通信系统间的以太网连接不受诊断插座内启用电桥的影响,始终处于启用状态。

(1)以太网的安全性。

以太网上的所有设备都有单独分配的识别号,即 MAC(介质访问控制)地址。建立连接时,宝马编程系统通过该地址和 VIN(车辆识别号)识别车辆,以此避免第三方更改数据记录和存储值。

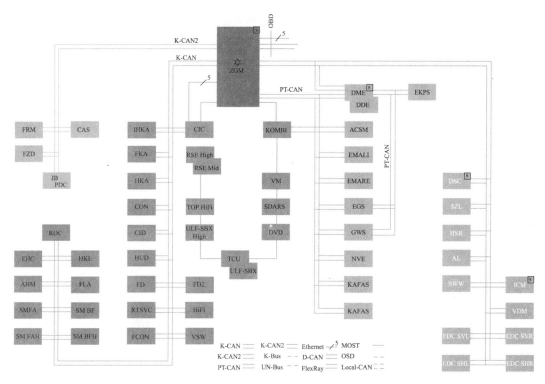

图 5-14　总线系统概览

AHM-挂车模块；AL-主动转向系统；CAS-便捷登车及起动系统；CIC-车辆信息计算机；CID-中央信息显示屏；CON-控制器；DDE-数字式柴油机电子系统；DME-数字式发动机电子系统；DSC-动态稳定控制系统；DVD-DVD 换碟机；EDC SHL-左后电子减振器控制系统卫星式控制单元；EDC SHR-右后电子减振器控制系统卫星式控制单元；EDC SVL-左前电子减振器控制系统卫星式控制单元；EDC SVR-右前电子减振器控制系统卫星式控制单元；EGS-变速器电子控制系统；EHC-车辆高度电子控制系统；EKPS-电动燃油泵控制系统；EMA LI-左侧电动安全带收卷装置（安全带）；EMA RE-右侧电动安全带收卷装置（安全带）；EMF-电动机械式驻车制动器；FCON-后座区控制器；FD-后座区显示屏；FD2-后座区显示屏 2；FKA-后座区暖风和空调系统；FLA-远光灯辅助系统；FRM-脚部空间模块；FZD-车顶功能中心；GWS-选挡开关；HiFi-高保真音响放大器；HKL-行李舱盖举升装置；HSR-后桥侧偏角控制系统；HUD-平视显示屏；ICM-集成式底盘管理系统；IHKA-自动恒温空调；JBE-接线盒电子装置；KAFAS-基于摄像机原理的驾驶人辅助系统；KOMBI-组合仪表；NVE-夜视系统电子装置；PDC-驻车距离监控系统；RDC-轮胎压力监控系统；OBD-诊断插座；RSE-Mid-后座区娱乐系统；RSE-High-Professional 后座区娱乐系统；SDARS-卫星调谐器（美规）；SMBF-前乘客座椅模块；SMBFH-前乘客侧后部座椅模块；SMFA-驾驶人座椅模块；SMFAH-驾驶人侧后部座椅模块；SWW-换车道警告；SZL-转向柱开关中心；TCU-远程通信系统控制单元；TOP-HIFI-顶级高保真音响系统；TRSVC-倒车摄像机和侧视系统控制单元（顶部后方侧视摄像机）；ULF-SBX-接口盒（ULF 功能）；ULF-SBX High-高级接口盒（蓝牙电话技术、语音输入和 USB/音频接口）；VDM-垂直动态管理系统（电子减振器控制系统的中央控制单元）；VM-视频模块；VSW-视频开关；ZGM-中央网关模块

与办公室内的计算机网络一样，以太网网络内的所有设备都必须拥有唯一的识别号。因此建立连接后，中央网关模块从编程系统得到一个 IP 地址。

网络内的 IP 地址功能相当于电话网络的电话号码。这个 IP 地址通过 DHCP（动态主机配置协议）来分配，这是一种自动为网络内终端设备分配 IP 地址的方法。

（2）以太网的特点。

① 数据传输速率很高，可达 100Mbit/s；

②建立连接和分配地址时系统启动用时 3s,进入休眠模式时用时 1s;

③只能通过宝马编程系统访问以太网。

(3)以太网的功能。

①进行汽车维修时能更迅速地进行车辆编程;

②在 CIC 与 RSE 间传输媒体数据。

如图 5-15 所示,在 OBD 诊断插座、ZGM 和 CIC 之间通过两对没有附加屏蔽层的双绞线连接。此外还有一个为各控制单元内以太网控制器供电的启用导线。CIC 与 RSE 之间的导线带有屏蔽层,取代了启用导线。

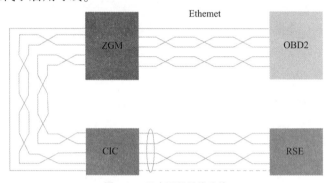

图 5-15 以太网的导线连接

OBD-诊断插座;RSE-后座区娱乐系统;ZGM-中央网关模块

诊断插头与宝马编程系统之间必须使用一个所谓的五类线。这种五类线是使用四根非屏蔽双绞线的网络电线,可以在频率带宽 100MHz 范围内传输数据。针对华晨宝马车系 F01/F02 车型所需的传输要求,使用两对双绞线(冗余配置)即可满足要求。

思政点拨

韩晨洪,全国五一劳动奖章获得者,浙江省劳模,同时他也是一名汽车维修的一线工人,25 年来一直坚守在汽车维修岗位上,对专业的刻苦钻研加上长期工作经验的积累,使他从一名青年技工成长为高级汽车诊断技师。没有荣耀,但担当使命;责任重大,但默默无闻,正是这种细致严谨、一丝不苟的工作态度和坚忍不拔、持之以恒的工匠精神才使得他在平凡的岗位上有了不平凡的成就。

技能实训

(一)FlexRay 网络总线系统结构识别与故障诊断方法

实训内容:一汽奥迪 A6L 车型 FlexRay 网络总线系统结构识别与故障诊断方法。

1. 准备工作

(1)一汽奥迪 A6L 汽车或台架。

(2)相关说明书、维修手册等资料。

（3）相关职场健康和安全的信息。

（4）相关维修知识和维修资料的网页。

2. 技术要求与注意事项

（1）能够正确使用维修资料，正确选用工具。

（2）能够在规定的时间内完成工作任务。

（3）在诊断维修过程中注意操作规范、职场健康和安全。

3. 操作步骤

（1）正确读取分析一汽奥迪 A6L 电路图及技术资料。

（2）分析一汽奥迪 A6L 的 FlexRay 网络的功能结构。

4. 工作页

（1）查找一汽奥迪 A6L 电路图，确定哪些控制单元连接在 FlexRay 总线上，并画出 FlexRay 总线的拓扑结构图。

（2）测量 FlexRay 总线在正常状态、正线对正极短路、正线对负极短路及某控制单元断路时，电压及控制单元的通信情况。

（3）查询维修手册找到 FlexRay 总线维修方法及所需的工具。

（4）利用诊断仪（ODIS），进行 FlexRay 网络通信诊断的操作，并记录操作步骤。

(二) 评价与反馈

1. 自我评价与反馈

(1) 是否遵守课堂纪律、是否认真听讲, 占20%, 成绩为_____。

(2) 团队合作意识、尊重团队成员(包括老师和其他同学), 占30%, 成绩为_____。

(3) 学习任务(工作任务)完成情况, 占40%, 成绩为_____。

(4) 5S及环保意识, 占10%, 成绩为_____。

2. 小组评价与反馈

(1) 是否遵守课堂纪律、是否认真听讲, 占20%, 成绩为_____。

(2) 团队合作意识、尊重团队成员(包括老师和其他同学), 占30%, 成绩为_____。

(3) 学习任务(工作任务)完成情况, 占40%, 成绩为_____。

(4) 5S及环保意识, 占10%, 成绩为_____。

3. 教师评价及反馈

(1) 是否遵守课堂纪律、是否认真听讲, 占20%, 成绩为_____。

(2) 团队合作意识、尊重团队成员(包括老师和其他同学), 占30%, 成绩为_____。

(3) 学习任务(工作任务)完成情况, 占40%, 成绩为_____。

(4) 5S及环保意识, 占10%, 成绩为_____。

综合评价的最终成绩为:_____。

模块小结

(1) FlexRay总线主要用于行驶动态管理系统和发动机管理系统的联网,是行驶管理系统的综合性主总线系统。FlexRay的访问方法基于同步时基,该时基通过协议自动建立和同步。

(2) FlexRay总线节点由供电(Power Supply)、控制部分和驱动部分组成。FlexRay总线的四种状态:低功耗、空闲、数值1、数值0。

(3) FlexRay总线的数据导线两端也使用了终端电阻,这些终端电阻的阻值由数据传输速率和导线长度决定,终端电阻位于控制单元内部。

(4) FlexRay总线的两条导线,分别是"Busplus"和"Busminus"。两条导线上的电平在最低值1.5V和最高值3.5V之间变换。FlexRay的信号状态有三种:"空闲"——两导线的电平都为2.5V;"Data 0"——Busplus上低电平,Busminus上高电平;"Data 1"——Busplus上高电平,Busminus上低电平。

(5) FlexRay总线故障包括:控制单元无通信;FlexRay数据总线损坏;FlexRay数据总线初始化失败和FlexRay数据总线信号出错。

思考与练习

(一) 填空题

1. FlexRay是同时具备_____触发和_____触发的新型数据总线。

2. FlexRay 是专门瞄准下一代汽车应用及_____应用的新型网络通信系统。
3. FlexRay 的最大数据传输速率为每通道_____,明显高于以前在_____方面所用的数据总线。
4. FlexRay 总线系统故障主要是 FlexRay 总线导线出现_____、FlexRay 控制单元两种类型。
5. FlexRay 总线结构采用带电缆套的_____,电缆套用于防止电缆机械损坏。

(二)判断题

1. FlexRay 总线系统可以不同的拓扑结构和形式安装在车内,既可以采用线形总线拓扑结构,也可以采用星形总线拓扑结构,还可以采用混合总线拓扑结构。（　　）
2. 在容错性系统中,即使某一总线导线断路,也必须确保数据能继续可靠传输。（　　）
3. FlexRay 总线系统是数据传输速率较高且电平变化较快的一种总线系统。（　　）
4. FlexRay 导线损坏后必须用规格一致的 FlexRay 导线替换,否则将会影响传输功能。（　　）
5. 与大多数总线系统一样,为了避免在导线上产生信号反射,FlexRay 上的数据导线两端也使用了终端电阻(作为总线终端)。这些终端电阻的阻值由数据传输速率和导线长度决定。（　　）

(三)选择题

1. FlexRay 总线最大数据传输速率为每通道(　　)。
   A. 20kbit/s　　　　B. 100kbit/s　　　　C. 500kbit/s　　　　D. 10Mbit/s
2. (　　)不是 FlexRay 总线的主要应用系统。
   A. 远程汽车检测系统　　　　　　B. 自动空调控制系统
   C. 动态驾驶控制系统　　　　　　D. 自适应巡航系统
3. (　　)不是 FlexRay 总线的特点。
   A. 双绞线橙色为主　　　　　　　B. 传输速率高于 CAN 系统
   C. 没有优先权设定　　　　　　　D. 三种信号状态
4. 在华晨宝马车系 F01/F02 车型中,采用以太网作为快速编程接口,其数据传输速率为(　　)。
   A. 50Mbit/s　　　　B. 100Mbit/s　　　　C. 150Mbit/s　　　　D. 200Mbit/s
5. 在华晨宝马车系 F01/F02 车型中,FlexRay 总线是(　　)的综合性主总线系统。
   A. 发动机控制系统　　　　　　　B. 灯光照明控制系统
   C. 行驶动态管理系统　　　　　　D. 影音娱乐控制系统

(四)简答题

1. 以太网的特点是怎样的?
2. FlexRay 系统的优点有哪些?
3. FlexRay 总线系统的电压范围是怎样的?

模块六 网关与诊断总线技术分析

 学习目标

☞ **知识目标**
1. 了解网关的作用和工作原理；
2. 掌握网关的安装位置及其针脚功能。

☞ **技能目标**
1. 熟悉诊断总线的信息传输过程及使用方法；
2. 熟练掌握诊断检测设备与车辆 OBD 接口的连接方法。

☞ **素养目标**
1. 培养学生乐于思考、敢于实践、做事认真的工作作风；
2. 培养学生谦虚严谨、刻苦钻研、积极进取的工作学习态度；
3. 培养学生劳动精神、劳模精神、工匠精神和创新意识。

☞ **思政目标**
通过思政学习，培养学生在汽车技术领域不畏困苦、敢于实践、勇于创新的精神。

 建议学时

4 学时

一、网关

（一）网关的作用和工作原理

网关

1. 网关的定义

网关是在采用不同体系结构或协议的网络之间进行互联时，用于提供协议转换、数据交换等网络兼容功能的设备，如图 6-1 所示。

网关又称网间连接器、协议转换器。网关在传输层上以实现网络互联，是最复杂的网络互联设备，仅用于两个高层协议不同的网络互联。网关既可以用于广域网互联，也可以用于局域网互联。网关是一种充当转换重任的设备。在使用不同的通信协议、数据格式或语言，甚至体系结构完全不同的两种系统之间，网关是一个翻译器。与网桥只是简单地传达信

图 6-1 网关

息不同,网关对收到的信息要重新打包,以适应目标系统的需求。同时,网关也可以提供过滤和安全功能。大多数网关运行在 OSI7 层协议的顶层-应用层。

我们知道,从一个房间走到另一个房间,需要经过一扇门。同理,从一个网络向另一个网络发送信息,也需要经过一道"关口",这道关口就是网关。顾名思义,网关就是一个网络连接到另一个网络的"关口"。

2. 网关的作用

网关的作用主要体现在以下 6 个方面:

(1)网关可以把局域网上的数据转变成可以识别的 OBD Ⅱ 诊断数据语言,方便诊断。
(2)网关可以实现低速网络和高速网络的信息共享。
(3)与计算机系统中的网关作用一样,负责接收和发送信息。
(4)激活和监控局域网络的工作状态。
(5)实现车载网络系统内数据的同步性。
(6)对各种数据总线发送过来的数据报文(信息标识符)进行翻译,如图 6-2 所示。

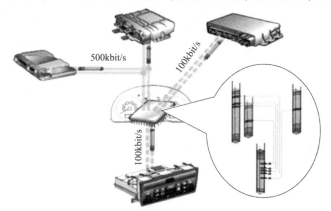

图 6-2 对数据报文进行翻译

简而言之,网关就是用于连接不同类型的总线系统的设备。如图 6-3 所示,通过网关可连接具有不同逻辑和物理性能的总线系统。因此,尽管各个总线系统的数据传输速率不同,网关仍能保证数据交换的正常进行。也就是说,不同传输速率的数据总线通过网关得以协同工作,如图 6-4 所示。

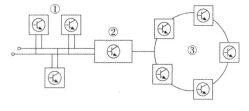

图 6-3 通过网关连接不同的总线系统
1-线形总线系统(如车身总线);2-网关;3-环形总线系统(如 MOST)

在图 6-4 中,传输速率为 100kbit/s 的 K-CAN(车身 CAN 总线)相当于自行车的速度,传输速率为 500kbit/s 的 PT-CAN(动力传动系统 CAN 总线)相当于载货汽车的速度,传输速率为 10Mbit/s 的安全气囊系统总线(Byteflight)相当于普通乘用车的速度,传输速率为 22.5Mbit/s 的影音娱乐系统总线(MOST)相当于超级跑车的速度。尽管各个总线系统的数据传输速率和数据流量都不尽相同,且差异巨大,但在安全和网关模块(SGM)的统筹安排和指挥调度下能平稳运行、协同工作。

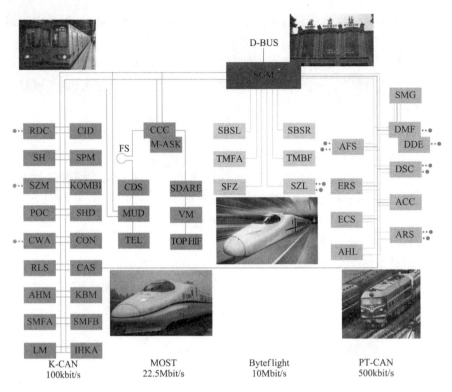

图 6-4　不同传输速率的数据总线通过网关协同工作

如图 6-5 所示,不同总线系统的输出数据到达网关后,网关要对其进行进一步的处理。在网关中过滤各个信息的速度、数据量和紧急程度,并在必要时进行缓冲存储。同时,还要进行故障的监控和诊断工作。

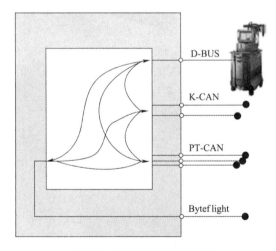

图 6-5　网关对信息总线的处理

3. 网关的工作原理

可以用火车站转换旅客的过程来说明网关的工作原理,如图 6-6 所示。

如图 6-7 所示,站台 A 到达一列特快列车(动力 CAN 总线,数据传输速率为 500kbit/s),

车上有数百名旅客。在站台 B 上已经有一列普快列车(舒适/信息 CAN 总线,数据传输速率为 100kbit/s)在等待,有一些乘客就换到这列普快列车上,有一些乘客要换乘特快列车继续旅行。

车站/站台的这种换乘功能,即让旅客换车,以便通过速度不同的交通工具到达各自目的地的功能,与动力 CAN 总线和舒适/信息 CAN 总线两系统网络的网关功能是相同的。网关的主要任务是使两个数据传输速率不同的系统之间能正常进行信息交换。

图 6-6 网关的作用与火车站相似

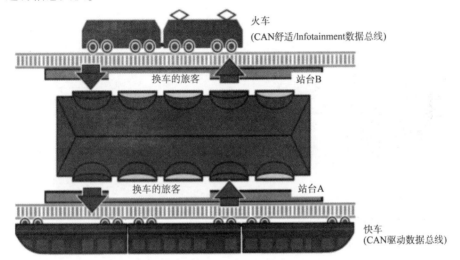

图 6-7 旅客换乘火车与网关的数据交换过程对比

(二)网关的安装位置及其电路

在华晨宝马车系中,中央网关模块(ZGM)、安全和网关模块(SGM)、多音频系统控制器(M-ASK)、便捷进入及起动系统(CAS)、控制显示(CD)、组合仪表、车身网关模块(KGM)等控制单元具有网关功能。

在一汽奥迪和大众车系中,根据车型的不同,网关可能安装在组合仪表内、车上供电控制单元内,或设有独立的网关控制单元。由于通过 CAN 总线的所有信息都供网关使用,所以网关也用作诊断接口。

1. 一汽奥迪 A8 的网关 J533

一汽奥迪 A8 网关 J533 与 CAN 舒适、CAN 驱动、CAN 扩展、CAN 显示与操作、CAN 诊断、FlexRay 总线、MOST 总线、LIN 总线等连接。它安装在行李舱内右侧的电控箱中,如图 6-8 所示,所连接的总线电路如图 6-9 所示。其作用主要有:

(1)控制单元联网网关;
(2)MOST 总线环型断裂诊断法主诊断控制单元;

（3）蓄电池监控装置控制单元 J367、发电机 C、稳压器 J532 等元件使用 LIN 主控制单元。

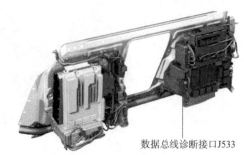

图 6-8　网关 J533 安装位置

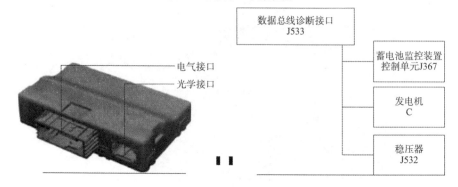

图 6-9　网关 J533 实物和连接电路图

2. 一汽大众速腾网关 J533

一汽大众速腾汽车的网关 J533 负责将动力系统、舒适系统、信息系统、组合仪表、诊断总线、LIN 总线等连成网络。速腾汽车的网关 J533 安装在仪表板下方、加速踏板的上方，如图 6-10 所示，其电路如图 6-11 所示。需要指出的是，所有控制单元必须先在网关上注册，经网关认证通过之后，才能够进行正常的通信。

图 6-10　网关安装位置

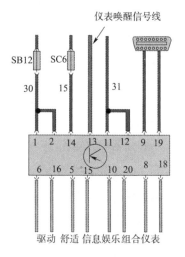

图 6-11　网关的针脚功能说明

二、诊断总线

（一）K 诊断总线

2000 年以前，奥迪、大众车系使用 K 诊断总线（简称 K 线）传输故障信息。K 诊断总线用于汽车故障检测仪与相应控制单元之间的信息交换，负责网关与故障诊断接口之间的通信。故障信息存储在控制单元的存储器中，将故障检测仪连接到故障诊断接口上，也就实现了故障检测仪与 K 诊断总线的连接。由此，就可以读出相应的故障信息，并进行故障诊断。

诊断总线

（二）一汽大众车系的诊断 CAN 总线

1. "虚拟 K 线"——诊断 CAN 总线

随着汽车技术的不断进步，汽车上的控制单元越来越多，诊断系统需要传输的数据量也越来越大，K 诊断总线已经无法满足信息传输流量和传输速率的要求。

2000 年后，奥迪车系、大众车系开始采用汽车诊断、测量和信息系统 VAS5051 或汽车诊断和服务信息系统 VAS5052 来进行自诊断，并通过诊断 CAN 总线完成诊断控制单元和车上其他控制单元之间的数据交换。早期使用的诊断总线（K 线或 L 线）就不再使用了（与废气排放监控相关的控制单元除外），由诊断 CAN 总线取而代之。

诊断 CAN 总线也是未屏蔽的双绞线，其截面面积为 $0.35mm^2$。CAN-Low 导线是橙/褐色，CAN-High 导线是橙/紫色。在全双工模式时，数据传输速率为 500kbit/s。也就是说，诊断 CAN 总线可以双向同时传输数据。

在图 6-12 所示的车载网络系统中，各个控制单元的诊断数据经各自的数据总线传输到网关，再由网关利用诊断 CAN 总线传输到故障诊断接口。通过诊断 CAN 总线和网关的快速数据传输，诊断控制单元就可在连接到车上后快速显示出车上所装元件及其故障状态。

随着诊断 CAN 总线的推广应用，已经逐步淘汰控制单元内部的故障存储器（K 线存储器）。因为诊断 CAN 总线承担起原来 K 线的任务，因此，为了"缅怀" K 线，习惯上也将诊断 CAN 总线称为"虚拟 K 线"。

2. 新型诊断接口

诊断 CAN 总线取代 K 诊断总线（K 线或 L 线）之后，对车上的故障诊断接口也进行了改进。新型诊断接口的针脚布置如图 6-13 所示，各个针脚的用途见表 6-1。由表 6-1 可见，新型诊断接口仍然保留了 K 线和 L 线的针

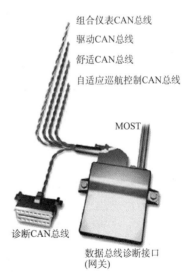

图 6-12　诊断数据经网关（J533）利用诊断 CAN 总线传输到故障诊断接口

脚,以确保系统的向下兼容功能。

图 6-13 新型诊断接口的针脚布置

各针脚的用途   表 6-1

针脚号	导线	针脚号	导线
1	15 号接线柱	7	K 线
2、3	暂未使用	8~13	暂未使用
4	接地	14	诊断 CAN 总线(CAN-Low 导线)
5	接地	15	L 线
6	诊断 CAN 总线(CAN-High 导线)	16	30 号接线柱

采用诊断 CAN 总线和新型诊断接口之后,除了需要对汽车故障诊断仪(如 VAS5051)进行软件升级之外,还需要使用新的诊断连接导线(用于连接新型诊断接口和汽车故障诊断仪)。这种与诊断 CAN 总线匹配的新的诊断连接导线有两种规格,其代号分别为 VAS5051/5A(长 3m)和 VAS5051/6A(长 5m),如图 6-14 所示。

图 6-15 为汽车故障诊断仪 VAS5051 与故障诊断接口的连接示意图,从图中既可以看诊断连接导线的作用(用于连接新型诊断接口和汽车故障诊断仪),又可以看出故障信息的传输过程。

图 6-14 与诊断 CAN 总线匹配的新的诊断连接导线

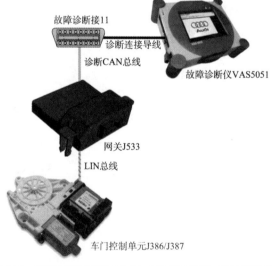

图 6-15 汽车故障诊断仪 VAS5051 与故障诊断接口的连接示意图

就车诊断的步骤、条件及相关说明见表 6-2。

表 6-2　就车诊断的步骤、条件及相关说明

序　号	诊　断	条　件		备　注
1	开始	点火开关打开	是	无法经诊断 CAN 总线来唤醒控制单元
		点火开关关闭	是,但不是在休眠模式	
2	执行	点火开关打开	是	
		点火开关关闭	是,但无写入功能(例如给控制单元编码)	
3	结束	关闭点火开关来结束	否	

（三）华晨宝马车系的诊断 CAN 总线

1. D-CAN 总线

华晨宝马车系的诊断 CAN 总线称为 D-CAN 总线。D-CAN 总线采用线形、双线结构,最大数据传输速率为 500kbit/s。连接好宝马诊断系统后,网关(接线盒控制单元)将宝马诊断系统的请求传输给内部总线,之后,应答以相反的方向同时进行。首批采用 D-CAN 总线的是 E70(宝马 X5)和 R56(Mini Cooper),此后生产的宝马汽车都已经开始采用 D-CAN 总线。

2. D-CAN 故障诊断接口

采用 D-CAN 总线之后,华晨宝马车系的故障诊断接口(故障诊断插座)也进行了相应的改进,淘汰了原来的故障诊断接口,如图 6-16 所示。新的与 D-CAN 总线匹配的故障诊断接口如图 6-17 所示。

图 6-16　原来的故障诊断接口

图 6-17　新的与 D-CAN 总线匹配的故障诊断接口

D-CAN 故障诊断接口(故障诊断插座)安装在驾驶人侧仪表板下方、离合器踏板的上方,如图 6-18 所示。

图6-18 D-CAN故障诊断接口的安装位置

D-CAN故障诊断接口(故障诊断插座)与诊断仪的连接关系如图6-19所示。

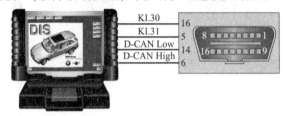

图6-19 D-CAN故障诊断接口(故障诊断插座)与诊断仪的连接关系

采用D-CAN总线之后,对汽车网络系统进行故障诊断时,需要使用光学编程系统OPS或光学检测和编程系统OPPS及相应的OBD连接导线。

 思政点拨

20世纪80年代,我国解除了县团级以下单位不得配用轿车的规定,国内对轿车的需求急剧膨胀。当时,一汽红旗的轿车技术尚未成熟,甚至面临停产。担任一汽厂长的耿昭杰意识到,中国应该发展自己的轿车工业,但必须走技术引进与合资生产这条路。耿昭杰上任伊始,由一汽自主设计研发的新型解放CA141载货汽车完成实验改进定型后准备投产。摆在耿昭杰面前有3种选择,而他最终选择了"单轨制垂直转产"。两年后,随着141中型5t载货汽车和6102汽油发动机的亮相,中国货车制造水平得到质的飞跃。

技能实训

(一)网关的认识

实训内容:一汽大众速腾汽车网关的认识。

1. 准备工作

(1)一汽大众速腾汽车或台架。

(2)相关说明书、维修手册等资料。

(3)相关职场健康和安全的信息。

(4)相关维修知识和维修资料的网页。

2. 技术要求与注意事项

(1)能够正确使用维修资料,正确选用工具。

(2)能够在规定的时间内完成工作任务。

(3)在诊断维修过程中注意操作规范、职场健康和安全。

3. 操作步骤

(1)正确读取分析一汽大众速腾实训车型电路图及技术资料。

(2)分析一汽大众速腾实训车型的网关电路。

(3)在一汽大众速腾实训车(或台架)上找出网关,并指出其位置。

4. 工作页

(1)结合一汽大众速腾实训车型的相关维修资料,一汽大众速腾实训车(或台架)上找出网关,并指出其位置。

(2)查找速腾电路图,找出网关各主要端子的含义。

(二)评价与反馈

1. 自我评价与反馈

(1)是否遵守课堂纪律、是否认真听讲,占20%,成绩为_____。

(2)团队合作意识、尊重团队成员(包括老师和其他同学),占30%,成绩为_____。

(3)学习任务(工作任务)完成情况,占40%,成绩为_____。

(4)5S及环保意识,占10%,成绩为_____。

2. 小组评价与反馈

(1)是否遵守课堂纪律、是否认真听讲,占20%,成绩为_____。

(2)团队合作意识、尊重团队成员(包括老师和其他同学),占30%,成绩为_____。

(3)学习任务(工作任务)完成情况,占40%,成绩为_____。

(4)5S 及环保意识,占 10%,成绩为_____。

3. 教师评价及反馈

(1)是否遵守课堂纪律、是否认真听讲,占 20%,成绩为_____。

(2)团队合作意识、尊重团队成员(包括老师和其他同学),占 30%,成绩为_____。

(3)学习任务(工作任务)完成情况,占 40%,成绩为_____。

(4)5S 及环保意识,占 10%,成绩为_____。

综合评价的最终成绩为:_____。

模块小结

(1)网关就是用于连接不同类型的总线系统的设备。

(2)在一汽奥迪和大众车系中,根据车型的不同,网关可能安装在组合仪表内、车上供电控制单元内,或设有独立的网关控制单元。由于通过 CAN 总线的所有信息都供网关使用,所以网关也用作诊断接口。

(3)K 诊断总线用于汽车故障检测仪与相应控制单元之间的信息交换,负责网关与故障诊断接口之间的通信。

(4)诊断 CAN 总线也是未屏蔽的双绞线,CAN-Low 导线是橙/褐色,CAN-High 导线是橙/紫色。

(5)D-CAN 总线采用线形、双线结构,最大数据传输速率为 500kbit/s。

思考与练习

(一)填空题

1.在一汽奥迪和大众车系中,根据车型的不同,网关可能安装在_____、_____,或_____。

2.K 诊断总线用于_____与_____之间的信息交换,负责_____与_____之间的通信。

3.华晨宝马车系的诊断 CAN 总线称为_____总线。D-CAN 总线采用线形、双线结构,最大数据传输速率为_____。

4.华晨宝马车 D-CAN 故障诊断接口(故障诊断插座)安装在_____下方,_____的上方。

5.网关实际上是一个_____,它工作的好坏决定了不同的_____、_____和_____相互间通信的好坏。

(二)判断题

1.不同传输速率的数据总线通过网关得以协同工作。 ( )

2.网关就是用于连接不同类型的总线系统的设备。 ( )

3.不同传输速率的数据总线通过网关得以协同工作。 ( )

4.由于通过 CAN 总线的所有信息都供网关使用,所以网关也用作诊断接口。 ( )

5.诊断 CAN 总线也是未屏蔽的双绞线,其截面面积为 0.35mm^2。 ( )

(三)选择题

1. 驱动 CAN 和舒适 CAN 之间由于传递速率不同,它们之间必须通过(　　)进行转换。
   A. 控制单元　　　　B. 终端电阻　　　　C. 收发器　　　　D. 网关
2. 大众车系的诊断 CAN 总线又称(　　)。
   A. 虚拟 K 线　　　B. 虚拟 CAN 总线　　C. 虚拟总线　　　D. 虚拟 CAN
3. 大众轿车的网关一般安装在(　　)。
   A. 点火模块上　　　　　　　　　　　　B. 仪表板上
   C. 发动机控制单元上　　　　　　　　　D. 自动变速器控制单元上
4. (　　)是汽车内部通信的核心,通过它可以实现各条总线上信息的共享,实现汽车内部的网络管理和故障诊断功能。
   A. 网关　　　　　　B. 控制器　　　　　C. 单片机　　　　D. I/O
5. 在汽车网络诊断接口 T16 中,其中 6 号端子代表(　　)。
   A. 搭铁　　　　　　B. 正极　　　　　　C. CAN-High　　　D. CAN-Low

(四)简答题

1. 网关的作用主要体现在哪几个方面?
2. 在奥迪车系的车载网络系统中,网关安装在车上什么位置?它的作用是什么?
3. 网关信息传输过程如图 6-20 所示,请根据图来描述一下信息从驱动系统 CAN 总线到舒适系统 CAN 总线的传输过程。

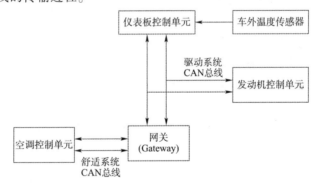

图 6-20　网关信息传输过程

模块七 汽车车载网络系统检修

学习目标

☞ 知识目标

1. 熟悉汽车车载网络系统的故障类型；
2. 掌握汽车车载网络系统故障检修的注意事项；
3. 掌握车载网络系统故障诊断的方法；
4. 掌握典型车载网络系统故障分析方法；
5. 熟悉典型车系车载网络系统的检测数据。

☞ 技能目标

1. 能描述典型车系车载网络系统故障现象和特征；
2. 能车载网络系统分析常见故障波形；
3. 能完成典型车系车载网络系统的故障诊断；
4. 能排除典型车系车载网络系统的故障。

☞ 素养目标

1. 培养学生乐于思考、敢于实践、做事认真的工作作风；
2. 培养学生谦虚严谨、刻苦钻研、积极进取的工作学习态度；
3. 培养学生劳动精神、劳模精神、工匠精神和创新意识。

☞ 思政目标

通过思政学习，培养学生在汽车维修工作中节能环保、敢于实践、勇于创新的精神。

建议学时

16 学时

一、汽车车载网络系统的故障检测

（一）汽车车载网络系统的故障类型

汽车车载网络系统故障检测

如果多路传输系统有故障，则整个汽车多路传输系统中的有些信息将无法传输，接收这些信息的电控模块将无法正常工作，从而为故障诊断带来困难。对于汽车多路传输系统故障的维修，应搞清楚系统的故障类型。一般来说，引起汽车车载网络信息传输系统故障的原因有三类：电源系统故障；车载网络信息传输系统的链路（或通信电路）故障；车载网络信息传输系统的节点（电控模块）故障。

1. 车载网络电源系统故障

汽车车载网络信息传输系统的核心部分是含有通信 IC 芯片的电控模块(ECM)。电控模块(ECM)的正常工作电压在 10.5~15.0V 的范围内。如果汽车电源系统提供的工作电压低于该值,就会造成一些对工作电压要求高的电控模块(ECM)出现短暂的停工,从而使整个汽车多路信息传输系统出现短暂无法通信的情况。

这类故障产生的原因主要是蓄电池、发电机、供电电路和熔断丝等元器件损坏。

2. 车载网络节点故障

节点是汽车车载网络信息传输系统中的电控模块,因此,节点故障就是电控模块(ECM)的故障。节点故障包括软件故障和硬件故障两类。软件故障即传输协议和软件程序有缺陷或冲突,从而使汽车多路信息传输系统通信出现混乱或无法工作。这种故障一般成批出现,且无法维修。硬件故障是指一般由于通信芯片或集成电路故障而造成汽车多路信息传输系统无法正常工作。对于采用低版本信息传输协议(即点到点信息传输协议)的汽车多路信息系统,如果有节点故障,则将出现整个汽车多路信息传输系统无法工作。

这类故障主要是由于各类电控单元、传感器等元器件损坏造成的。

3. 车载网络链路故障

当汽车车载网络信息传输系统的链路(或通信电路)出现故障时,如通信电路的短路、断路以及电路物理性质引起的通信信号衰弱或失真,都会引起多个电控单元无法工作或电控系统错误,使多路信息传输系统无法工作。车载网络链路故障类型如图 7-1 所示。

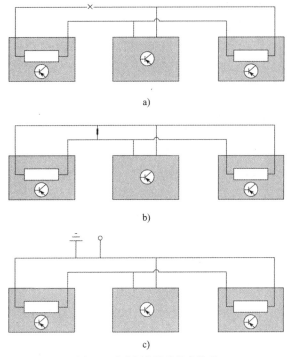

图 7-1 车载网络链路故障类型
a) 通信电路断路;b) 通信电路短路;c) 通信电路搭铁或正极短路

（二）汽车车载网络系统的故障检测注意事项

汽车车载网络系统中使用了大量的电子设备，在进行故障检测时必须按照操作规则进行，以保证电子设备和电路的安全。

（1）在检查电路之前确保关闭点火开关，断开蓄电池负极电缆。禁止在点火开关接通时断开或重新连接动力系统接口模块结束插接器。

（2）为避免损坏线束插接器端子，在对动力系统接口模块线束插接器进行测试时，务必使用合适的线束测试引线。不要触摸动力系统接口模块插接器端子或动力系统接口模块电路板上的锡焊元件，以防静电放电造成损坏。

（3）确保所有线束插接器正确固定。确保蓄电池电缆端子坚固。

（4）使用测试器时，其开放端口电压应为7V或更低。不要在测量端口施加7V或更高的电压。

（5）在利用电焊设备进行焊接时，必须从动力系统接口模块上断开线束插接器。

（6）动力系统接口模块对电磁干扰（EMI）极其敏感，在执行维修程序时，要确保动力系统接口模块线束布设正确，且牢固地装在安装夹上。由于动力系统接口模块电路具有一定的敏感性，因此制订了专门的电路修理程序，要严格执行。

（7）在安装新的动力系统接口模块前，确保要安装的类型正确，务必参见最新的备件信息。

（8）当插头需要更换时，只能更换认可的电气插头，以保证正确地配合并防止线路中的电阻过大。在更换新的电控单元后，必须对新的电控单元进行重新编码（Recoded），电控单元的编码（Coding）工作可以用厂家专用的诊断仪进行，按菜单提示进行操作。

二、汽车车载网络系统的故障诊断

（一）汽车车载网络系统的故障诊断方法

针对汽车车载网络系统故障常见的3种故障类型，在故障诊断时，要先了解该车型的汽车多路传输系统特点（包括传输介质、几种子网及汽车多路传输系统的结构形式等）、熟悉汽车多路传输系统的功能，如有无唤醒功能和休眠功能等。进一步检查汽车电源系统是否存在故障，如交流发电机的输出波形是否正常（若不正常，则将导致信号干扰等故障）等。检查汽车多路传输系统的链路是否存在故障，采用替换法或采用跨线法。检查汽车多路传输系统的节点是否存在故障。

汽车车载网络系统故障诊断

1. 车载网络电源系统故障诊断

汽车网络系统正常的工作电压应该保持在10.5~15.0V之间。如果汽车电源系统提供的电压低于该值，那么就会造成某些电控设备不能正常工作，从而使整个通信网络中断。

对于电源故障，需要检查蓄电池电压、发电机工作情况、熔断丝、插接器的连接状况、接地处的连接状况等。

2. 车载网络节点故障诊断

在检查车载网络传输系统前,首先要检查网络中各节点的工作状况,判断是否存在功能性故障,功能性故障会影响网络中局部系统的工作。若存在功能性故障,则应首先排除。对于诊断传感器是否有功能性故障,可以通过检测传感器的电压值和电阻值等参数来诊断。对于诊断电控单元是否有功能性故障,必须分两种情况检查。

(1) 两个电控单元组成的双线式数据。

总线系统的检测关闭点火开关,断开两个电控单元(图 7-2),检查数据总线是否断路、短路或对正极或接地短路。如果数据总线无故障,则更换较易拆下(或较便宜)的一个电控单元试一下。如果数据总线系统仍不能正常工作,则更换另一个电控单元。

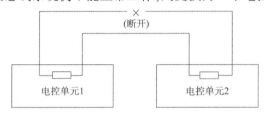

图 7-2 两个控制单元组成的双线式数据总线

(2) 三个或更多电控单元组成的双线式数据总线系统的检测。

如图 7-3 所示,先读取电控单元内的故障码,如果电控单元 1 与电控单元 2 和电控单元 3 之间无通信,则关闭点火开关,断开与总线相连的电控单元,检查数据总线是否断路。如果总线无故障,则更换电控单元 1。如果所有电控单元均不能发送和接收信号(故障存储器存储硬件故障),则关闭点火开关,断开与数据总线相连的电控单元,检测数据总线是否短路,是否对正极或接地短路。

图 7-3 三个控制单元组成的双线式数据总线

如果数据总线上查不出引起硬件损坏的原因,则检查是否因某一电控单元引起该故障。断开所有通过数据总线传递数据的电控单元,关闭点火开关,接上其中一个电控单元,连接专用检测设备(如 VAG1551 或 VAG1552),接通点火开关,清除刚接上的电控单元的故障码。用功能 06 来结束输出,关闭并再次接通点火开关,接通点火开关 10s 后用故障阅读仪读取刚接上的电控存储器内的内容。如果显示硬件损坏,则接上下一个电控单元,重复上述过程。

3. 车载网络链路故障诊断

当车载网络系统的链路(或通信电路)出现故障时,如通信线路的短路、断路以及线路物理性质引起的通信信号衰减或失真,都会引起多个电控单元无法工作或电控系统错误动作。

判断是否为链路故障时,一般采用示波器或汽车专用诊断仪来观察通信数据信号是否与标准通信数据信号相符合。若网络系统有故障,则会出现一定的故障现象。

(1)数据总线的两根导线短路。若两根导线之间短路,则将导致整个网络失效。

(2)导线接地短路。若两根导线中的某一根搭铁短路,则接上解码器诊断时无模块响应。

(3)导线对电源短路。若两根导线中的某一根对电源短路,则将导致整个网络失效。

(4)一根导线断路。若一根导线断路,则仍可进入 DATA LINK DIAGNOSTIC(数据链接诊断)菜单并进行测试。

(5)两根导线都断路。若两根导线在靠近数据链接插头(诊断插头)处发生断路,则解码器和网络之间将无法通信。不过在网络的一个分支上两根导线都断路时,只有断点后面的模块无法与解码器通信。

(6)两根导线均接地短路。若两根导线都接地短路,将导致整个网络失效。各电控单元将按故障模式工作,汽车可以起动或行驶,但模块将只能使用与其直接连接的传感器。

(7)电控单元内部故障。若网关彻底损坏,则将导致整个网络失效。

当初步判断为某两个电控单元之间的数据总线出现故障时,可以用万用表对这两个模块之间的数据总线进行检查,并注意检查线束插接器端口和插头是否损坏、弯曲和松脱(插头侧和线束侧)。

实际检查时,还可充分利用两个数据传递终端电阻进行数据电路故障范围的确定。在系统完全正常的情况下,断开电源,拔下整个网络数据传输系统中除作为数据传输系统终端的两块电控单元外的任一模块,在拔下的模块上找到数据总线,用万用表测量线束侧的两数据总线之间的电阻,都应约为两个数据传递终端电阻并联后的电阻值(高速数据传输系统通常为60Ω左右),否则,说明通信电路或作为数据传输系统终端的两块电控单元故障。此时,再检查作为网络数据传输系统终端的两块电控单元的数据传递终端电阻,如果正常,则为总线通信电路故障。

(二)汽车车载网络系统的故障自诊断

现代车载多路传输系统都支持故障自诊断功能,故障自诊断模块监测的对象是电控汽车上的各种传感器、电控系统本身以及各种执行元件。故障自诊断模块共用汽车电控系统的信号输入电路,在汽车运行过程中不断监测上述三种对象的输入信号,当某一信号超出对应的范围或元件出现故障时,将把这一故障以故障码的形式存入内部存储器,同时点亮仪表板上的故障指示灯。针对监控对象产生的故障,故障自诊断模块采取不同的应急措施:

(1)当某一传感器或电路产生故障后,其信号就不能再作为汽车的控制参数,为了维护汽车的运行,故障自诊断模块便从其程序存储器中调出预先设定的经验值作为该电路的应急输入参数,保证汽车可以继续工作。

(2)当电控系统自身产生故障时,故障自诊断模块便触发备用控制回路对汽车进行应急的简单控制,使汽车可以开到修理厂进行维修,这种应急功能称为安全回家功能。

(3)当某一执行元件出现可能导致其他元件损坏或严重后果的故障时,为了安全起见,故障自诊断模块采取一定的安全措施,自动停止某些功能的执行,这种功能称为故障保险。

例如:当点火器出现故障时,故障自诊断模块就会切断燃油喷射系统电源,使喷油器停止喷油,防止未燃烧混合气体进入排气系统,引起爆炸。

1. 总线自诊断系统所能识别的故障

总线自诊断系统能识别的故障有:
(1)一条或两条数据线断路。
(2)两条数据线同时断路。
(3)数据线搭铁短路或对正极短路。
(4)一个或多个电控单元(ECU)有故障。

如果 ECU 通信中断的故障码被输出,则可能有插接器断开或两条通信总线断路。仅一条通信总线断路,故障码是不会检测出来的,这些故障情况如图 7-4 和图 7-5 所示。

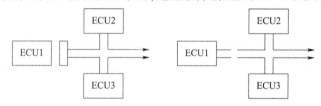

图 7-4　ECU 插接器断开　　　　图 7-5　两条通信总线断开

如果两条通信总线在图 7-6 所示的位置断路,则在这两条总线之间的 ECU 的通信中断(在图 7-7 中,为 ECU3、ECU4、ECU5 的通信中断),故障码被输出。

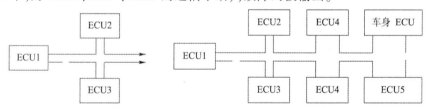

图 7-6　一条通信线路断开　　　　图 7-7　三个通信单元的通信断开

2. 自诊断系统的功能

(1)发现故障。输入微处理器的电压信号在正常状态下有一定的范围,当此范围以外的信号被输入时,ECU 就会诊断出该信号系统处于异常状态。例如:发动机冷却液温度信号系统规定正常状态时,传感器的电压为 $0.08\sim4.8V(-50\sim139℃)$,超出这一范围即被诊断为异常。如果微型计算机本身发生故障,则由设有紧急监控定时器(WDT)的限时电路加以监控。如果出现程序异常,则定期进行时限的电路再设置停止工作,以便采用微型计算机再设置的故障检测方法。

(2)故障分类。当微处理器工作正常时,通过诊断用程序检测输入信号的异常情况,再根据检测结果分为轻度故障、引起功能下降的故障以及重大故障等,并且将故障按重要性分类,预先编辑在程序中。当微处理器本身发生故障时,则通过 WDT 进行故障分类。

(3)故障报警。一般通过设置在仪表板上的警告灯闪亮来向车主报警。在装有显示器的汽车上,也有直接用文字来显示报警内容的。

(4)故障存储。当检测故障时,在存储器中存储故障部位的故障码,一般情况下,即使点火开关处于断开位置,微处理器和存储部分的电源也保持接通状态而不使存储的内容丢失。只有在断开蓄电池电源或拔掉熔断丝时,由于切断了微处理器的电源,存储器内的故障码才会被消除。

(5)故障处理。在汽车运行过程中如果发生故障,则为了不妨碍正常行驶,由微处理器进行调控,利用预编程序中的代用值(标准值)进行计算以保持基本的行驶性能,待停车后再由车主或维修人员进行相应的检修。

(6)故障自诊断模块。从上述基本工作原理分析来看,故障自诊断模块应该包括监测输入、逻辑运算及控制、程序及数据存储器、备用控制回路、信息和数据驱动输出等模块。

(三)汽车车载网络系统的故障诊断分析

以某款装备了总线系统的汽车为例,分析车载网络系统故障检测与诊断等方面的知识。

1. 车载网络系统简介

该款汽车数据通信系统的结构如图7-8所示。

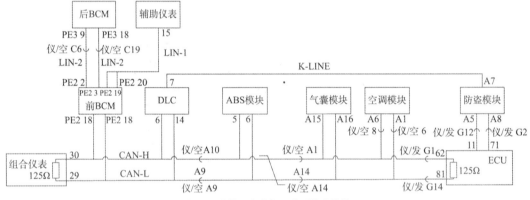

图7-8 该款汽车数据通信系统的结构

由图7-8可见,该款汽车共采用CAN、LIN和K三种总线。发动机ECU通过防盗模块与诊断插座DLC的7号端子之间采用K线通信;前车身控制模块(FBCM)与后车身控制模块(RBCM)及辅助仪表之间采用单线制的LIN通信;ECU与组合仪表各带125Ω的终端电阻,两者之间通过CAN-High(高线)与CAN-Low(低线)连接,构成了闭合的总线,前车身控制模块、DLC、ABS模块、气囊模块和空调模块等并联在总线上。总线由仪/发G(白色)、仪/室A(白色)两个插头连接而成,其中,仪/发G插头(仪/发G的含义:仪表线束和发动机线束连接G插头)位于仪表工作台右侧下方,而仪/室A插头位于仪表工作台左侧下方。

(1)CAN-High(高线)的连接仪/发G插头的针脚G1端子连接ECU的62端子;仪/发G插头的针孔G1端子分别连接空调模块的A6端子、气囊模块的A15端子和仪/室A插头针孔的A1端子;仪/室A插头针孔的A10端子分别连接DLC的6端子、前BCM的PE218端子以及组合仪表的30端子;仪/室A插头的针脚连接ABS模块的5端子,并且将A1端子与A10端子相连接。

(2)CAN-Low(低线)的连接仪/发G插头的针脚G14端子连接ECU的81端子;仪/发G

插头的针孔 G14 端子分别连接空调模块 A1 端子、气囊模块的 A16 端子和仪/室 A 插头的针孔的 A14 端子;仪/室 A 插头针孔的 A9 端子分别连接 DLC 的 14 端子、前 BCM 的 PE21 端子以及组合仪表的 29 端子;仪/室 A 插头的针脚连接 ABS 模块的 6 端子,并且将 A9 端子与 A14 端子相连接。

2. CAN 总线的检测方法

(1)诊断仪检测 通过诊断仪可以方便地读取总线上各模块的数据流和故障码,也有利于诊断总线故障。由于发动机 ECU 与诊断插座 DLC 之间采用 K 线通信,因此,对发动机检测时,可选择 OBD-Ⅱ插头连接诊断仪,而检测除发动机以外的其他电控模块时,必须选用 CAN 总线插头来连接诊断仪。当总线出现链路故障时,诊断仪只能通过 K 线与发动机电控模块保持通信,而无法进入其他电控模块,此时仪表会出现异常。当支线出现故障(如断路)时,诊断仪无法进入出现与之连接的电控模块,其他模块可正常进入。

(2)电阻值测量 由于 DLC 并联在总线上,因此可以在 DLC 相应端子上进行总线电阻值测量,但是应注意进行电阻值测量时先断开蓄电池的负极并等待约 30s 的时间(将电路中的电容带电量放掉),否则,测量值有很大的差异。

在测量总线电阻时,首先测量 DLC 的 6 端子对 14 端子、6 端子对 4 端子以及 14 端子对 4 端子之间的电阻,以检测总线是否搭铁短路。测量 6 端子对 16 端子、14 端子对 16 端子,以检测总线是否与电源短路。在该款汽车上 DLC 的 16 端子为常电源、4 端子搭铁(或 4、5 端子同时搭铁)。

在保证总线无搭铁短路和电源短路故障后,测量 DLC 的 6 端子和 14 端子之间的电阻,电阻值应该略小于终端电阻的一半。原因是,在总线上还并联了其他电控模块,各电控模块的收发电路电阻很大。

(3)电压测量 CAN 总线采用了差分处理技术,当点火开关置于"ON"时,高线与低线的电压之和应该等于 5V。因此,可以借助 DLC 的 6 端子对 4 端子、14 端子对 4 端子处测量电压值来判断 CAN 通信故障。

当 CAN 总线良好时,高线的电压应高于 2.5V,实测值约为 2.6V,低线的电压值应低于 2.5V,实测值约为 2.4V。当高线(或低线)搭铁短路时,6 端子对 4 端子(或 14 端子对 4 端子)的电压值应为 0V;当高线(或低线)与电源短路时,6 端子对 4 端子(或 14 端子对 4 端子)的电压值应为 12V。

(4)波形检测 用诊断仪自带的示波器或专用示波器可以进行 CAN 总线波形检测。当总线良好时,高线与低线的波形以 2.5V 电压为基准,一升一降,十分对称,其电压之和为 5V。当 CAN 总线出现断路、短路故障时,其波形肯定会出现异常。

3. 常见故障诊断

该款汽车车载网络常发故障表现在链路故障,主要有断路故障和短路故障。而电源系统故障和节点故障易于诊断。

(1)断路故障 可以分为总线断路、DLC 支线断路以及非 DLC 支线断路三种。

确定总线的断路点,是断路故障诊断的主要目的。

①总线断路。

如图7-8所示,当组合仪表30端子处于断路时,在DLC的6端子与14端子之间测量电阻,电阻值应该接近终端电阻值,约为120Ω,6端子对4端子测量电压值为2.6V左右,14端子对4端子测量电压值为2.4V左右,对于高速CAN总线而言,此时总线处于"瘫痪"状态。

在检测过程中,分别拔下仪/室A插头、仪/发G插头,依据CAN总线的连接关系,通过逐段测量电阻来定位总线的断路故障点。例如:当6端子对14端子测量电阻值接近终端电阻值时,先拔下仪/室A插头,在针孔的A10端子与A9端子、A1端子与A14端子之间测量电阻,正常值应接近终端电阻值;若A10端子与A9端子之间的电阻值为无穷大,则说明有断路处,此时应拔下组合仪表插头,通过检查组合仪表的30端子与仪/室A插头的针孔A10端子、29端子与A9端子之间的电阻值来具体定位断路处;若A10端子与A9端子之间的电阻测量值正常,则A1端子与A14端子之间的电阻测量值为无穷大,此时应拔下仪/发G插头,测量仪/室A插头的针孔A1端子与仪/发G插头的针孔G1端子、A14端子与G14端子之间的电阻值,若正常,则应测量仪/发G插头针脚G1端子与G14端子之间的电阻值,正常值应为ECU的终端电阻。

②DLC支线断路。

当DLC的支线断路时,在DLC的6端子与14端子之间测量电阻,电阻值肯定是无穷大。若DLC高线断路,6端子对14端子间的电阻值为无穷大,6端子对4端子测量电压值为0V,14端子对4端子测量电压值为2.4V左右,诊断仪无法进入除发动机ECU以外的其他控制模块。但应注意,6端子对14端子间的电阻值为无穷大,不一定说明支线断路,这时可以将并联在总线上的某一个控制模块(如ABS模块)拆下,在ABS模块插头的5、6端子间测量电阻,若电阻值接近终端电阻的一半,约60Ω,则说明总线未出现断路故障,这时才能确定断路出现在支线上。

③非DLC支线断路。

当并联在总线上的某一个控制模块的支线出现断路时,在DLC的6端子与14端子之间测量电阻值应接近终端电阻的一半,6端子对4端子的电压值为2.6V左右,14端子对4端子的电压值为2.4V左右,支线断路的模块诊断仪无法进入,其他控制模块可以正常进入。非DLC支线断路故障断路点,需要拔下相关的插头,通过逐段测量电阻来确定。

(2)短路故障可以分为高/低线之间短路、高线(或低线)搭铁短路以及高线(或低线)与电源短路三种。

①高/低线之间短路。

无论是总线或支线的高线还是低线短路,在DLC的6端子与14端子之间测量电阻,电阻值肯定是0Ω,6端子对4端子以及14端子对4端子测量电压,其电压值相同,约为2.5V,此时总线处于"瘫痪"状态,诊断仪无法进入除发动机ECU以外的其他控制模块。具体确认短路点,需要拔下相关的插头,通过逐段测量电阻来定位短路点。

②高线(或低线)搭铁短路。

若高线接地短路,则在DLC的6端子与14端子之间测量电阻,其电阻值应接近终端电阻的一半,高线接地(6端子对4端子)电压值为0V,低线接地(14端子对4端子)的电压值应接近0V,实测值约为0.1V,此时总线处于"瘫痪"状态,诊断仪无法进入除发动机ECU以外的其他电控模块。具体确认短路点需要拔下相关的插头,通过逐段测量电阻来定位短路点。

③高线(或低线)与电源短路。

若高线与电源短路,则在DLC的6端子与14端子之间测量电阻,其电阻值应接近终端电阻的一半,高线接地(6端子对4端子)电压值为12V,低线接地(14端子对4端子)的电压值应接近12V,实测值约为11.8V,此时总线处于"瘫痪"状态,诊断仪无法进入除发动机ECU以外的其他模块。具体确认短路点需要拔下相关的插头,通过逐段测量电阻来定位短路点。

三、吉利车系多路通信系统与检修

(一)吉利车系车载网络系统

吉利汽车现有车型多采用GEEA1.0网络结构组成(图7-9),在该架构下共预设5路500kbit/s的高速CAN网络,并使用独立网关进行不同CAN网络之间的报文转换。5路CAN网络如下。

(1)HB-CAN(混动CAN)。

HB-CAN混动CAN包含有VCU整车控制器、OBC车载充电机、BMSH高压电池管理系统、IPU电机控制器、DMS驾驶模式开关、DC/DC直流转换器、BSG启动发电一体电机、BMSL低压电池管理系统等。

(2)PT-CAN(动力CAN)。

PT-CAN动力CAN包含有EMS发动机管理模块、TCU变速器控制器、EGSM电子换挡器等。

(3)CS-CAN(底盘CAN)。

CS-CAN底盘CAN包含有PAS泊车辅助模块、FCS前风挡摄像头、FRS前毫米波雷达、ACU安全气囊控制模块、ESC电子车身稳定系统、EPS电子方向助力系统、SAS转向盘转向传感器等。

(4)IF-CAN(信息娱乐CAN)。

IF-CAN信息娱乐CAN包含有MMI车载娱乐主机、HVSM座椅通风加热模块、T-BOX车载网络通信模块、DVR行车记录仪、IPK组合仪表等。

(5)CF-CAN(舒适CAN)。

CF-CAN舒适CAN包含有BCM车身控制模块、DSCU主驾座椅记忆模块、AC空调控制模块、PEPS无钥匙进入机启动系统、AVAS低速报警模块等。

在不同模块下再分设多路LIN控制系统,具体如下:

(1)TCU变速器控制器、EGSM,主控模块为TCU变速器控制器。

(2)EMS发动机管理模块、IBS蓄电池电流稳定传感器、ALT智能发电机,主控模块为

EMS 发动机管理模块。

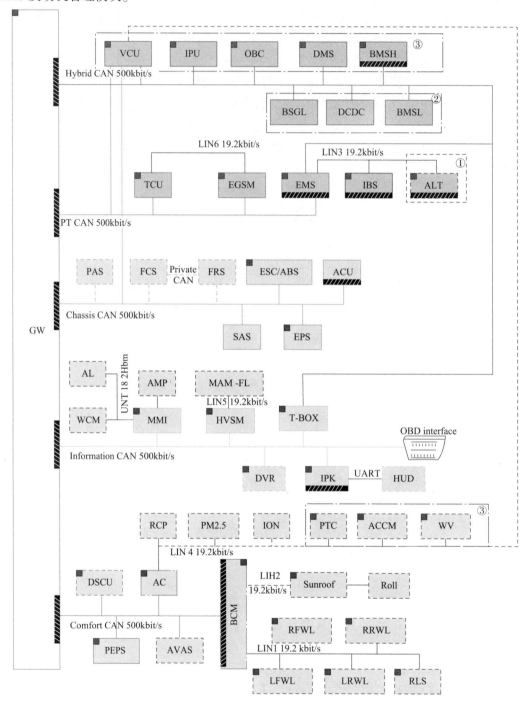

图 7-9 吉利汽车网络系统拓扑图

（3）MMT 车载娱乐主机、AL 氛围灯、WCM 无线充电模块，主控模块为 MMI 车载娱乐主机。

（4）HVSM 座椅通风加热模块、MAM_FL 左前坐通风模块，主控模块为 HVSM 座椅通风

（5）AC 空调控制模块、RCP 后空调面板、ION 负离子净化、PM2.5 细颗粒物检测模块、ACCM 电动压缩机、PTC 电加热器、WV 电控水阀，主控模块为 AC 空调控制模块。

（6）BCM 车身控制模块、SUNROOF 天窗电机、ROLL 遮阳帘电机，主控模块为 BCM 车身控制模块。

（7）BCM 车身控制模块、RFWL 左后电动玻璃升降电机、RRWF 右后电动玻璃升降电机、LFWL 左前动玻璃升降电机、LRWL 右前电动玻璃升降电机、RSL 雨量光线传感器，主控模块为 BCM 车身控制模块。

（二）吉利车系车载网络系统检修

1. CAN-High 及 CAN-Low 电压检测

CAN 线在正常通信时，CAN-High 与地电压在 2.6～3.0V 之间，CAN-Low 线电压在 2.0～2.4V 之间，如图 7-10 所示。

如果任一 CAN 线电压为 12V，说明对电源对短路，波形如图 7-11 所示。

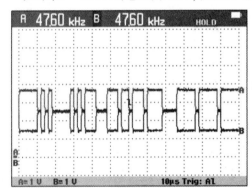

图 7-10　正常波形

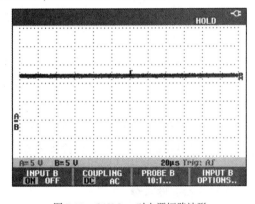

图 7-11　CAN-Low 对电源短路波形

如果任一 CAN 线电压为 0V，说明对地短路，波形如图 7-12 所示。

如果 CAN-High 和 CAN-Low 线电压为 2.5V，说明 CAN 线相互短路或模块处于唤醒状态但无数据传输，波形如图 7-13 所示。

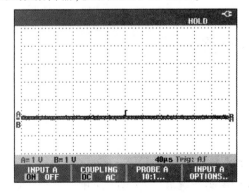

图 7-12　CAN-High 对地短路波形

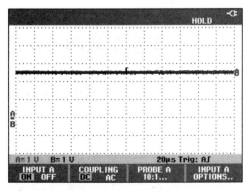

图 7-13　CAN-High 与 CAN-Low 相互短路波形

发送以上故障时,分别依次断开该 CAN 网络上的每个模块,断开一个模块测量一次电压,如断开某个模块后电压恢复正常,证明故障为断开模块内部;如断开所有模块后电压还部正常,证明故障为线路故障。

2. 终端电阻检测

任意一条 CAN 网络,需要有两个终端电阻,单个电阻阻值为 120Ω,两个电阻采用并联方式并入 CAN 网络中,且必须要放置在线束物理长度最远的两头以达到最好的吸收电涌效果,在不断开模块插头且完整 CAN 网络上测量 CAN-High 与 CAN-Low 线之间终端电阻均为 57~63Ω。

(1)在 HB-CAN 混动 CAN 中,终端电阻在 BMSH(高压电池管理系统)或 BMSL(低压电池管理系统)内部,另一端在 GW 网关中。

(2)在 PT-CAN 动力 CAN 中,终端电阻在 EMS(发动机管理模块)内部,另一端在 GW 网关中。

(3)在 CS-CAN 底盘 CAN 中,终端电阻在 ACU(安全气囊控制模块)或 ESC(电子车身稳定系统),另一端在 GW 网关中。

(4)在 IF-CAN 信息娱乐 CAN,终端电阻在 MMI(车载娱乐主机)或 PK(组合仪表),另一端在 GW 网关中。

(5)在 CF-CAN 舒适 CAN,终端电阻在 BCM(车身控制模块),另一端在 GW 网关中。

当测量终端电阻在 57~63Ω 时,说明 CAN 网络主线路没有出现断路、相互短路的现象。

当量终端电阻在 120Ω 时,说明丢失一个终端电阻模块,这时断开该 CAN 网络两个终端电阻模块中的任意一个再次测量终端电阻,如还是 120Ω,证明测量点到断开模块之间线路存在断路现象,如断开后测量终端电阻无穷大,证明测量点到未断开的另一个终端电阻模块之间线路存在断路现象。

当测量终端电阻在 1Ω 以下时,说明 CAN-High 与 CAN-Low 相互短路,这时依次断开该 CAN 网络上的每个模块,断开一个模块测量一次终端电阻,如断开某个模块后电阻恢复正常,证明故障为断开模块内部;如断开所有模块后电阻还部正常,证明故障为线路故障。

四、大众车系车载网络系统与检修

(一)大众车系车载网络系统

1. 大众车系 CAN 总线网络类型

由于汽车不同控制器对 CAN 总线的性能要求不同,因此,大众汽车的 CAN 总线设定为动力(驱动)系统、舒适系统、信息系统、仪表系统和诊断系统五个局域网,如图 7-14 所示,五个子局域网的传输速率见表 7-1,其中在 CAN 总线系统下还存在 LIN 总线系统,其传输速率为20kbit/s，整个CAN总线系统最大可承载1000bit/s。

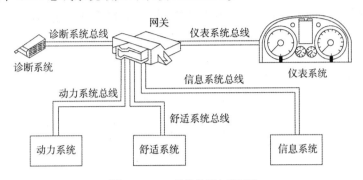

图7-14 CAN系统的五个子系统

子局域网传输速率   表7-1

序号	子局域网名称	电源电线（线号）	传输速率（kbit/s）
1	动力系统总线	15号线	500
2	舒适系统总线	30号线	100
3	信息系统总线	30号线	100
4	诊断系统总线	30号线	500
5	仪表系统总线	15号线	100

2. 动力系统CAN总线系统

动力系统CAN总线主要由发动机电控单元、ABS电控单元、ESP电控单元、自动变速器电控单元、安全气囊电控单元和组合仪表电控单元等组成。动力系统CAN总线由15号线激活，采用双线式数据总线，其传输速率为500kbit/s，所以也称为高速CAN总线。电控单元通过CAN动力数据总线的CAN-High线和CAN-Low线来进行数据交换。

(1) 动力CAN总线信号波形。

为了提高数据传递的可靠性，CAN数据总线系统的两条导线（双绞线）分别用于不同的数据传送，这两条线分别称为CAN-High线和CAN-Low线。在显性状态和隐性状态之间进行转换时，CAN导线上的电压变化如下：

在静止状态时，这两条导线上作用有相同的预先设定值，该值称为静电平。在显性状态时，CAN-High线上的电压值会升高一个预定值（对CAN驱动数据总线来说，这个值至少为1V）。

动力总线CAN网络由15号供电线激活，传输速率为500kbit/s，是所有CAN总线中最高的，采用终端电阻结构，其中心电阻的值为66Ω。动力系统CAN数据总线上的信号变化波形如图7-15所示。

(2) 动力总线收发器内的CAN-High线和CAN-Low线上的信号转换。

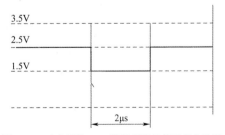

图7-15 动力系统CAN数据总线的信号变化波形

电控单元是通过收发器连接到 CAN 驱动总线上的,在这个收发器内有一个接收器,该接收器安装在接收一侧的差动信号放大器内,如图 7-16 所示。差动信号放大器用于处理来自 CAN-High 线和 CAN-Low 线的信号,除此以外,还负责将转换后的信号送至电控单元的 CAN 接收区。这个转换后的信号,称为差动信号放大器的输出电压。差动信号放大器用 CAN-High 线上的电压减去 CAN-Low 线上的电压,就得出了输出电压,用这种方法可以消除静电平(对于 CAN 驱动数据总线来说,是 2.5V)或其他任意重叠的电压(如外来的电磁干扰),如图 7-17 所示。

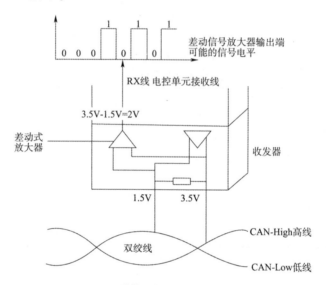

图 7-16 双线信号中获得的信号电平波形

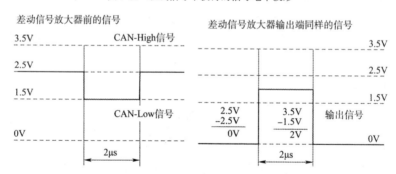

图 7-17 差动信号放大器内的信号处理

(3)动力 CAN 数据总线差动信号放大器内的干扰过滤。

由于数据总线也要布置在发动机舱内,所以数据总线会遭受各种干扰,要考虑接地短路和蓄电池电压、点火装置的火花放电和静态放电。

CAN-High 信号和 CAN-Low 信号经过差动信号放大器处理后,可最大限度地消除干扰的影响,即使车上的供电电压有波动(如在起动发动机时),也不会影响各个电控单元的数据传递的可靠性,如图 7-18 所示。

由于差动信号放大器总是用 CAN-High 曲线上的电压$(3.5V-X)$减去 CAN-Low 线上的电压$(1.5V-X)$,因此在经过差动处理后,$(3.5V-X)-(1.5V-X)=2V$,差动信号中就不再有干扰脉冲了。电控单元判断双线的电平及逻辑信号见表 7-2。

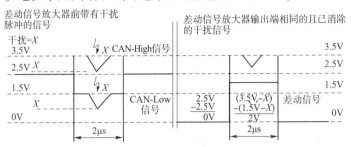

图 7-18 差动信号放大器内的抗干扰过滤

电控单元判断双线的电平及逻辑信号　　　　　表 7-2

状　态	CAN-High(V)	CAN-Low(V)	差动输出信号电压(V)	逻辑信号
显性	3.5	1.5	3.5 − 1.5 = 2	0
隐形	2.5	2.5	2.5 − 2.5 = 0 < 2	1

3. 舒适/信息系统总线

舒适/信息 CAN 数据总线的联网控制单元有自动空调电控单元、车门电控单元、舒适电控单元、3.6V 收音机和导航显示电控单元。

(1) 舒适/信息 CAN 数据总线信号波形。

为了使低速 CAN 总线抗干扰性强且电流消耗低,与动力 CAN 数据总线相比做了一些改动。在隐性状态 0V(静电平)时,CAN-High 线信号为 0V,在显性状态时为 3.6V;对于 CAN-Low 信号来说,隐性电平为 5V,显性电平 1.4V,如图 7-19 所示。

于是,在差动信号放大器内相减后,隐性电平为 −5V,显性电平为 2.2V,那么隐性电平和显性电平之间的电压变化(电压提升)提高到大于或等于 7.2V。VAS5051 上示波器(DSO)显示的舒适/信息 CAN 总线波形图(静态)如图 7-20 所示。

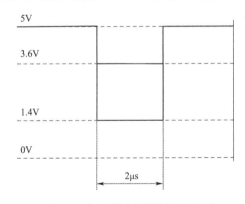

图 7-19 舒适/信息总线信号电压变化

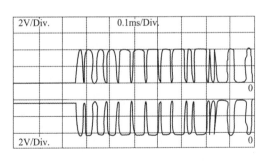

图 7-20 VAS5051 上示波器(DSO)显示的舒适/信息 CAN 总线波形图(静态)

(2) 舒适/信息 CAN 数据总线的 CAN 收发器 舒适/信息 CAN 数据总线的收发器如图 7-21 所示,其工作原理与驱动 CAN 数据总线收发器基本是一样的,只是输出的电压电平和出现故障时切换到 CAN-High 线或 CAN-Low 线(单线工作模式)的方法不同。

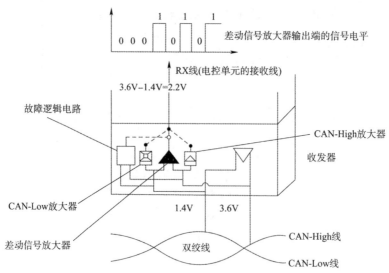

图 7-21 舒适/信息 CAN 数据总线收发器的结构

在正常的工作模式下,使用的是 CAN-High"减去" CAN-Low 所得的信号(差动数据传递),这样就可以将故障对舒适/信息 CAN 数据总线的两条导线的影响降至最低(与驱动 CAN 数据总线是一样的)。电控单元判断双线的电平及逻辑信号见表 7-3。

电控单元判断双线的电平及逻辑信号   表 7-3

状　　态	CAN-High(V)	CAN-Low(V)	差动输出信号电压(V)	逻 辑 信 号
显性	3.6	1.4	3.6 - 1.4 = 2.2 > 2	0
隐形	0	5	0 - 5 = -5 < 0	1

(3)单线工作模式下的舒适/信息 CAN 数据总线如果因断路、短路或与蓄电池电压相连而导致两条 CAN 导线中的一条不工作了,那么就会切换到单线工作模式。在单线工作模式下,舒适/信息 CAN 数据总线仍能工作。电控单元使用 CAN 不受单线工作模式的影响,一个专用的故障输出用于通知电控单元。现在收发器是工作在单线模式下,VAS5051 上示波器(DSO)显示的舒适/信息 CAN 总线工作在单线模式下的波形(静态)如图 7-22 所示。

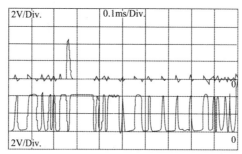

图 7-22 VAS5051 上示波器显示的舒适/信息 CAN 总线工作在单线模式下的波形(静态)

4. 诊断系统总线

诊断总线用于诊断仪器和相应电控单元之间的信息交换,它与网关的连接如图 7-23 所示,被用来代替原来的 K 线或者 L 线的功能(废气处理控制器除外)。

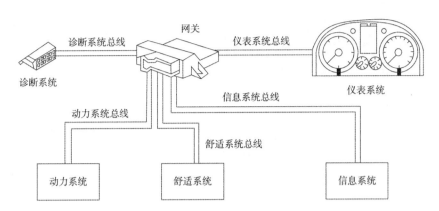

图 7-23 诊断总线与网关的连接

当车辆使用诊断 CAN 总线结构后,VAS5051 等诊断仪器必须使用相对应的新型诊断线(VAS5051/5A 或 VAS5051/6A),否则无法读出相应的诊断信息。另外,车上的诊断接口也做出了相应的改动,如图 7-24 所示。诊断接口针脚的含义见表 7-4。

图 7-24 诊断接口

诊断接口针脚的含义　　　　　　　　表 7-4

针 脚 号	对应的线束	针 脚 号	对应的线束
1	15 号线	7	K 线
4	搭铁	14	CAN-Low 线
5	搭铁	15	L 线
6	CAN-High 线	16	30 号线

注:未标明的针脚号暂未使用。

5. 大众车系 CAN 总线的链路特点

(1)动力 CAN 数据总线通过 15 号接线柱切断,或经过短时无载运行后切断,而舒适 CAN 数据总线由 30 号接线柱供电且必须保持随时可用状态。

(2)为了尽可能降低对供电电网产生的负荷,在 15 号接线柱关闭后,若总线系统不再需要舒适数据总线,那么舒适数据总线就会进入休眠模式。

(3)舒适/信息 CAN 数据总线在一条数据线短路或一条 CAN 线断路时,可以用另一条线继续工作,这时会自动切换到单线工作模式。

(4)动力 CAN 数据总线的电信号与舒适/信息 CAN 数据总线的电信号是不同的。

6. 大众车系 CAN 总线的链路

(1)双绞线的颜色。

CAN 导线的基色为橙色,在基色的基础加上各种相应的颜色:

动力 CAN 数据总线的 CAN-High 线是橙/黑色。

舒适总线 CAN-High 线是橙/绿色。

信息总线 CAN-High 线是橙/紫罗兰色。

诊断总线 CAN-High 线是橙/红色。
仪表总线 CAN-High 线是橙/蓝色。
所有的 CAN-Low 线都是橙/棕色。
LIN 总线是紫/蓝色。

(2) 双绞线的节点。

对于设备配置相对比较低端的车型，舒适 CAN 数据总线和动力 CAN 数据总线连接的电控单元相对较少，CAN 双绞线一般采用铰接式连接，即所有相同系统的 CAN-High 线集中铰接为一个中心接点，所有相同系统的 CAN-Low 线集中铰接为一个中心接点，即节点，其在线束中的实物连接如图 7-25 所示。

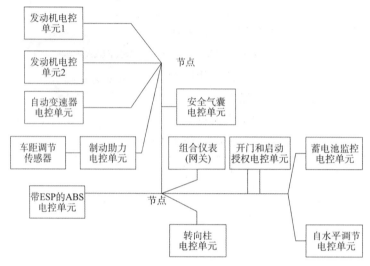

图 7-25　CAN 总线的连接节点

7. CAN 数据总线上的终端电阻

数据传输终端是一个终端电阻，用于防止数据在导线终端产生反射波，因为反射波会破坏数据。在动力系统中，它接在 CAN-High 和 CAN-Low 之间。标准 CAN 总线的两端一般接有两个终端电阻，如图 7-26 所示。

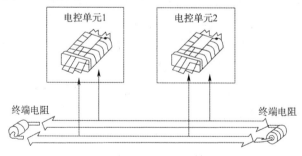

图 7-26　终端电阻布置图

动力系统中 CAN-High 线和 CAN-Low 线之间的总电阻为 50～70Ω。断开点火开关(断开 15 号线)，可以测量 CAN-High 和 CAN-Low 之间的电阻。舒适/信息系统 CAN 总线的特点是：电控单元的负载电阻不是在 CAN-High 线和 CAN-Low 线之间，而是在导线与搭铁之间。电源电压断开时,CAN-Low 线(舒适/信息系统)上的电阻也断开,因此不能测量电阻。大众车系中设置有两种终端电阻,包括 66~2600Ω,如图 7-27 所示。

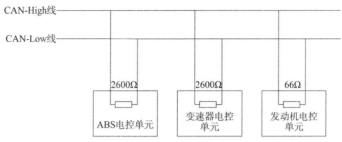

图 7-27 大众车系终端电阻布置

8. CAN 总线防干扰原理

CAN 总线采用双绞线,既可以防止电磁干扰对传输信息的影响,也可以防止本身对外界的干扰。系统中采用高、低电平两根数据线,控制器输出的信号同时向两根通信线发送,高、低电平互为镜像。

(1)抗干扰双绞线保证外界干扰对 CAN 总线的两根数据线的干扰影响基本相同,由于 CAN 收发器利用差动放大器对两路信号进行差动运算,差动运算输出能够使外界对 CAN 总线的两根数据线的干扰影响自行抵消。

(2)不干扰外界双绞线保证 CAN 总线的两根数据线距离外界任意一点的距离基本相同,由于 CAN 收发器发送到两根数据线上的信号成镜像关系,因此,CAN-High 线对外辐射和 CAN-Low 线的对外辐射具有幅值相同、方向相反的特点。综合以上两点,使得 CAN 总线的两根数据线对外界任意一点的干扰影响自行运算抵消。

(3)发送和接收错误的纠正。为了保证发送和接收能够同步,CAN 总线采用两种措施:

①边沿对齐规则。所谓边沿对齐规则,是指接收器发现每一次电平反向的节拍不对时,必须调整边沿,以求得同步。这个规则在电平变化频繁时能有效地保证接收的正确性,如图 7-28 所示。

②数据位的填充。为了保证发送和接收能够同步,CAN 总线规定位填充规则。也就是说,最多 5 位出现一样的电平信号,第 6 位必须有一反向电平。这个规则能有效地保证接收的正确性,如图 7-29 所示。

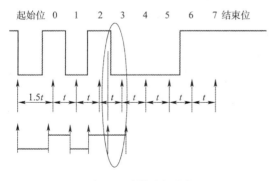

图 7-28 边沿对齐原则

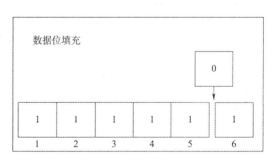

图 7-29 数据位的填充原则

(二)大众迈腾轿车总线系统的检修

1. 迈腾轿车动力 CAN 总线系统网络

迈腾轿车总线网络系统包括动力总线、舒适总线、信息娱乐总线、诊断总线和仪表总线几个网络。其拓扑结构如图 7-30 所示。

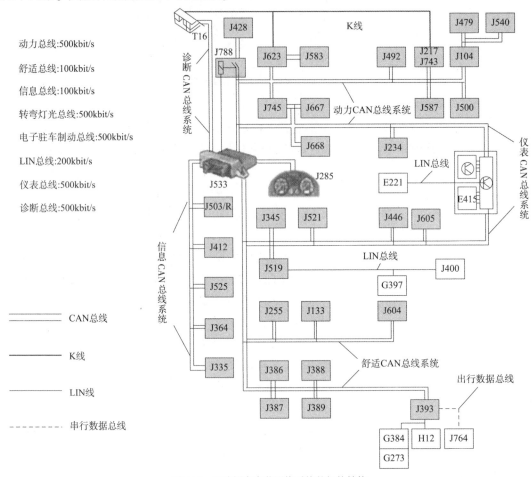

图 7-30 迈腾轿车车载网络系统的拓扑结构

E221-功能转向盘(MFL);C85-转向角传感器;G273-监控传感器;G384-车辆倾斜传感器;C379-雨滴+光强传感器;H12-报警喇叭;H04-ABS 电控单元;J136-驾驶人座椅记忆电控单元;J217-自动变速器电控单元;J234-安全气囊电控单元;J255-空调电控单元;J345-拖车电控单元;J364-驻车加热电控单元;J386-驾驶人侧车门电控单元;J387-右前车门电控单元;J388-左后车门电控单元;J389-右后车门电控单元;J393-舒适系统中央电控单元;J400-刮水器电动机电控单元;J412-电话准备系统电控单元;J466-停车辅助电控单元;J492-四轮驱动电控单元;J500-助力转向电控单元;J503-收音机(导航电控单元);J519-车载网络电控单元;J521-副驾驶座椅记忆电控单元;J525-数字音响电控单元;J527-转向柱电控单元;J533-网关;J587-变速器操纵杆传感器电控单元;J604-驻车加热电控单元;J605-行李舱盖电控单元;J623-发动机电控单元;J738-电话电控单元;J745-转向灯和前照灯照明距离调节电控单元

迈腾轿车动力 CAN 总线系统网络的控制单元包括发动机电控单元、四轮驱动电控单元、自动变速器电控单元、ABS 电控单元、安全气囊电控单元、助力转向电控单元、变速器操纵杆传感器电控单元、前照灯电控单元和转向柱电控单元,如图7-31所示。

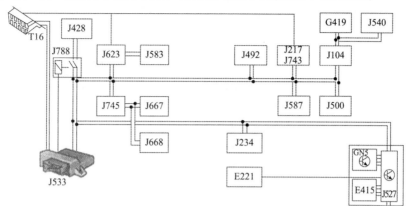

图7-31 迈腾轿车动力CAN总线系统的网络拓扑图

C85-转向角传感器;J217-自动变速器电控单元;J104-ABS电控单元;J234-安全气囊电控单元;J492-四轮驱动电控单元;J500-助力转向电控单元;J527-转向柱电控单元;J533-网关;J587-变速器操纵杆传感器电控单元;J623-发动机电控单元;J745-前照灯电控单元

2. 迈腾轿车舒适CAN总线系统网络

迈腾轿车舒适CAN总线系统网络包括车载电源电控单元、拖车电控单元、座椅记忆电控单元、停车辅助电控单元、行李舱盖电控单元、转向柱电控单元、空调电控单元、驻车加热电控单元和车门电控单元,如图7-32所示。

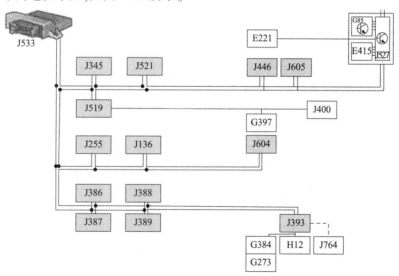

图7-32 迈腾轿车舒适CAN总线系统的拓扑图

J136-驾驶人座椅记忆电控单元;J255-空调电控单元;J345-拖车电控单元;J386-驾驶人侧车门电控单元;J387-右前车门电控单元;J388-左后车门电控单元;J389-右后车门电控单元;J393-舒适系统中央电控单元;J446-停车辅助电控单元;J519-车载网络电控单元;J521-副驾驶座椅记忆电控单元;J527-转向柱电控单元;J533-网关;J604-驻车加热电控单元;J605-行李舱盖电控单元

3. 迈腾轿车信息娱乐CAN总线系统网络

迈腾轿车信息娱乐CAN总线系统网络控制单元包括收音机(导航电控单元)、电话准备

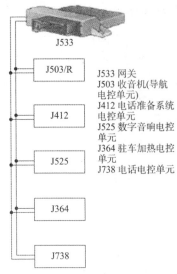

图 7-33 信息娱乐 CAN 总线系统

系统电控单元、数字音响电控单元、驻车加热电控单元和电话电控单元,如图 7-33 所示。

4. LIN 数据总线系统网络

LIN 总线采用单线主、从控制器控制,如图 7-34 所示,车内监控传感器 G273、车辆侧倾传感器 G384、报警喇叭 H12 通过主控单元(舒适系统中央电控单元 J393)向总线系统发送传感器信号,同时也通过主控单元接收控制信号。

5. 迈腾轿车总线系统电控单元的功能及执行元件

(1)网关 J533 在总线网络上有大量的数据需要被传递,为确保无故障地交换数据,需要几条数据总线系统之间相互交换数据,数据总线接口作为网关,将这些数据总线连接进行数据交换。迈腾轿车网关安装在仪表台左下部、加速踏板上部。网关具有主控制器功能。

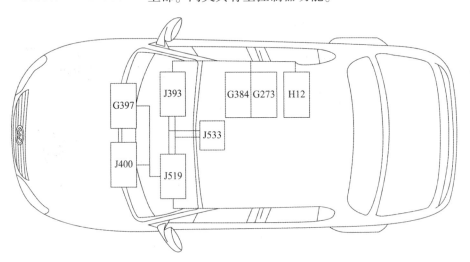

图 7-34 LIN 数据总线控制单元

G273-车内监控传感器;G384-车辆倾斜传感器;J393-舒适系统中央电控单元;G397-雨滴+光强传感器;H12-报警喇叭;J400-刮水器电动机电控单元;J519-车载网络电控单元;J533-网关

动力总线系统在 15 正电关闭后,有些电控单元仍然需要交换信息,因此,在电控单元内部,用 30 正电激活电控单元内部的 15 正电,保证断电后信息的正常传递,再激活功能的时间在 10~15s 之间。

在商品车运输到经销商处之前,为了防止蓄电池过多放电,应当使车辆的电能消耗降到最小,因此有些功能将被关闭。经销商在销售给用户前,必须用 VAS5051 的自诊断功能来进行关闭运输功能。运输模式在低于 150km 时,可以用网关来进行切换,当高于此值时,系统自动关闭运输模式。

当舒适和娱乐总线处于空闲状态时,电控单元发出睡眠命令,当网关监控到所有的总线都有睡眠要求时,进入睡眠模式。此时,CAN-Low 线电压为 12V,CAN-High 线电压为 0V。

如果动力总线仍处于信息传递过程,则舒适娱乐总线是不允许进入睡眠状态的,当舒适总线处于信息传递过程时,娱乐信息总线也不肯进入睡眠模式。当某一个信息激活相应的总线后,电控单元会激活其他总线系统。

(2)车载电源电控单元J519 车载电源电控单元J519的功能是用电负载(电能)管理。车载电源电控单元J519的功能如下。

①灯光控制。外部灯光控制包括前照灯、牌照灯或在组合仪表中以文本的方式显示出来的制动灯、尾灯控制,故障将通过相应的指示灯进行指示。灯光控制如图7-35所示。

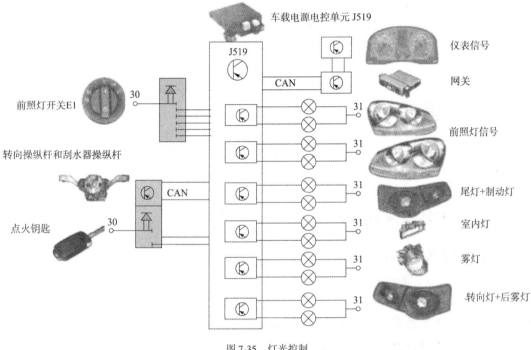

图7-35 灯光控制

a. Coming Home(回家)模式:汽车车门关闭后,通过汽车上的照明装置照亮汽车周围的环境。

b. Leaving Home(离家)模式:如果用无线遥控器开锁,则在选定时间通过汽车上的照明装置照亮汽车周围的环境。

②刮水器控制。将CAN数据总线信号从车载电网电控单元传输到刮水器电动机电控单元。在挂入倒车挡时,后风窗玻璃刮水器被激活(仅适用于派生车型)。

③负荷管理。为了确保蓄电池有足够的电能使发动机顺利起动和正常运转,电控单元根据蓄电池电压、发动机转速和发电机的DFM信号的相关数据进行评估。在保证汽车安全行驶的前提下,当电压低于11.8V时,适当地关闭舒适功能的用电设备。

④端子控制。车载电源电控单元通过X触点卸载继电器来控制端子75X。在电控箱中,通过端子15将电压供给继电器控制端子15。在电控箱中,通过端子50将电压供给继电器控制端子。

⑤燃油泵预供油控制。在打开驾驶人车门时，车载电网电控单元向电气燃油泵提供电压，在发动机起动后，发动机电控单元进行供电，如图 7-36 所示。

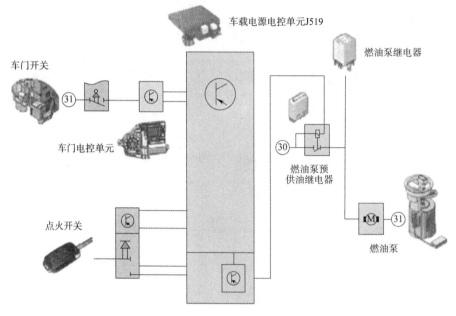

图 7-36　燃油泵预供油控制

（三）大众宝来轿车舒适 CAN 总线的检修

1. 宝来舒适系统的组成

宝来轿车动力系统和舒适系统中装用了两套 CAN 数据传输系统，系统网关内置于仪表内，负责动力 CAN、舒适 CAN 和 K 诊断线的数据交换，如图 7-37 所示。整个网络连接如图 7-38 所示。宝来轿车舒适系统包括舒适系统中央电控单元、轮胎监控电控单元、驻车加热电控单元、空调电控单元、挂车识别电控单元、停车辅助电控单元、座椅调节电控单元和车门电控单元。

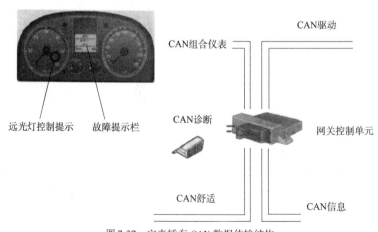

图 7-37　宝来轿车 CAN 数据传输结构

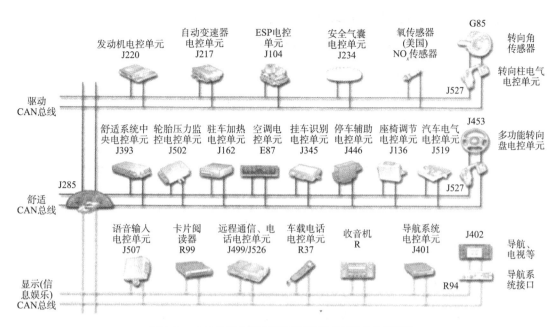

图 7-38　CAN 数据总线网络连接部件及参与工作的控制器

2. 宝来轿车舒适 CAN 网络的电路特点

宝来轿车安装总线系统,其电路特点与传统的大众车系电路相比具有下列特色。

(1) 舒适系统供电如图 7-39 所示。

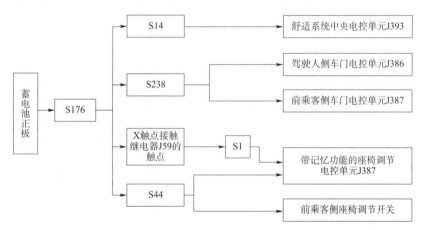

图 7-39　舒适系统供电

① 通过开关及仪表照明变光开光供电。例如宝来轿车背光灯电路,仪表照明变光开关端子 5(仪表板照明灯变光开关输出端)是所有开关照明和仪表照明的共用供电点,它是进行开关及仪表照明灯故障诊断的关键点。

② 通过电控单元供电。舒适系统电控单元 J393 的 20 端子是所有门控灯(阅读门控功能)的共用供电点,它是进行门控灯故障诊断的关键点。

(2) 接地。

① 直接接地。铰接点 128 是所有阅读灯照明的共用接地连接点。

②通过电控单元接地。如图 7-40 所示，铰接点 B129 是所有门控灯（阅读灯门控功能）的共用搭铁连接点，因此，它是进行门控灯故障分析的关键点。

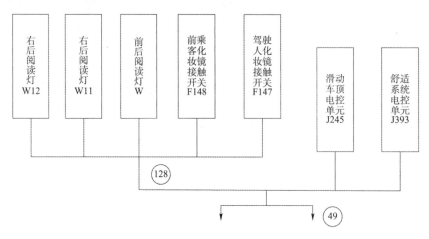

图 7-40　灯内部直接搭铁

3. 宝来轿车动力（驱动）CAN 网络

（1）动力 CAN 总线系统的组成。宝来轿车动力 CAN 总线系统网络的控制单元包括发动机电控单元、自动变速器电控单元、ABS/EDL 电控单元、转向角传感器、四轮驱动电控单元、安全气囊电控单元和仪表电控单元（内置网关）。

（2）动力 CAN 总线系统的电路。宝来轿车动力 CAN 总线的发动机电控单元和自动变速器电控单元的信息传递如图 7-41 所示。

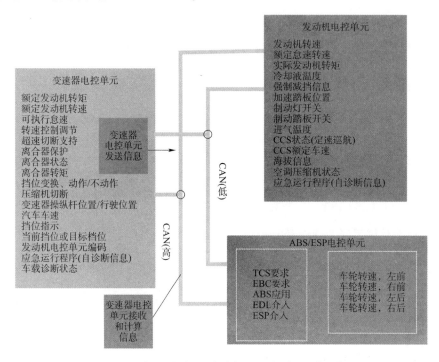

图 7-41　发动机电控单元和自动变速器电控单元的信息传递

4. 大众车系车载网络的检测

(1) 大众车系车载网络的检测步骤。

通过对大众车载网络传输系统故障的分析,可以总结出该系统一般诊断步骤为:

①了解该车型的车载网络系统传输特点(包括传输介质、几种子网及车载网络传输系统的结构形式等)。

②车载网络系统传输的功能,如有无唤醒功能和睡眠功能等。

③检查汽车电源系统是否存在故障,如交流发电机的输出波形是否正常(若不正常,则将导致信号干扰等故障)等。

④检查车载网络系统传输的链路是否存在故障,采用替换法或跨线法进行检测。

⑤如果是节点故障,则只能采用替换法进行检测。

(2) 双线式车载网络传输系统的检测方法。

检查车载网络传输系统必须区分以下两种可能的情况:

①两个电控单元组成的双线式数据总线系统的检测。检测时,关闭点火开关,断开两个电控单元,如图7-42所示,检查车载网络传输系统是否断路、短路或对正极/接地短路。如果车载网络传输系统无故障,则更换一个电控单元。如果车载网络传输系统仍不能正常工作,则更换另一个电控单元。

②三个或更多电控单元组成的双线式车载网络传输系统的检测。检测时,先读出电控单元内的故障码,如图7-43所示。如果电控单元1与电控单元2和电控单元3之间无通信,关闭点火开关,断开与车载网络传输系统相连的电控单元,检查车载网络传输系统是否断路。

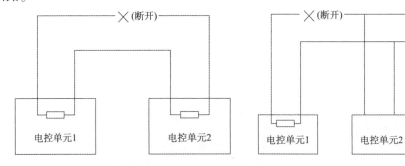

图 7-42 两个电控单元双绞线检测　　　图 7-43 三个电控单元双绞线检测

如果车载网络传输系统无故障,则更换电控单元1。如果所有电控单元均不能发送和接收信号(故障存储器存储硬件故障),则关闭点火开关,断开与网络传输系统相连的所有电控单元,检测车载网络传输系统是否短路,是否对正极/搭铁短路。

(3) CAN数据总线的万用表检测。

CAN数据总线可以采用数字式万用表进行电压信号测试,判断数据总线的信号传输是否存在故障,如图7-44所示。

①用万用表检测动力CAN总线。

②用万用表测量舒适CAN总线。

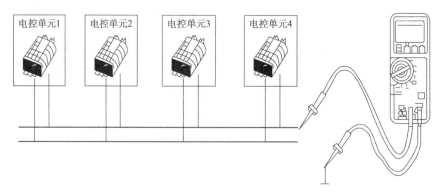

图 7-44　用万用表检测 CAN 总线

（4）VAS5051 总线的波形检测。

双通道模式 CAN 数据总线波形必须采用带有双通道的示波器或检测仪,如采用 VAS5051 进行检测,可根据故障波形判断出总线系统的故障类型。

检测电路连接,如图 7-45 所示。

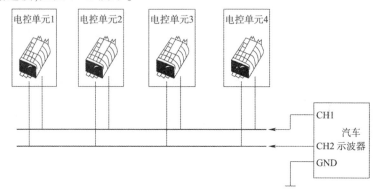

图 7-45　双通道模式检测电路连接

CAN 数据总线的标准波形如图 7-46 所示。

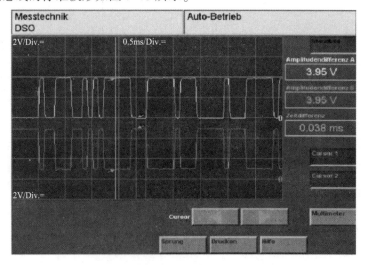

图 7-46　CAN 数据总线的标准波形

①CAN-Low 线对负极短路故障及信号波形。如图 7-47a)所示,当 CAN-Low 线对负极短路时,检测到线信号波形如图 7-47b)所示。

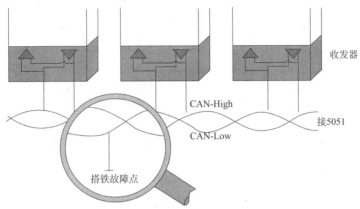

a)CAN-Low线对负极短路故障

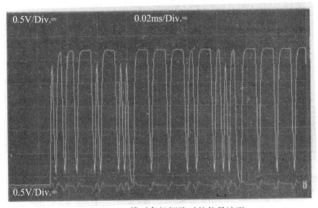

b)CAN-Low线对负极短路时的信号波形

图 7-47　CAN-Low 线对负极短路故障及信号波形

②CAN-Low 线对正极短路故障及信号波形。如图 7-48a)所示,当 CAN-Low 线对正极短路时,检测到的信号波形如图 7-48b)所示。

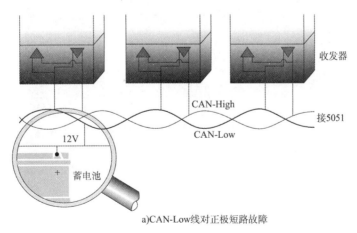

a)CAN-Low线对正极短路故障

图　7-48

b)CAN-Low线对正极短路时的信号波形

图7-48　CAN-Low线对正极短路故障及信号波形

③CAN-Low线断路故障及信号波形。如图7-49a)所示，当CAN-Low线断路时，检测到的信号波形如图7-49b)所示。

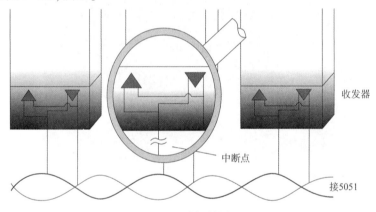

a)CAN-Low线断路故障

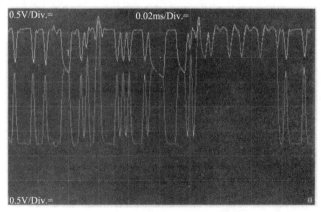

b)CAN-Low线断路时的信号波形

图7-49　CAN-Low线断路故障及信号波形

④CAN-High线断路故障及信号波形。如图7-50a)所示，当CAN-High断路时，检测到的

信号波形如图 7-50b)所示。

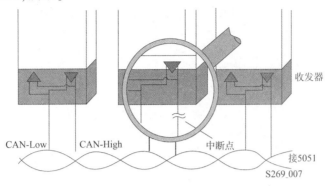

a)CAN-High线断路故障

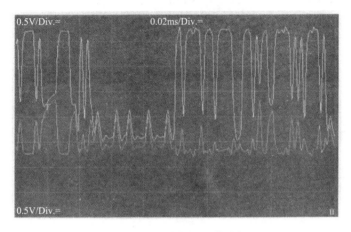

b)CAN-High线断路时的信号波形

图 7-50　CAN-High 线断路故障及信号波形

⑤CAN-High 线和 CAN-Low 线短路故障及信号波形。如图 7-51a)所示,当 CAN-High 线和 CAN-Low 线短路时,检测到的信号波形如图 7-51b)所示。

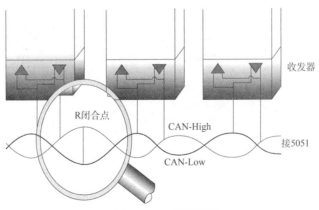

a)CAN-High线和CAN-Low线短路故障

图　7-51

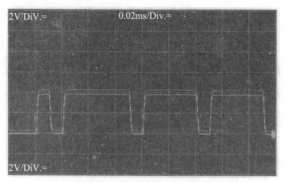

b)CAN-Low线对正极短路时的信号波

图7-51　CAN-High 线和 CAN-Low 线短路故障及信号波形

⑥CAN-High 线和 CAN-Low 线交叉连接故障及信号波形。如图 7-52a)所示，CAN-High 线和 CAN-Low 线交叉连接时，检测到的信号波形如图 7-52b)所示。

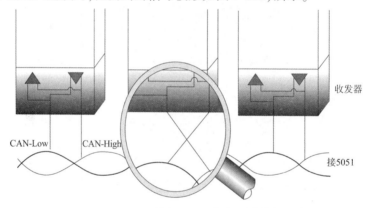

a)CAN-High线和CAN-Low线交叉连接故障

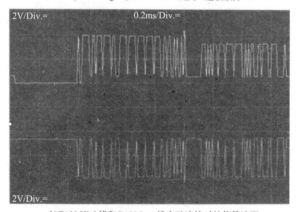

b)CAN-High线和CAN-Low线交叉连接时的信号波形

图7-52　CAN-High 线和 CAN-Low 线交叉连接故障及信号波形

5. 故障自诊断

以宝来轿车为例，说明大众车系总线系统的故障自诊断。

（1）宝来轿车舒适 CAN 的自诊断检测仪 VAG1552 可以查询故障存储器和对电控单元

编码,其功能同 VAS5051 的自诊断功能相同。在诊断系统中,VAS5051 的故障查询向导功能可用于故障查询。宝来轿车舒适系统典型故障的自诊断及排除见表 7-5。

宝来轿车舒适系统典型故障的可能影响　　　　表 7-5

故障码	现象	自诊断及排除	故障排除
01328	舒适系统数据总线故障	①导线或插头故障。②电控单元损坏	①按照电路图检查导线和插头。确定导线完好后,拔下所有车门的主插头,再依次插好,同时观察数据流。②更换数据总线阻断的电控单元。新的故障被存储,这些故障码必须清除。③读取数据流:显示组号 012,显示区 1。④更换合适的电控单元
01329	舒适系统数据总线处于紧急模式	导线或插头故障	①按照电路图检查导线和插头。确定导线完好后,拔下所有车门的主插头,再依次插好,同时观察数据流。②更换数据总线阻断的电控单元。新的故障被存储,这些故障码必须清除。③更换合适的电控单元。④读取数据流:显示组号 012,显示区 1
01330	舒适系统中央电控单元 J393 损坏、供电电压过高或过低	①舒适系统中央电控单元损坏。②蓄电池损坏或没电。③电压调节器损坏。④发电机损坏	①更换舒适系统的中央电控单元。②按照电路图检查导线和插头。③读取数据流:显示组号 015,显示区 1
01331	驾驶人侧车门电控单元 J386 损坏、无通信、供电电压过高或过低	①驾驶人侧车门电控单元 J386 损坏。②导线或插头故障。③蓄电池损坏或没电。④电压调节器损坏。⑤发电机损坏	①更换驾驶人侧车门电控单元 J386。②按照电路图检查导线和插头。③系统正常(虽然有故障记忆),清除故障存储器,执行功能检查。④读取数据流,显示组号 012,显示区 20,可以检查是否安装了车门电控单元。⑤读取数据流:显示组号 015,显示区 1
01332	前乘客侧车门电控单元损坏、无通信、供电电压过高或过低	①前乘客侧车门电控单元 J387 损坏。②导线或插头故障。③蓄电池损坏或没电。④电压调节器损坏。⑤发电机损坏	①更换前乘客侧车门电控单元 J387。②按照电路图检查导线和插头。③系统正常(虽然有故障记忆),清除故障存储记忆,执行功能检查。④读取数据流:显示组号 012,显示区 20,可以检查是否安装了车门电控单元。⑤读取数据流:显示组号 015,显示区 1
01333	左后车门电控单元 J388 损坏、无通信、供电电压过高或过低	①左后车门电控单元 J388 损坏。②导线或插头故障。③蓄电池损坏或没电。④电压调节器损坏。⑤发电机损坏	①更换左后车门电控单元 J388。②按照电路图检查导线和插头。③系统正常(虽然有故障记忆),清除故障存储器,执行功能检查。④读取数据流:显示组号 012,显示区 3,可以检查是否安装了车门电控单元。⑤读取数据流:显示组号 015,显示区 1

续上表

故障码	现象	自诊断及排除	故障排除
01334	右后车门电控单元 J389 损坏、无通信、供电电压过高或过低	①右后车门电控单元 J389 损坏。②导线或插头故障。③蓄电池损坏或没电。④电压调节器损坏。⑤发电机损坏	①更换右后车门电控单元 J389。②按照电路图检查导线和插头。③系统正常(虽然有故障记忆),清除故障存储器,执行功能检查。④读取数据流:显示组号 012,显示区 3,可以检查是否安装了车门电控单元。⑤读取数据流:显示组号 015,显示区 1
01335	驾驶人座椅/后视位置电控单元不确定信号、无通信	①导线或插头故障。②座椅记忆电控单元与车门电控单元诊断无通信。③发电机损坏	①按照电路图检查导线和插头。②读取数据流:显示组号 012,显示区 3,可以检查是否安装了车门电控单元。③座椅存储器有自己的 K 线,可以通过地址码 36 读出

(2)宝来轿车动力 CAN 的自诊断。

通过组合仪表内的数据总线自诊断接口 J533,数据总线与自诊断 K 线可实现数据交换,自诊断进入系统的流程是连接故障解码器,接通点火开关,按动 PRINT 键接通。

动力总线的故障自诊断和舒适总线一样采用诊断仪 VAG1552、VAS5051 和 VAS5052,具体操作和舒适系统相同,不再赘述。动力总线系统的典型故障诊断见表 7-6。

动力总线系统的典型故障诊断　　　　　　　　表 7-6

故障码	现象	可能故障	可能影响	故障排除
00778	转向角传感器 C85 无法通信	转向角传感器通过数据总线的数据接收不正常	与数据总线相连的系统的功能不正常	①检查数据总线自诊断接口的编码。②查询 ABS 电控单元故障存储器并排除故障。③按照电路图检查和转向角传感器相连接的数据总线
01044	电控单元编码错误	①与数据总线相连的某电控单元编码错误。②与数据总线相连的某电控单元损坏。	①行驶性能不良(换挡冲击,负荷变化冲击)。②无行驶动力控制	①读取数据流。②查询与数据总线相连的所有电控单元故障存储器,并排除故障。③检查并改正电控单元编码,如果需要,则更换电控单元
01312	数据总线损坏	①数据总线有故障。②数据总线在"Bus-off"状态	①行驶性能不良(换挡冲击,负荷变化冲击)。②无行驶动力控制	①读取数据流。②检查电控单元编码。③按照电路图检查数据总线。④更换损坏的电控单元
01314	发动机电控单元无法通信	发动机电控单元通过数据总线的数据接收不正常	①行驶性能不良(换挡冲击,负荷变化冲击)。②无行驶动力控制	①读取数据流。②查询发动机故障存储器并排除故障。③按照电路图检查发动机电控单元数据总线

续上表

故障码	现　　象	可能故障	可能影响	故障排除
01315	变速器电控单元无法通信	变速器电控单元通过数据总线的数据接收不正常	①行驶性能不良（换挡冲击，负荷变化冲击）。②无行驶动力控制	①读取数据流。②查询变速器故障存储器并排除故障。③按照电路图检查变速器电控单元数据总线
01316	制动电控单元无法通信	ABS电控单元通过数据总线的数据接收不正常	①行驶性能不良（换挡冲击，负荷变化冲击）。②无行驶动力控制	①读取数据流。②查询ABS故障存储器并排除故障。③按照电路图检查ABS电控单元数据总线
01317	组合仪表电控单元无法通信	①电控单元数据总线有故障。②电控单元损坏	①行驶性能不良（换挡冲击，负荷变化冲击）。②无行驶动力控制	①读取数据流。②查询与数据总线相连的所有电控单元的故障存储器并排除故障。③按照电路图检查数据总线
01321	安全气囊电控单元J234无法通信	安全气囊电控单元通过数据总线的数据接收不正常	安全气囊警告灯亮	①读取数据流。②查询安全气囊电控单元的故障存储器并排除故障。③按照电路图检查安全气囊电控单元的数据总线
01324	四轮驱动电控单元J491无法通信	四轮驱动电控单元通过数据总线的数据接收不正常	①行驶性能不良（换挡冲击，负荷变化冲击）。②无行驶动力控制	①读取数据流。②查询四轮驱动电控单元的故障存储器并排除故障。③按照电路图检查四轮驱动电控单元的数据总线

6. 故障实例

(1) 宝来1.6L自动挡轿车，仪表上的ABS故障指示灯常亮故障。

故障诊断与排除：连接VAS5051查询ABS电控单元J104的故障码，发现该系统进不去；发动机电控单元有1个故障码18057，动力系统数据总线丢失（来自ABS电控单元的信息）。

J104的CAN-High线和CAN-Low线是否断路。拆下空调滤清器盖板，拔下自动变速器电控单元插头，再拔下ABS电控单元，用万用表测量两根数据总线，发现两根线导通，正常，查看电路图（图7-53）分析，ABS电控单元是通过K线进行自诊断通信的，可能是ABS电控单元J104到诊断接口的K线断路，或ABS电控单元的电源线或搭铁线断路，导致电控单元无法正常工作。

(2) 宝来1.8L轿车仪表损坏，导致遥控器有时失效故障。

故障诊断与排除：由于在查询故障码时已没有故障信息存在，电路和数据流中的数据无异常，而故障一时又不能出现，在没有查到故障原因时，考虑到数据传递是否有误。于是用VAS5051对舒适系统CAN数据总线进行波形分析，发现CAN-Low线波形不正确，其波形如图7-54所示。

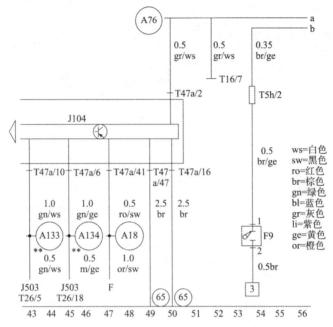

图 7-53 带 EDS/ASR 控制系统部分电路

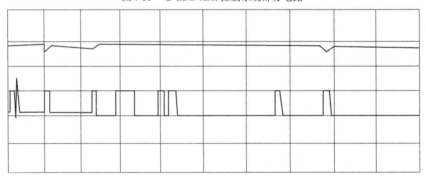

图 7-54 CAN-Low 线信号波形

由此看来,问题只出在 J519 上,而网关系统又在组合仪表内,于是更换组合仪表,再用 VAS5051 对舒适系统 CAN 数据总线进行波形分析,其波形如图 7-55 所示,变成了双线运行的波形(正常波形),说明此故障出在 J519 上。

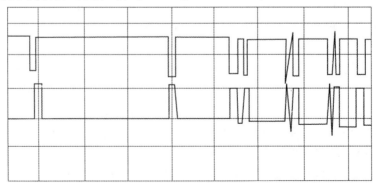

图 7-55 更换组合仪表后 CAN 数据总线的信号波形

五、丰田车系多路通信系统与检修

（一）丰田车系多路通信系统

1. 多路传输系统的组成

一汽丰田于2005年3月开始陆续向市场投放新皇冠轿车。这是丰田皇冠的第12代轿车，车辆型号为TV7300RovalSln3、TV7300RovalSIn3A、TV7300RoyalSlnG3等。在新皇冠轿车的多路通信系统中，高速的实时通信部分使用了CAN总线。CAN通信系统的主要组件有ECM、制动防滑ECU、转向角传感器、偏移率传感器、网关ECU、动力转向ECU、电视摄像头ECU、诊断插头（DLC3）、驾驶人侧CANJ/C和乘客侧CANJ/C。一汽丰田皇冠汽车多路传输系统如图7-56所示，位置如图7-57所示。主要部件的型号（零件号）见表7-7。

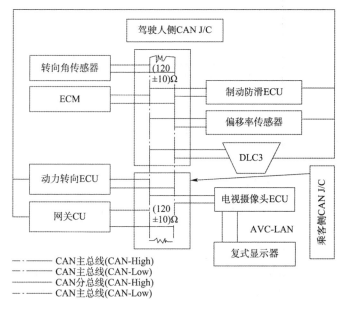

图7-56 一汽丰田皇冠汽车多路传输系统

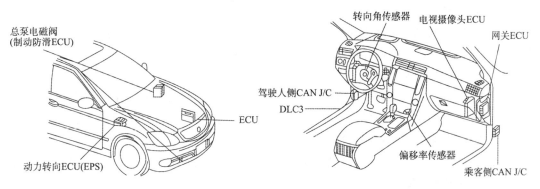

图7-57 一汽丰田皇冠汽车多路传输系统控制单元位置

丰田皇冠主要部件的型号　　　　　　　　　　表 7-7

部 件 名 称	零 件 号
ECM	89661-0N100、89661-0N021
制动防滑 ECU	4405030120
转向角传感器	892450N010
偏移率传感器	8918022020
网关 ECU	8910030010
动力转向 ECU	8965030630
电视摄像头 ECU	8679230050

CAN 的驱动类型为差分电压驱动,如图 7-58 所示。在 CAN 通信系统中,两个终端电路间的线束称为主总线,主总线与组件之间的线束称为分总线。终端电路由电阻器和电容器组成,安装在 CAN J/C 内。

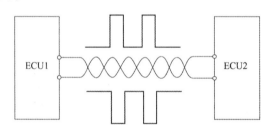

图 7-58　差分电压驱动

2. 多路传输系统的网络结构类型

日本丰田汽车公司将其车载网络系统称为多路传输系统,主要有 CAN、BEAN 和 AVC-LAN 等几种网络结构。

(1) CAN、BEAN 和 AVC-LAN。

CAN 是指符合 ISO 标准的串行数据通信网络。BEAN(Body Electronic Area Network,车身电子局域网)是丰田汽车公司自己开发的双向通信网络。AVC-LAN(Audio Visual Communication-Local Area Network,音响视听局域网)是丰田汽车公司开发的、主要用于音频和视频设备中的通信网络。

CAN 总线的数据传输速率比 BEAN 和 AVC-LAN 的要快,因此,底盘控制系统采用 CAN 总线传输数据,以达到在加快传输速率的同时,保证高质量的数据传输的目的。

(2) 网关和 CAN 通信网络。

CAN、BEAN、AVC-LAN 网络的通信协议各不相同。如图 7-59 所示,网关内置 CPU 从各总线接收数据,然后按照各通信协议把该数据变换后通过不同的总线发送出去。网关根据车辆的功能预先确定需要处理的数据。

如图 7-60 所示,丰田整车网络系统包含两个 CAN 接头,用来从主总线线路和辅总线线路连接各传感器和控制单元。

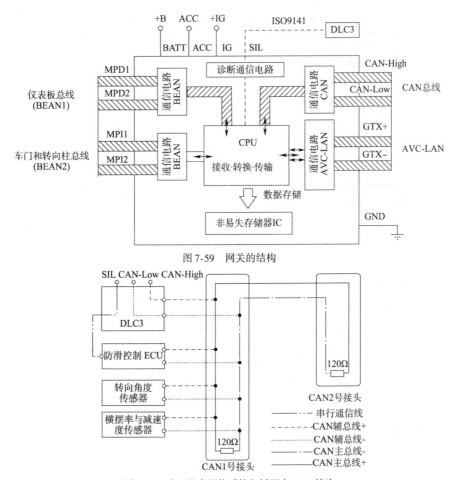

图 7-59 网关的结构

图 7-60 丰田整车网络系统包括两个 CAN 接头

（二）丰田车系多路通信系统检修

(1) 驾驶人侧 CAN J/C 检测。

驾驶人侧 CAN J/C 插接器如图 7-61 所示。CAN J/C 的插接器可以通过总线的颜色和插接器连接侧来识别，J11、J12、J13 和 J14 可以互换，J15 和 X8 可以互换。

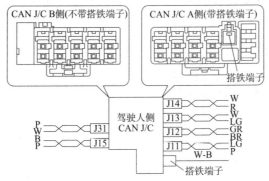

图 7-61 驾驶人侧 CAN J/C 插接器

驾驶人侧 CAN J/C 插接器端子连线颜色见表 7-8。

驾驶人侧 CAN J/C 插接器端子连线颜色   表 7-8

CAN J/C 插接器	颜色（CAN-High 侧）	颜色（CAN-Low 侧）
（A 侧,带搭铁端子）DLC3（D2）	L（蓝色）	LG（浅绿色）
偏移率传感器（J11）	P（粉红色）	LG（浅绿色）
制动防滑 ECU（J12）	BR（棕色）	GR（灰色）
转向角传感器（J14）	R（红色）	W（白色）
CAN J/C 插接器（B 侧,不带搭铁端子）	颜色（CAN-High 侧）	颜色（CAN-Low 侧）
CAN 主总线（连接 D-CAN J/C 和 P-CAN J/C 的总线）（J15）	B（黑色）	W（白色）
ECM（J31）	P（粉红色）	W（白色）

驾驶人侧 CAN/C 插接器端子如图 7-62 和图 7-63 所示。

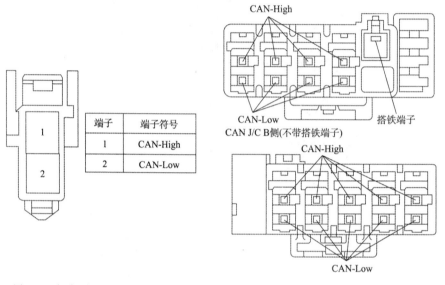

图 7-62 驾驶人侧 CAN J/C 插接器端子   图 7-63 驾驶人侧 CAN J/C 插接器端子

①从 CAN J/C 上断开插接器。

②测量端子 CAN-High 与 CAN-Low,标准电阻值为 106～132Ω。

（2）乘客侧 CAN J/C 检测乘客侧 CAN J/C 插接器如图 7-64 所示。CAN J/C 插接器可以通过总线的颜色和插接器连接侧来识别,J32 和 J33 可以互换,J16、J17 和 J18 可以互换。乘客侧 CAN J/C 插接器端子连线颜色见表 7-9。

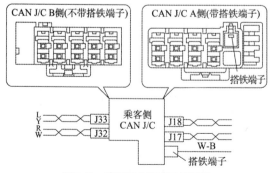

图 7-64 乘客侧 CAN J/C 插接器

乘客侧 CAN J/C 插接器端子连线颜色　　　　　　　　　　　表 7-9

CAN J/C 插接器（A 侧，带搭铁端子）	颜色（CAN-High 侧）	颜色（CAN-Low 侧）
电视摄像头 ECU（J18）	BR（棕色）	V（紫色）
动力转向 ECU（J17）	P（粉红色）	O（橙色）
CAN J/C 插接器（B 侧，带搭铁端子）	颜色（CAN-High 侧）	颜色（CAN-Low 侧）
CAN 主总线（连接 D-CAN J/C 和 P-CAN J/C 的总线）（J132）	B（黑色）	W（白色）
网关（J133）	L（蓝色）	V（紫色）

① 从 CAN J/C 上断开插接器。

② 端子 CAN-High 与 CAN-Low 的电阻标准值为 108～132Ω。

（3）DLC3 诊断插头端子检测 DLC3 诊断插头端子如图 7-65 所示。插接器相关端子检测的标准电阻值见表 7-10。

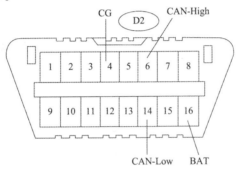

图 7-65　DLC3 诊断插头端子

CAN J/C 插接器端子检测的标准电阻值　　　　　　　　　　　表 7-10

端　子	端子说明	检测条件	规　定　值
D2-6（CAN-High）-D2-14（CAN-Low）	高级 CAN 总线-低级 CAN 总线	点火开关关闭 制动灯开关关闭	54～69Ω
D2-6（CAN-High）-D2-16（BAT）	高级 CAN 总线-蓄电池正极		1MΩ 或更大
D2-14（CAN-Low）-D2-16（BAT）	低级 CAN 总线-蓄电池正极		
D2-6（CAN-High）-D2-4（CG）	高级 CAN 总线-接地		1KΩ 或更大
D2-14（CAN-Low）-D2-4（CG）	低级 CAN 总线-接地		

（4）制动防滑 ECU 线束侧插接器检测。

检查制动防滑 ECU 线束侧插接器（S2），如图 7-66 所示。

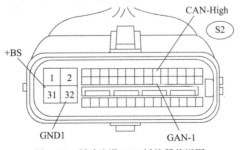

图 7-66　制动防滑 ECU 插接器前视图

①从制动防滑 ECU 上断开插接器(S2)。
②插接器端子电阻值见表 7-11。

制动防滑 ECU 插接器端子电阻值　　　　表 7-11

端　子	配线颜色	端子说明	检测条件	规　定　值
S2-11(CAN-High)-S2-25(CAN-Low)	B-W（黑/白色）	高级 CAN 总线-低级 CAN 总线	点火开关关闭制动灯开关关闭	54~69Ω
S2-11(CAN-High)-S2-31(+BS)	B-R（黑/红色）	高级 CAN 总线-蓄电池正极		1MΩ 或更大
S2-25(CAN-Low)-S2-31(+BS)	W-R（白/红色）	低级 CAN 总线-蓄电池正极		
S2-11(CAN-High)-S2-32(GND1)	BW-W（黑/白/黑色）	高级 CAN 总线-搭铁		1KΩ 或更大
S2-25(CAN-Low)-S2-32(GND1)	W-W-B（白/白/黑色）	低级 CAN 总线-搭铁		

(5)转向角传感器线束侧插接器检测 检查转向角传感器线束侧插接器(S13)，如图 7-67 所示。

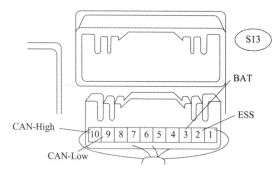

图 7-67　转向角传感器线束侧插接器

①从转向角传感器上断开插接器(S13)。
②插接器端子标准电阻值见表 7-12。

转向角传感器插接器端子标准电阻值　　　　表 7-12

端　子	配线颜色	端子说明	检测条件	规　定　值
S13-10(CAN-High)-S13-9(CAN-Low)	B-W（黑/白色）	高级 CAN 总线-低级 CAN 总线	点火开关关闭制动灯开关关闭	54~69Ω
S13-10(CAN-High)-S13-3(+BS)	R-SB（红/浅蓝色）	高级 CAN 总线-蓄电池正极		1MΩ 或更大
S13-9(CAN-Low)-S3-3(+BS)	W-SB（白/浅蓝色）	低级 CAN 总线-蓄电池正极		
S13-10(CAN-High)-S13-2(ESS)	R-W-B（红/白/黑色）	高级 CAN 总线-搭铁		1KΩ 或更大
S13-9(CAN-Low)-S13-2(ESS)	W-W-B（白/白/黑色）	低级 CAN 总线-搭铁		

(6)偏移率传感器线束侧插接器检测。检查偏移率传感器线束侧插接器(Y1),如图7-68所示。

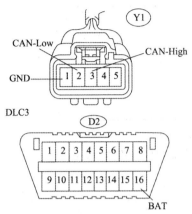

图7-68 偏移率传感器连接前视图和DL3

① 从偏移率传感器上断开插接器(Y1)。

② 相关端子的标准电阻值见表7-13。

偏移率传感器相关端子的标准电阻值　　　表7-13

端　子	配线颜色	端子说明	检测条件	规　定　值
Y1-3(CAN-High)-Y1-2(CAN-Low)	P-LG (粉红/浅绿色)	高级CAN总线- 低级CAN总线	点火开关关闭 制动灯开关关闭	54~69Ω
Y1-3(CAN-High)-D2-16(+BS)	R-O (粉红/橙色)	高级CAN总线- 蓄电池正极		1MΩ或更大
Y1-2(CAN-Low)-D2-16(+BS)	LG-O (浅绿/橙色)	低级CAN总线- 蓄电池正极		
Y1-3(CAN-High)-Y1-1(GND)	P-W-B (粉红/白/黑色)	高级CAN总线- 搭铁		1KΩ或更大
Y1-2(CAN-Low)-Y1-1(GND)	LG-W-B (浅绿/白/黑色)	低级CAN总线- 搭铁		

(7)ECM线束侧插接器检测。

① 从ECM上断开插接器E2,如图7-69所示。

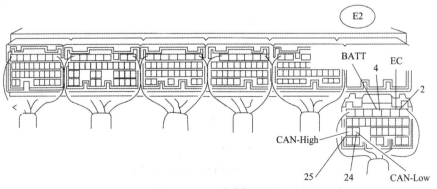

图7-69 ECM线束侧插接器

②插接器端子的标准电阻值见表7-14。

ECM 插接器端子的标准电阻值　　　　　　　表 7-14

端　　子	端子说明	检测条件	规　定　值
E2-25（CAN-High）-E2-24（CAN-Low）	B-W(黑/白色)	点火开关关闭 制动灯开关关闭	54~69Ω
E2-25（CAN-High）-E2-2（EC）	B-W-B(黑/白/黑色)		1MΩ 或更大
E2-24（CAN-Low）-E2-2（EC）	W-W-B(白/白/黑色)		
E2-25（CAN-High）-E2-4（BATT）	B-L(黑/蓝色)		1KΩ 或更大
E2-24（CAN-Low）-E2-4（BATT）	W-L(白/蓝色)		

（8）网关 ECU 线束侧插接器检测。

①从网关 ECU 上断开插接器 G1，如图 7-70 所示。

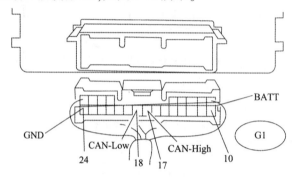

图 7-70　网关 ECU 线束侧插接器

②插接器端子的标准电阻值见表7-15。

网关 ECU 插接器端子的标准电阻值　　　　　　　表 7-15

端　　子	端子说明	检测条件	规　定　值
G1-17（CAN-High）-G1-18（CAN-Low）	L-Y(蓝/黄色)	点火开关关闭 制动灯开关关闭	54~69Ω
G1-17（CAN-High）-G1-10（BATT）	L-G(蓝/绿色)		1MΩ 或更大
G1-17（CAN-Low）-G1-10（BATT）	Y-G(蓝/黄色)		
G1-17（CAN-High）-G1-24（GND）	L-W-B(蓝/白/黑色)		1KΩ 或更大
G1-17（CAN-Low）-G1-24（GND）	W-W-B(白/白/黑色)		

（9）动力转向 ECU 线束侧插接器检测。

①从动力转向 ECU 上断开插接器 P1，如图 7-71 所示。

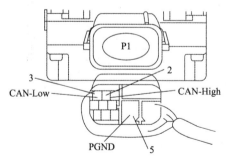

图 7-71　动力转向 ECU 线束侧插接器

②插接器端子的标准电阻值见表 7-16。

动力转向 ECU 插接器端子的标准值　　　　　　　　　　　表 7-16

端　子	端子说明	检测条件	规　定　值
P1-2(CAN-High)-P1-3(CAN-Low)	B-W(黑/白色)	点火开关关闭 制动灯开关关闭	54~69Ω
P1-2(CAN-High)-P1-16(BAT)	B-O(黑/橙色)		1MΩ 或更大
P1-3(CAN-Low)-P1-16(BAT)	W-O(白/橙色)		
P1-2(CAN-High)-P1-5(PGND)	B-B(黑/黑色)		1KΩ 或更大
P1-3(CAN-Low)-P1-5(PGND)	W-B(白/黑色)		

(10) 电视摄像头 ECU 线束侧插接器检测。

① 从电视摄像头 ECU 上断开插接器 T19，如图 7-72 所示。

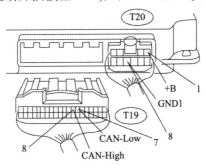

图 7-72　电视摄像头 ECU 线束侧插接器

② 插接器端子的标准电阻值见表 7-17。

电视摄像头 ECU 插接器端子的标准电阻值　　　　　　　表 7-17

端　子	端子说明	检测条件	规　定　值
T19-8(CAN-High)-T19-7(CAN-Low)	BR-Y(棕/黄色)	点火开关关闭 制动灯开关关闭	54~69Ω
T19-8(CAN-High)-T20-1(+B)	BR-L(棕/蓝色)		1MΩ 或更大
T19-7(CAN-Low)-T20-1(+B)	Y-L(黄/蓝色)		
T19-8(CAN-High)-T20-8(GND1)	BR-W-B(灰/白/黑色)		1KΩ 或更大
T19-7(CAN-Low)-T20-8(GND1)	Y-W-B(黄/白/黑色)		

（三）CAN 通信系统的故障检测

(1) 主总线是否断开或短路检查检测在 DLC3 内进行。

① 断开点火开关，制动灯开关断开。

② 端子 6 与 14 间的电阻 R_HL 的阻值应为 55~69Ω，此电阻为终端电路的并联电阻。

③ 电阻 R_HL 的阻值为 70Ω 以上，说明 CAN 主总线可能断路。

④ 电阻 R_HL 的阻值小于 54Ω，说明 CAN 主总线可能存在短路。

(2) CAN 总线是否与电源 +B 短路检查。

① 断开点火开关，制动灯开关断开。

② DLC3 的端子 6 与端子 16 间的阻值应为 1MΩ 或更大。

③DLC3 的端子 14 与端子 16 间的阻值应为 1MΩ 或更大。

(3) CAN 总线是否搭铁短路检查。

①断开点火开关,制动灯开关断开。

②DLC3 的端子 4 与端子 6 间的阻值应为 1kΩ 或更大。

③DLC3 的端子 4 与端子 14 间的阻值应为 1kΩ 或更大。

(4) 主总线是否断开检查 DLC3 的端子 6 与端子 14 间的阻值为 70Ω 或更大,则 CAN 主总线和 DLC3 分总线可能断开。

①断开点火开关,制动灯开关断开。

②DLC3 的端子 4 与端子 6 间的阻值若为 108～132Ω,则要进一步检查 CAN J/C。

③DLC3 的端子 4 与端子 6 间的阻值若为 133Ω 或更大,则修理或更换 DLC3 分总线或插接器。如果此时还输出 CAN 通信系统故障码,则可能不是 DLC3 分总线断开,而是存在故障,需要进行故障排除。

(5) 驾驶人侧 CAN J/C 检查。

①从驾驶人侧 CAN J/C(不带搭铁端子)上拔下 CAN 主总线插接器 J15。

②断开点火开关,制动灯开关断开。

③J15 的端子 1(CAN-High)与端子 2(CAN-Low)的阻值应为 108～132Ω。

④如果正常,则更换驾驶人侧 CAN J/C。

⑤若不正常,则重新连接 J15,检查乘客侧 CAN J/C。

注意:断开前要做位置的标记,重新连接要到原位。

(6) 乘客侧 CAN J/C 检查。

①从乘客侧 CAN J/C(不带搭铁端子)上拔下 CAN 主总线插接器 J32。

②断开点火开关,制动灯开关断开。

③J32 的端子 1(CAN-High)与端子 2(CAN-Low)的阻值应为 108～132Ω。

④若正常,则更换乘客侧 CAN J/C。

⑤若不正常,则重新连接 J32,修理或更换 CAN 主总线或插接器。

(四)CAN 通信系统的故障码

一汽丰田皇冠轿车 CAN 总线的故障码由 DLC3 进行检查,但是 DLC3 分总线检测不到 CAN 总线系统的故障。丰田车 CAN 通信系统的故障码显示如下:U0073/94;U0123/62;U0124/95;U0126/63;U0100/65;U0073/49;U0105/41;U0121/42;U0001。连接解码器到 DLC3 上,有与 CAN 通信系统有关的故障码输出,且在通信总线检查的界面上显示出所有与 CAN 连接的组件,则此时的故障原因可能是 CAN 的历史故障码存在。故障码及含义见表 7-18。

一汽丰田皇冠轿车 CAN 总线的故障码及含义　　　　表 7-18

故障码	通信电路	检查项目
U0073/94	SIL 电路	控制模块通信总线关闭
U0123/62	SIL 电路	不能与偏移率传感器模块通信
U0124/95	SIL 电路	不能与横向加速度传感器模块通信

续上表

故障码	通信电路	检查项目
U0126/63	SIL 电路	不能与转向角传感器模块通信
U0100/65	SIL 电路	不能与 ECM/PCM 的 A 通信
U0073/49	SIL 电路	动力转向控制模块通信总线关闭
U0105/41	SIL 电路	不能与传动系统 ECU 通信
U0121/42	SIL 电路	不能与 ABS 控制模块通信
U0001	CAN 系统	高速 CAN 通信总线

六、福特车系车载网络系统与检修

（一）福特车系车载网络系统

目前福特汽车多路传输系统主要应用的网络包括福特 SCP、福特 9141、福特 ACP、福特 CAN 和福特 LIN 网络。这些网络的特点见表 7-19。

福特车载网络的类型特点　　　　表 7-19

主要性能	福特 SCP	福特 9141	福特 ACP	福特 CAN	福特 LIN
容错	是	否	否	部分	否
节点数	32	16	10	16	12
信号电压	5.0V	12.0V	5.0V	5.0V	12
速度	41.6kbit/s	10.4kbit/s	9.6kbit/s	500/125kbit/s	20kbit/s
福特标准	是	是	否	是	是
接线	2	1	3	2	1
微处理器接口	SPI	UART	UART	SPI	UART
车外诊断	是	是	否	是	否

注：UART——通用异步接收/发射器。

(1) 福特 9141 网络。

福特 9141 网络(ISO9141,图 7-73)只用于诊断,它仅允许网络上的模块和诊断仪之间进行通信。只有网络被诊断仪启动后,才能进行这种通信。网络中有一系列模块,仅当网络与诊断仪连接后,模块才通过网络的单根数据总线来发送信息。在 ISO9141 网络中没有模块之间的通信。

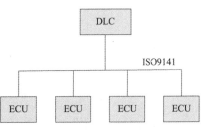

图 7-73　福特 9141 网络

(2) 福特 SCP 网络。

福特 SCP 网络采用 SAE J1850 标准企业协议,如图 7-74 所示,是通过双绞线数据总线连接,使模块之间进行通信的系统。

SCP 网络由多个控制模块组成,每个控制模块具有不同的输入和输出(I/O)装置。

因为模块之间的通信发生在 SCP 网络中,所以,来自汽车某系统的输入信息可以供连接到此网络上的汽车其他系统使用。

图 7-74 福特 SCP 网络

(3)福特 ACP 网络。

福特 ACP 网络(音响控制协议,图 7-75)只用在福特音响和一些气候控制系统上。这种网络通常由一个集成控制面板或其他起控制模块作用的控制单元,以及其他与音响系统相关的各种模块组成,它通过双绞线数据总线和一根音响系统唤醒(ASYSON)导线连接,此网络没有容错能力。

(4)福特 CAN 网络。

CAN 作为解决现代汽车众多的控制器与测试仪器之间的数据交换问题的一种串行数据通信协议,得到了福特公司的广泛应用,其通信速率最高可达 1Mbit/s。

CAN 网络协议包括三个部分:高速 CAN 网物理层、中速 CAN 网物理层和协议层。目前,CAN 总线凭借其突出的可靠性、实时性和灵活性而成为车载网络的主流协议,如图 7-76 所示。

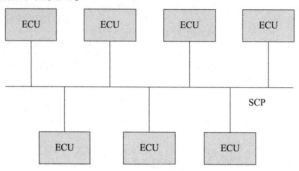

图 7-75 福特 ACP 网络

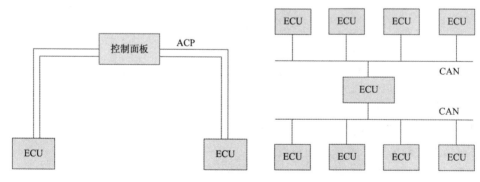

图 7-76 福特 CAN 网络

(5)福特 LIN 网络。

局部互联网(Local Interconnect Network,LIN)是 1999 年推出的开放式串行通信标准。2000 年和 2003 年,分别发布了 LIN1.2 和 LIN2.0 规范。

LIN 主要用作 CAN 等高速总线的辅助网络或子网络,在带宽要求不高、功能简单、实时性要求低的场合,如车身电器的控制(空调、后视镜、车门模块、座椅等),使用 LIN 总线可有效地简化网络线束,降低成本,提高网络通信效率和可靠性,如图7-77所示。

(二)福特车系车载网络系统检修

1. 福特车载网络诊断流程

车载网络的故障,包括网络部分失效和整体失效。即车载网络的故障,可能表现为部分控制模块无法与其他模块进行通信,或者任一模块之间均失去通信。

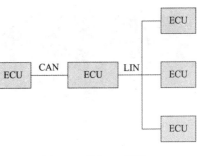

图 7-77 福特 LIN 网络

如果已经判断故障属于车载网络系统,则可以使用车载网络的常用诊断方法执行故障诊断,以便快速、准确地找到故障原因。

对车载网络系统进行诊断时,我们可以按照确认故障、收集信息、分析信息、诊断故障、修复故障、确认故障修复的诊断程序进行。

(1)确认故障。

确认客户所提出的故障现象,包括故障表现、发生条件、发生频率等。车载网络部分失效或者整体失效,仪表上一般会出现异常的警告灯信息。

(2)收集信息。

对车辆进行进一步的相关操作,以掌握更加全面的与网络通信相关的故障信息。

连接 IDS,执行"自测"以判断存在哪些与网络相关的故障码,执行"网络测试"以判断哪些连接在网络上的模块失去了通信。

(3)分析信息。

分析故障现象以及各种收集到的关联信息,包括自测盒网络测试的检测结果,并结合车型的网络拓扑图,全面分析网络故障的最可能原因,制定故障诊断流程和方法。

(4)诊断故障。

根据此前的分析结果,借助各种诊断手段(IDS 使用、电阻测量、电压测量、示波器测量等)执行各项测量与诊断。在对网络的诊断过程中,应充分利用故障追踪功能。

(5)修复故障。

车载网络的故障,存在于模块和总线上,经过诊断发现问题所在后,可以对故障部件进行维修或更换。

(6)确认故障修复。

对故障点进行规范维修后,应参照故障出现的条件进行试验,以确认客户所反映的故障是否已经得到解决。包括车辆性能的恢复、仪表的异常、计数器的数值变化等。

2. CAN 网络的诊断方法

CAN 网络的故障诊断方法,包括网络测试、DTC 读取、电阻测量、电压测量和波形测量等几种常用方法。此外,对故障现象的合理分析也可以作为故障原因的初步判断手段。

(1)故障现象。

因为 CAN 网络的故障与节点或网络总线有关,所以发生故障后单个模块或部分模块的

通信将会丢失,因此,从仪表上可以观察到相关模块的集中异常信息。

例如,当 HS CAN 总线失效后,仪表上来自 HS CAN 网络的各种警告灯则会点亮,如图 7-78 所示。

(2)网络测试。

图 7-78 仪表显示异常

通过 IDS 的"网络测试"功能,可以判断 CAN 网络上的模块是否存在通信异常现象。此方法可以快速而准确地找到故障原因的方向。

执行网络测试时,IDS 会与各个模块进行通信,并将结果展示出来,如图 7-79 所示。

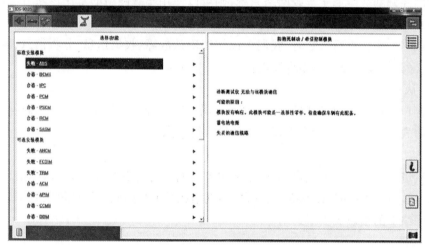

图 7-79 测试结果

合格:表示此模块与 IDS 的通信正常,如"合格-PCM"。

失败:表示此模块与 IDS 的通信丢失。如"失败-ABS"。

(3)DTC 读取。

车载网络的 DTC 用"U"表示,如"U0121-IPC 与 ABS 控制模块的通信漏失",因此,当使用 IDS 读取到此类故障码时,即可判断此故障与网络相关。

①DTC 代码信息:

此 DTC 由 IPC 存储;

此 DTC 能通过 IDS 读取,说明 IDS 与 IPC 通信正常;

IPC 无法与 ECM 建立通信,原因可能在 ECM 或总线上。

②DTC 描述信息:

"与 ABS 控制模块的通信漏失",是指 IPC 无法与 ABS 控制模块建立通信;

可能原因包括 ABS 模块故障、ABS 模块的供电与接地故障、ABS 模块的 CAN 分总线故障。

(4)终端电阻测量。

在对 CAN 的故障诊断过程中,可以利用终端电阻来判断 CAN 网络的总线是否出现故障。

测量 CAN 总线电阻前,需断开蓄电池,以使 CAN 网络断电。测量时应将万用表的两个表笔分别连接在总线的 CAN-High 和 CAN-Low 上,测量点可以在 DLC 或总线的其他位置。

如图 7-80 所示,可以从 DLC 位置,用万用表分别测量 3 号和 11 号(或 6 号与 14 号)针脚之间的电阻值。

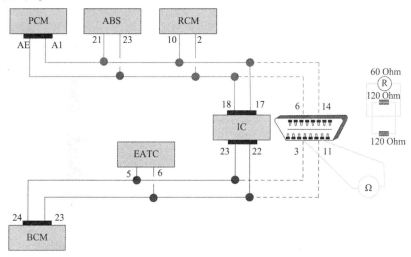

图 7-80　CAN 总线电阻测量

因为 BCM 与 IC 中的终端电阻分别为 120Ω,它们形成了并联关系,所以万用表的测量结果应为 60Ω。

如果测量结果为 120Ω,则说明有一个终端电阻或一侧总线断路;

如果测量结果无穷大,则说明两个终端电阻或 DLC 支路断路;

如果测量结果为 0Ω,则说明 CAN-High 与 CAN-Low 互相短路。

(5) 总线电压测量。

通过测量 CAN 总线的对地电压,可以判断 CAN 总线是否能够正常传输信号。测量时使用万用表的直流电压挡,且需要使 CAN 总线处于工作状态,如打开点火开关。

测量点可以在 CAN 总线的任意位置,如图 7-81 所示,可以从 DLC 的 3 号针脚出测量 MSCAN 的对地电压。

因 CAN 总线的 CAN-High 与 CAN-Low 电压信号不一样,所以测量结果也有所区别。

CAN-High 的对地电压为 2.8V 左右;

CAN-Low 的对地电压为 2.2V 左右。

提示:当总线处于工作状态时,如果无法测到以上电压信号,则说明总线存在异常;但如果测到了以上电压信号,并不能判定总线是无故障的。

(6) 总线波形测量。

如果总线存在故障,通过测量和识别 CAN 总线的波形,可以直观地判断其问题所在,例如,当 CAN-High 与 CAN-Low 呈现两条重叠的直线,则说明它们存在互相短路的故障。

如图 7-82 所示,为 CAN-High 对地短路时的信号波形。

CAN-High 与 CAN-Low 的电压均为 0V,因此 CAN 总线整体失效。

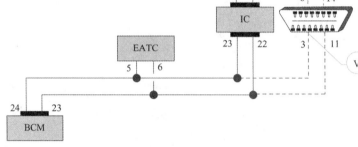

图 7-81　CAN 总线电压测量

如图 7-83 所示,为 CAN-High 对电源短路时的信号波形。CAN-High 的电压为 12V,CAN-Low 在 12～7V 之间变化。此时 CAN 网络仍然具备数据传输的能力。

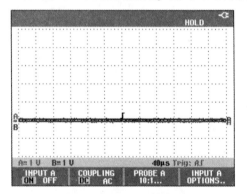 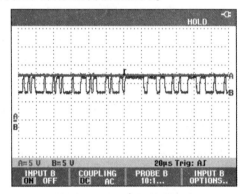

图 7-82　CAN-High 对地短路　　　　　　图 7-83　CAN-High 对电源短路

图 7-84 所示为 CAN-Low 对电源短路时的信号波形。CAN-High 与 CAN-Low 的电压均为 12V,因此 CAN 总线整体失效。

图 7-85 所示为 CAN-Low 对地短路时的信号波形。CAN-Low 的电压为 0V,CAN-High 在 0～3V 之间变化,此时 CAN 网络能够继续传输信号。

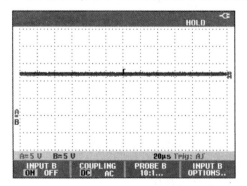 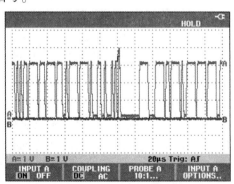

图 7-84　CAN-Low 对电源短路　　　　　　图 7-85　CAN-Low 对地短路

如图 7-86 所示,为 CAN-High 与 CAN-Low 互相短路时的信号波形。CAN-High 与 CAN-Low 的电压相等,均为 2.5V,因此 CAN 总线整体失效。

3. LIN 网络的诊断方法

LIN 总线本身不能进行诊断,因此,无法通过诊断仪等设备对其进行网络测试来进行故障诊断,但可以通过读取模块参数的方法来进行故障判断。

LIN 网络总线的常用诊断方法还包括节点电阻测量、总线电压测量、总线波形测量等。

(1) 参数读取。

LIN 网络的主节点一般都连接在 CAN 网络上,因此使用 IDS 可以读取到主节点的参数。

一般情况,LIN 总线的从节点都作为主节点的特定参数,因此通过 IDS 读取这些参数信息,并配合相应的功能操作,即可判断从节点或总线的性能是否良好。

如图 7-87 所示,在 DDM 中可以观察到驾驶人电动车窗开关的参数。操作开关时其数据随之变化,说明此节点以及总线正常。

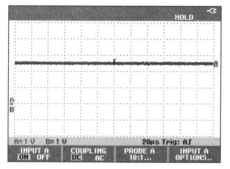
图 7-86　CAN-High 与 CAN-Low 短路

图 7-87　参数读取

通过 LIN 网络节点的硬件结构可知,LIN 总线与电源之间有一个上拉电阻,因此测量此电阻值可以作为判断节点故障的方法之一,如图 7-88 所示。

测量时,万用表的红表笔应放在电源线端,黑表笔放在总线端。测量结果应为:主节点 1kΩ,从节点 30kΩ。

(2) 总线电压测量。

在正常电源电压和正常通信下,LIN 总线上的平均电压为 7~8V。通过测量 LIN 总线的电压,可以作为判断 LIN 网络是否工作的依据。

如图 7-89 所示,测量 LIN 总线工作电压时,使用万用表的直流电压挡,测量结果为 7~8V(存在小范围的波动)。

图 7-88　节点电阻测量

图 7-89　总线电压测量

(3) 总线波形测量。

通过测量 LIN 总线工作时的波形,可以直观地判断 LIN 总线是否正在传递信号。如果 LIN 总线存在故障,则其波形也表现出异常特征。图 7-90 所示为 LIN 总线工作时的正常波形。

当 LIN 总线出现对地短路时,其波形如图 7-91 所示。LIN 总线因电压保持为 0V,所以失去了通信能力。

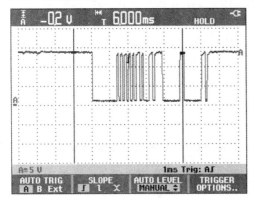
图 7-90　LIN 总线正常波形

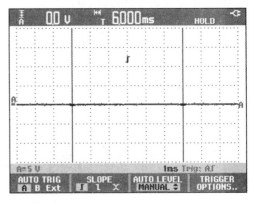
图 7-91　LIN 总线对地短路

当 LIN 总线对电源短路时,其波形如图 7-92 所示,此时 LIN 总线同样失去了通信能力。

如图 7-93 所示,当总线断路时,LIN 总线依然可以从主模块发出数据信号,但信号波形有所变化。

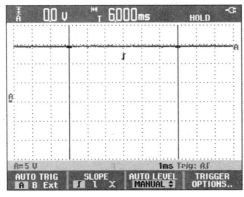
图 7-92　LIN 总线对电源短路

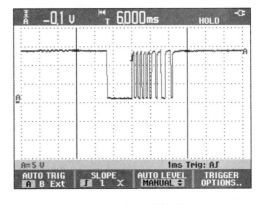
图 7-93　LIN 总线断路

思政点拨

绿色维修技术在我国当代的汽车维修产业中有着很高的地位和应用前景,这种技术是近几年新诞生的一种维修技术。所谓的绿色维修技术,其实就是运用各种环保的维修方法,来有效地避免和减少维修过程中所出现的各种能源消耗、环境污染现象,再加上我国近年来实施的可持续发展战略,更是直接促进了绿色维修技术在我国汽车维修产业的发展进程。一般来说,应用在我国汽车修理产业中的绿色维修技术主要有汽车故障诊断和快速维修等。

(1)汽车故障诊断。汽车故障诊断是绿色维修技术在汽车修理领域中的主要应用方向之一,因为对于汽车修理来说,想要有一个好的修理效果和效率,首先就要确定汽车故障的准确位置和导致故障的原因。而绿色维修技术在这一方面的应用就主要体现在智能诊断和快速诊断两方面,现阶段我国的绿色维修技术会使用各种高科技智能设备来确定汽车的故障部位,并且借助计算机软件可以第一时间分析出导致汽车故障的原因,从而方便工作人员进行后续的维修工作,而这种通过智能信息技术来确定汽车故障的技术,不需要消耗太多的资源,而且又不会对环境产生污染,从而充分体现了绿色维修技术的维修理念。

(2)快速维修。快速维修是绿色维修技术的另一个核心发展方向,是现代主流的绿色维修技术,可以在最短的时间内对汽车故障部位进行维修,而且还可以确保最终的维修质量。最关键的是绿色维修技术在维修过程中所消耗的资源也很少,维修效率也很高。随着我国汽车产业的快速发展、人民生活水平的提高、生活观念的改变,快速维修已经成为我国当下汽车修理领域的核心发展方向。

技能实训

(一)吉利车系车载网络系统认识与故障检修

实训内容:吉利帝豪新能源汽车车载网络系统的认识与故障检修。

1. 准备工作

(1)个人防护用品用具。
(2)汽车维修设备和工具。
(3)吉利帝豪新能源汽车。
(4)相关说明书、维修手册等资料。
(5)相关职场健康和安全的信息。
(6)相关维修知识和维修资料的网页。

2. 技术要求与注意事项

(1)能够正确使用维修资料,正确选用工具。
(2)能够按照正确的步骤和方法完成车载网络系统的故障诊断与维修。
(3)能够在规定的时间内完成工作任务。
(4)在诊断维修过程中注意操作规范、职场健康和安全。

3. 操作步骤

(1)正确读取和填写车辆相关信息资料。
(2)检查吉利帝豪新能源汽车的车载网络系统(已设置车载网络系统故障),通过查询相关的维修资料,确认故障现象。

(3)根据维修手册确定维修方案,正确选用维修设备。

(4)使用诊断仪对车载网络系统进行自诊断。

(5)判断故障区域。

(6)确定故障部件,提出维修方案。

(7)完成维修并试车。

4. 工作页

车载网络系统故障诊断与维修表

车型	
车载网络类型	
行驶里程	
故障现象:	
使用的仪器和工具:	
诊断和排除故障的步骤(写出主要数据):	
故障原因和排除方法:	

(二)大众车系车载网络系统认识与故障检修

实训内容:大众迈腾汽车车载网络系统的认识与故障检修。

1. 准备工作

(1)个人防护用品用具。

(2)汽车维修设备和工具。

(3)大众迈腾 B7L 汽车。

(4)相关说明书、维修手册等资料。

(5)相关职场健康和安全的信息。

(6)相关维修知识和维修资料的网页。

2. 技术要求与注意事项

(1)能够正确使用维修资料,正确选用工具。

(2)能够按照正确的步骤和方法完成车载网络系统的故障诊断与维修。

(3)能够在规定的时间内完成工作任务。

(4)在诊断维修过程中注意操作规范、职场健康和安全。

3. 操作步骤

(1)正确读取和填写车辆相关信息资料。

(2)检查大众迈腾汽车的车载网络系统(已设置车载网络系统故障),通过查询相关的维修资料,确认故障现象。

(3)根据维修手册确定维修方案,正确选用维修设备。

(4)使用诊断仪对车载网络系统进行自诊断。

(5)判断故障区域。

(6)确定故障部件,提出维修方案。

(7)完成维修并试车。

4. 工作页

车载网络系统故障诊断与维修表

车型	
车载网络类型	
行驶里程	
故障现象:	
使用的仪器和工具:	
诊断和排除故障的步骤(写出主要数据):	
故障原因和排除方法:	

(三)丰田车系车载网络系统认识与故障检修

实训内容:大众迈腾汽车车载网络系统的认识与故障检修。

1. 准备工作

(1)个人防护用品用具。

(2)汽车维修设备和工具。

(3)大众迈腾 B7L 汽车。

(4)相关说明书、维修手册等资料。

(5)相关职场健康和安全的信息。

(6)相关维修知识和维修资料的网页。

2. 技术要求与注意事项

(1)能够正确使用维修资料,正确选用工具。

(2)能够按照正确的步骤和方法完成车载网络系统的故障诊断与维修。

(3)能够在规定的时间内完成工作任务。

(4)在诊断维修过程中注意操作规范、职场健康和安全。

3. 操作步骤

(1)正确读取和填写车辆相关信息资料。

(2)检查大众迈腾汽车的车载网络系统(已设置车载网络系统故障),通过查询相关的维修资料,确认故障现象。

(3)根据维修手册确定维修方案,正确选用维修设备。

(4)使用诊断仪对车载网络系统进行自诊断。

(5)判断故障区域。

(6)确定故障部件,提出维修方案。

(7)完成维修并试车。

4. 工作页

车载网络系统故障诊断与维修表

车型	
车载网络类型	
行驶里程	
故障现象:	
使用的仪器和工具:	
诊断和排除故障的步骤(写出主要数据):	
故障原因和排除方法:	

(四)通用车系车载网络系统认识与故障检修

实训内容:上汽通用别克威朗汽车车载网络系统的认识与故障检修。

1. 准备工作

(1)个人防护用品用具。

(2)汽车维修设备和工具。

(3)上汽通用别克威朗汽车。

(4)相关说明书、维修手册等资料。

(5)相关职场健康和安全的信息。

(6)相关维修知识和维修资料的网页。

2. 技术要求与注意事项

(1)能够正确使用维修资料,正确选用工具。

(2)能够按照正确的步骤和方法完成车载网络系统的故障诊断与维修。

(3)能够在规定的时间内完成工作任务。

(4)在诊断维修过程中注意操作规范、职场健康和安全。

3. 操作步骤

(1)正确读取和填写车辆相关信息资料。

(2)检查大众迈腾汽车的车载网络系统(已设置车载网络系统故障),通过查询相关的维修资料,确认故障现象。

(3)根据维修手册确定维修方案,正确选用维修设备。

(4)使用诊断仪对车载网络系统进行自诊断。

(5)判断故障区域。

(6)确定故障部件,提出维修方案。

(7)完成维修并试车。

4. 工作页

车载网络系统故障诊断与维修表

车型	
车载网络类型	
行驶里程	
故障现象:	
使用的仪器和工具:	

续上表

诊断和排除故障的步骤(写出主要数据):
故障原因和排除方法:

（五）车载网络系统综合故障检修

实训内容:车载网络系统综合故障检修。

1. 准备工作

(1) 车载网络系统(实车或试验台)2套。

(2) 个人防护用品用具。

(3) 汽车维修设备和工具(数字万用表4台、诊断仪2台、示波器2台、可调电阻2个、导线若干)。

(4) 相关说明书、维修手册等资料。

(5) 相关职场健康和安全的信息。

(6) 相关维修知识和维修资料的网页。

2. 技术要求与注意事项

(1) 能够正确使用维修资料,正确选用工具。

(2) 能够按照正确的步骤和方法完成车载网络系统的故障诊断与维修。

(3) 能够在规定的时间内完成工作任务。

(4) 在诊断维修过程中注意操作规范、职场健康和安全。

3. 操作步骤

(1) 故障设置教师根据试验台情况随机设置故障3~5次,设置故障时学生回避。

(2) 故障现象确认由学生观察并记录故障现象。

(3) 故障诊断学生3人一组,制定诊断方案,自主选择检测工具完成故障诊断,记录诊断步骤和相关测试数据。

(4) 考核要求:本实训项目本身也是考核项目,考核要求包括故障诊断流程和工作页填写。

4. 工作页

车载网络系统故障诊断与维修表

车型	
车载网络类型	
行驶里程	
故障现象：	
使用的仪器和工具：	
诊断和排除故障的步骤(写出主要数据)：	
故障原因和排除方法：	

(六) 评价与反馈

1. 自我评价与反馈

(1) 是否遵守课堂纪律、是否认真听讲，占 20%，成绩为_____。
(2) 团队合作意识、尊重团队成员(包括老师和其他同学)，占 30%，成绩为_____。
(3) 学习任务(工作任务)完成情况，占 40%，成绩为_____。
(4) 5S 及环保意识，占 10%，成绩为_____。

2. 小组评价与反馈

(1) 是否遵守课堂纪律、是否认真听讲，占 20%，成绩为_____。
(2) 团队合作意识、尊重团队成员(包括老师和其他同学)，占 30%，成绩为_____。
(3) 学习任务(工作任务)完成情况，占 40%，成绩为_____。
(4) 5S 及环保意识，占 10%，成绩为_____。

3. 教师评价及反馈

(1) 是否遵守课堂纪律、是否认真听讲，占 20%，成绩为_____。
(2) 团队合作意识、尊重团队成员(包括老师和其他同学)，占 30%，成绩为_____。
(3) 学习任务(工作任务)完成情况，占 40%，成绩为_____。
(4) 5S 及环保意识，占 10%，成绩为_____。
综合评价的最终成绩为：_____。

模块小结

本模块主要介绍了汽车车载网络系统的故障类型；车载网络电源故障、节点故障、链路故障；故障检测的注意事项；车载网络系统的故障诊断方法和故障分析。具体介绍了吉利、大众、丰田、福特等车系车载网络系统的结构、特点，以及相关车型典型车载网络系统的检修。

思考与练习

（一）填空题

1. 短路和断路的两种故障形式可以通过_____和_____显示来确定。
2. 由于车辆的机械振动，必须考虑到可能出现的_____、_____及_____故障。
3. 为降低车辆不运行时的电能消耗，_____和_____具有休眠模式。
4. 处于休眠模式时，CAN-High 导线的电压为_____，CAN-Low 导线的电压为_____。
5. 迈腾轿车网关安装在_____。
6. AVC-LAN 主要用于_____，传输音响视听控制信号的传输。
7. 吉利汽车现有车型多采用 GEEA1.0 网络结构组成，在该架构下共预设_____路 500kbit/s 的高速 CAN 网络。

（二）判断题

1. 当通信线路发生短路时，如果线路与电源之间短路，则整个通信线路都是 0V。（　　）
2. 如果线路与搭铁之间发生短路，则整个通信线路都是 12V。（　　）
3. 在单通道模式下检测时，显性电压位于正电压区，隐性电压位于负电压区。（　　）
4. 当满足休眠条件时，CAN 总线内部的所有控制单元将同步进入休眠模式；当出现唤醒条件（如驾驶人打开车门）时，CAN 总线内部的所有控制单元将被同步唤醒，一起进入工作（运行）状态。（　　）
5. 如果系统电路或控制单元有故障，会导致 CAN 总线无法进入休眠模式。（　　）
6. CAN 总线上单个终端电阻的阻值一定是 120Ω 左右。（　　）

（三）选择题

1. 动力 CAN 总线数据传输速度是（　　）。
   A. 20Mbit/s　　　B. 100kbit/s　　　C. 500kbit/s　　　D. 10Mbit/s
2. 舒适 CAN 总线系统数据传输速度是（　　）。
   A. 20Mbit/s　　　B. 100kbit/s　　　C. 500kbit/s　　　D. 10Mbit/s
3. 信息娱乐 CAN 总线系统数据传输速度是（　　）。传输通过高电平 CAN 数据线和低电平。
   A. 20Mbit/s　　　B. 100kbit/s　　　C. 500kbit/s　　　D. 10Mbit/s
4. 当测量终端电阻在（　　）时，说明 CAN-High 与 CAN-Low 相互短路。
   A. 60Ω　　　B. 1Ω 以下　　　C. 120Ω　　　D. 无穷大
5. 驱动 CAN 和舒适 CAN 之间由于传递速率不同，它们之间必须通过（　　）进行转换。

A. 控制单元　　　　B. 终端电阻　　　　C. 收发器　　　　D. 网关

(四)简答题

1. 使用多功能汽车万用表进行汽车电路检测时要遵循哪些基本原则?
2. 示波器的基本功能有哪些?
3. 汽车检测仪的功能有哪些?
4. 远程遥控诊断是指什么?
5. 驱动CAN总线系统中可以使用DSO测量的故障类型有哪些?
6. 简述驱动系统CAN总线特点。
7. 简述舒适系统CAN总线特点。
8. 在维修CAN总线的线束时,应特别注意哪些事项?

模块八 车联网认识

 学习目标

☞ **知识目标**

1. 了解物联网的基本概念、主要关键技术及应用场景；
2. 掌握车联网的概念；
3. 熟悉车联网的体系结构，及其与物联网的关系；
4. 了解传感器技术、无线射频识别技术、高精度地图、通信技术等主要车联网感知技术；
5. 了解智能公路的定义，及其有关技术包含的三个系统；
6. 了解智能汽车的基本概念。

☞ **技能目标**

1. 能描述车联网的概念，及其与物联网的关系；
2. 能描述激光雷达、毫米波雷达、超声波雷达和视觉传感器的组成、工作原理及特点；
3. 能描述无线射频识别技术的组成、工作原理及特点；
4. 能描述高精度地图的组成及特点；
5. 能描述5G技术和V2X车联网技术的特点；
6. 能区别智能公路与普通公路、智能汽车与传统汽车。

☞ **素养目标**

1. 培养学生勤于学习、与时俱进、善于应变的工作作风；
2. 培养学生主动学习、谦虚谨慎、严于律己的工作学习态度；
3. 培养学生工匠精神、创新意识、奋斗意识和信息素养。

☞ **思政目标**

通过思政学习，培养学生终身学习的理念。

 建议学时

4学时

一、物联网与车联网

（一）物联网

顾名思义，物联网（Internet of Things）就是物与物相连的互联网。这有两层意思：其一，物联网的核心和基础仍然是互联网，是在互联网基础上的延伸和扩展的网络；其二，其用户端延伸和扩展到了任何物品与物品之间,进行信息交换和通信,也就是物物相息。物联网通过智能感知、识别技术与普适计算等通信感知技术,广泛应用于网络的融合中,也因此被称为继计算机、互联网之后世界信息产业发展的第三次浪潮。物联网是互联网的应用拓展,与其说物联网是网络,不如说物联网是业务和应用。因此,应用创新是物联网发展的核心,以用户体验为核心的创新2.0是物联网发展的灵魂。在物联网应用中有三项关键技术。

1)传感器技术

传感器技术是计算机应用中的关键技术。大家都知道,绝大部分计算机处理的都是数字信号。自从有计算机以来就需要传感器把模拟信号转换成数字信号,计算机才能处理。

2)RFID 标签

这也是一种传感器技术,RFID(Radio Frequency Identification,射频识别)技术是融合了无线射频技术和嵌入式技术为一体的综合技术,RFID 在自动识别、物品物流管理方面有着广阔的应用前景。

3)嵌入式系统技术

这是综合了计算机软硬件、传感器技术、集成电路技术、电子应用技术为一体的复杂技术。经过几十年的演变,以嵌入式系统为特征的智能终端产品随处可见:小到人们身边的 MP3,大到航天航空的卫星系统。嵌入式系统正在改变着人们的生活,推动着工业生产以及国防工业的发展。如果把物联网用人体做一个简单比喻,传感器相当于人的眼睛、鼻子、皮肤等感官,网络就是神经系统用来传递信息,嵌入式系统则是人的大脑,在接收到信息后要进行分类处理。这个例子很形象地描述了传感器、嵌入式系统在物联网中的位置与作用。

物联网主要解决物品到物品(Thing to Thing,T2T)、人到物品(Human to Thing,H2T)、人到人(Human to Human,H2H)之间的互联。与传统互联网不同,H2T 是指人利用通用装置(如智能手机)可以很方便地(如扫描条形码,或扫描二维码,或通过移动通信网络)与物品相连接,得到物品的信息和状态,并能对智能物品(如智能洗衣机)进行控制。H2H 中的 H(human)指的是通过通用装置而非个人计算机(PC)实现互联的人。

物联网大量的应用包括智能农业、智能电网、智能交通、智能物流、智能医疗、智能家居、智能物业管理等很多领域,如图 8-1 所示。在个人与物联网的连接上,智能手机集成的条形码、二维码、NFC(Near Field Communication,近场通信)、RFID 等识别技术,可以很方便地识别和获取所需要的商品信息,并可用于付费、乘车、认证门禁通行和购票门禁通行等。

在公共设施中,可以把物联网的传感器嵌入和装备到电网、铁路、桥梁、隧道、公路、建筑、供水系统、大坝、油气管道等各种物体中,实现人类社会与物理系统的整合,人类可以更加精细和动态的方式管理生产和生活,达到"智慧"状态,提高资源利用率和生产力水平,改善人与自然间的关系。

物联网技术在国防、军事设施、武器系统、单兵装备和后勤保障上应用很广。通过物联网,可以构建无处不在的网络,实现任何时间、任何地点,互联任何物品的连接需求。

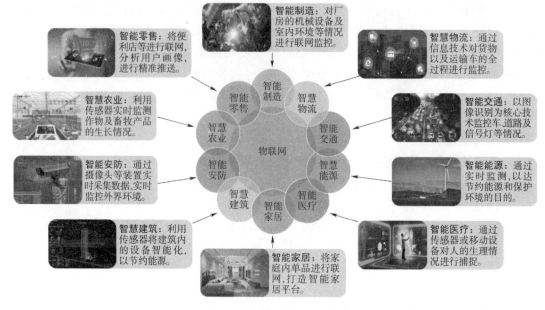

图 8-1 物联网应用的十大领域

（二）车联网

车联网的概念引申自物联网，根据行业背景不同，对车联网的定义也不尽相同。传统的车联网定义是指装载在车辆上的电子标签通过无线射频等识别技术，实现在信息网络平台上对所有车辆的属性信息和静、动态信息进行提取和有效利用，并根据不同的功能需求对所有车辆的运行状态进行有效的监管和提供综合服务的系统。

全球卫星导航系统（Global Navigation Satellite System，GNSS）应用的普及，尤其是我国的北斗卫星导航系统（Beidou Navigation Satellite System，BDS）的应用，使车联网上了一个新的台阶，可以对车辆进行导航、定位和跟踪管理。

1. 车联网的概念

车联网的定义很多，综合现实和预测未来的发展应该有以下含义。

车联网是以车内网（车载网）、车际网、车载移动互联网、车载全球卫星导航系统、车载无线识别技术、道路无线通信网等技术为基础。在车与车、车与路、车与行人、车与交通管理部门、车与服务信息建立无线通信和信息交换，以实现智能交通管理控制、车辆智能化控制和智能化动态信息服务的一体化网络。车联网是物联网在智能交通领域的应用和延伸。

车际网：车与车不依赖车辆以外的无线通信网络，可以和前后左右一定范围内的车辆自动建立无线电通信联系，并可联网实时随动控制，达到鱼群效应。

车载移动互联网：车辆集成有 3G/4G/5G 移动通信模块。

车载无线识别技术：可以和道路识别点、交管移动识别点（车）建立相互识别关系。

道路无线通信网：在道路上间隔一定的距离设置的道路无线通信点，可以自动向行驶车辆发出交通安全无线信号，包括该路段的警示、限速和其他控制信号。道路无线通信点可以用无线和有线结合、移动通信网络和专网结合、无人区和卫星通信结合的方式，连接成网。

车与行人:未来的行人,随身携带的智能手机上集成有交通安全识别模块,儿童和老人可以携带交通安全识别 IC 卡(Integrated Card,集成电路卡),在一定距离内可以自动向行驶车辆发出 RFID 识别警示信息。

2. 车联网的体系结构

当前的车联网还没有一种广泛认同的网络体系结构,可以简单地将车联网分为感知层、网络层和应用层,如图 8-2 所示。

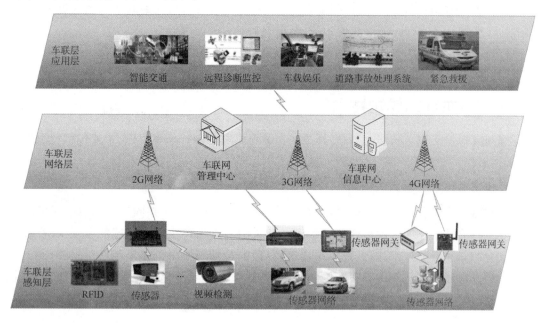

图 8-2 车联网的体系结构

1)感知层

车联网感知层也称为传感器层,可分为车载传感器、道路和空中传感器。

(1)车载传感器。如车辆速度和车辆状况等传感器,车辆电子车牌,可以主动或被动发出相关信息。

(2)道路和空中传感器。GNSS 定位和测速、雷达测速、RFID 识别、摄像头、道路含磁标线等。

2)网络层

网络层的主要功能是实现车与移动通信网络+互联网的接入、车际网的连接,实现数据分析处理和远距离大范围传输;同时,网络层也可以实现对车联网络内结点的远程监控和管理功能。汽车在道路上行驶,连接网络主要依靠移动通信网络和互联网的 GNSS 节点。

3)应用层

应用层可以进一步划分为两个子层,下子层是应用程序层,主要功能是进行数据处理,车联网的各种具体的服务也在这一子层进行定义与实现;上子层是人机交互界面,定义与用户交互的方式和内容。应用层使用的设备主要是一些提供网络服务的服务器和用户使用的车载计算机等。

（三）车联网与物联网的关系

车联网是物联网在汽车行业的应用，车联网从属于物联网范畴内。与物联网相比，车联网有一些自己的特点：

（1）车联网当中的网络节点以车辆为主，这就决定了车联网的高动态特性。与一般的物联网相比，车联网当中的汽车节点移动速度更快、拓扑变化更频繁、路径的寿命更短。

（2）与一般的物联网相比，车联网当中的车辆节点间的通信受到的干扰因素更多，包括路边的建筑物、天气状况、道路交通状况、车辆的相对行驶速度等。

（3）车辆作为移动的网络节点，具有稳定的电源供电和装备空间。

（4）车联网对网络的安全性、可靠性以及稳定性要求更高。

（四）车联网感知技术

感知技术是实现车联网的基础，其主要功能是识别物体和采集信息，主要包括传感器技术、无线射频识别技术、高精度地图、通信技术等。

1. 传感器技术

传感器作为信息获取的重要手段，与通信技术和计算机技术共同构成信息技术的三大支柱。传感器技术作为一种与现代科学密切相关的新兴学科也得到迅速的发展，并且在工业自动化测量和检测技术、航天技术军事工程、医疗诊断等学科被越来越广泛地利用，同时对各学科发展还有促进作用。在车联网中，传感器技术主要包括激光雷达、毫米波雷达、超声波雷达、单目摄像头和双目摄像头等。

1）激光雷达

激光属于电磁波的一种，是电磁场的一种运动形态。激光雷达（Light Detection and Ranging, LiDAR）是一种向被测目标发射探测信号（激光束），然后测量反射或散射信号的到达时间、强弱程度等参数，以此确定目标的距离、方位、运动状态及表面光学特性的雷达系统。激光雷达主要由激光发射系统、激光接收系统、扫描系统和信息处理系统四部分组成，如图8-3所示。

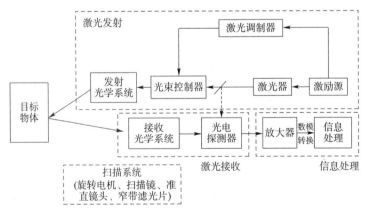

图8-3　激光雷达结构示意图

激光雷达的工作原理是以激光作为信号源,由激光器发射出的脉冲激光,打到地面的树木、道路、桥梁和建筑物上,引起散射,一部分光波会反射到激光雷达的接收器上,根据激光测距原理计算,就得到从激光雷达到目标点的距离。脉冲激光不断地扫描目标物,就可以得到目标物上全部目标点的数据,形成点云(图8-4),用此数据进行成像处理后,就可得到精确的三维立体图像。它能够精确测量目标位置(距离和角度)、运动状态(速度、振动和姿态)以及进行目标的形状检测、识别分辨和跟踪。高频激光器可以在1s内获得106~107个数量级的位置点云信息,并根据这些信息进行三维建模。除了获得位置信息外,它还可以通过激光信号的反射率初步区分不同的材料。

图8-4 激光雷达扫描环境后生成的点云

激光雷达主要具有以下优点:

(1)具备极高的分辨率。激光雷达工作于光学波段,频率比微波至少高2~3个数量级,因此,与微波雷达相比,激光雷达具有极高的距离分辨率、角分辨率和速度分辨率。

(2)抗干扰能力强。激光波长短,可发射发散角非常小(μrad量级)的激光束,多路径效应小(不会形成定向发射,与微波或者毫米波产生多路径效应),可探测低空及超低空目标。

(3)获取的信息量丰富。可直接获取目标的距离、角度、反射强度及速度等信息,生成目标多维度图像。

(4)可全天候工作。激光主动探测,不依赖于外界光照条件或目标本身的辐射特性。它只需发射自己的激光束,通过探测发射激光束的回波信号来获取目标信息。

基于上述优点,激光雷达在智能网联汽车中有多种应用,主要有面向高精度地图的绘制、基于点云的定位以及障碍物检测等。

2)毫米波雷达

毫米波雷达是通过发射和接收无线电波来测量车辆与车辆之间的距离、角度和相对速度的装置。毫米波是指长度为1~10ms的电磁波,毫米波的频带频率高于射频,低于可见光和红外线,相应的频率范围为30~300GHz。目前,毫米波段有24GHz、60GHz、77GHz、120GHz,其中24GHz和77GHz用于汽车。24GHz主要用于5~70m的中、短程检测,主要用于BSD(Blind Spot Detection,盲区监测系统)、LDW(Lane Departure Warning,车道偏离预警系统)、LKA(Lane Keeping Assist,车道保持辅助)、LCA(变道辅助)、PA(泊车辅助),77GHz主要用于100~250m的中、远程检测,如ACC(Adaptive Cruise Control,自适应巡航控制)、FCW(Forward Collision Warning,前方碰撞预警)、AEB(Autonomous Emergency Braking,自动紧急制动)等。

毫米波雷达系统主要包括天线、收发系统、信号处理系统、收发芯片和天线。印刷电路板是毫米波雷达的硬件核心。其中,收发芯片通常使用一种特殊的半导体,如硅锗双极晶体管。这些硅锗基芯片不能实现更高的集成度,因此,雷达系统通常需要多个芯片和外围设备。某款车型在用的毫米波雷达如图8-5所示。

毫米波雷达测距方法非常简单,即先发射无线电波(毫米波),然后接收回波,根据发射和

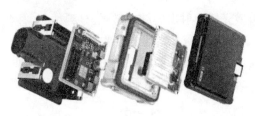

图8-5 某款车型在用的毫米波雷达

接收的时间差测量目标的位置数据和相对距离。根据电磁波传播速度,可以确定目标距离的公式为 $s=ct/2$。其中,s 为目标距离;t 为电磁波从雷达发射出去到接收目标回波的时间;c 为光速,即电磁波在真空中传播的速度。

根据毫米波雷达的有效射程,车载毫米波雷达可分为长距离雷达(LRR)、中距离雷达(MRR)和短距离雷达(SRR)。以ACC为例,车速大于25km/h时,ACC才会起作用,而当车速降低到25km/h以下时,就需要进行人工控制。当将所用雷达升级到77GHz毫米波雷达后,与24GHz雷达系统相比,识别率提高了3倍速度和实测值,距离精度提高3~5倍,对前车距离的监测更为准确、快速。

根据波的传播理论,即频率越高,波长越短,分辨率越高,则穿透能力越强,但在传播过程中的损耗也越大,传输距离越短;相对地,频率越低,波长越长,衍射能力越强,传输距离越远。因此,与微波相比,毫米波的分辨率高、指向性好、抗干扰能力强、探测性能好。与红外线相比,毫米波的大气衰减小、对烟雾灰尘具有更好的穿透性且受天气影响小。这些特质决定了毫米波雷达具有全天候的工作能力。

3) 超声波雷达

超声波雷达是汽车最常用的一种传感器,可以通过接收到反射后的超声波探知周围的障碍物情况,消除了驾驶人停车泊车、倒车和起动车辆时前、后、左、右探视带来的麻烦,帮助驾驶人消除盲点和视线模糊缺陷,提高了行车安全性。超声波雷达被广泛应用于倒车辅助系统和自动泊车系统中。

超声波传感器的主要材料是压电晶片,也叫作压电陶瓷。压电材料是指具有压电效应,能够实现电能与机械能相互转换的晶体材料。超声波雷达的工作原理如图8-6所示,是利用传感器中的超声波发生器产生40kHz的超声波,然后接收探头接收障碍物反射的超声波,并根据超声波反射接收的时差计算出与障碍物的距离。超声波在空气中的传播速度为340m/s,发射点与障碍物表面之间的距离 s 可以根据计时器记录的时间 t 进行计算。计算公式为 $s=(t\times 340)/2$。

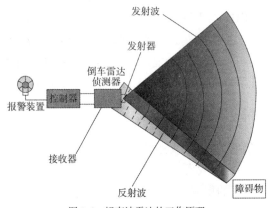

图8-6 超声波雷达的工作原理

在正常情况下,基本障碍物与同一障碍物之间的距离不会波动。一般来说,超声波雷达的最大探测距离为2.5~5m,最小探测距离为25~35cm,超声波雷达波会产生余震,如果余震期间探测距离过短,会导致盲点,从而无法确定与障碍物的距离。

4)视觉传感器

视觉传感器俗称摄像头,是指利用光学元件和成像装置获取外部环境图像信息的仪器。通常用图像分辨率来描述视觉传感器的性能,视觉传感器的精度与分辨率、被测物体的检测距离相关,被测物体距离越远,其绝对的位置精度越差。视觉传感器主要由光源、镜头、图像传感器、模/数转换器、图像处理器、图像存储器等组成,其主要功能是获取足够的机器视觉系统要处理的原始图像。视觉传感器的基本结构如图8-7所示。

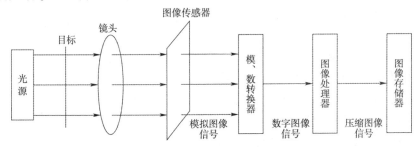

图8-7 视觉传感器的基本结构

目前在车联网领域中应用的摄像头以单目摄像头和双目摄像头两类为主。

(1)单目摄像头。

单目传感器的工作原理是先识别后测距,首先通过图像匹配对图像进行识别,然后根据图像的大小和高度进一步估计障碍物和车辆移动时间。目前的ADAS可识别40~120m的范围,未来将达到200m或更多。单目摄像头的视角越宽,可以检测到的精确距离长度越短,视角越窄,检测到的距离越长。

车联网系统是一个多传感器的复杂系统,使用单目摄像头是一种很好的方法,但是单目摄像头依赖大量训练样本,特征提取过程难以观测和调整。由于传感器的物理特性,摄像头测距精度远低于激光雷达和多普勒雷达。因此在实际应用中,需要结合激光雷达和多普勒雷达等其他传感器进行探测,这些传感器在各自的约束条件下能够发挥各自最优的性能,各类传感器的融合将大大提高目标检测的精度。

(2)双目摄像头。

双目视觉传感器的工作原理是先对物体与车辆距离进行测量,然后再对物体进行识别。双目望远镜在20m范围内具有明显的测距优势,在20m以外,很难缩小视差的范围。采用高像素摄像头和较好的算法可以提高测距性能,双目摄像头间距越小,测距镜头之间的距离越近,探测距离越大,镜头间距越大,探测距离越远。双目摄像头可以在不识别目标的情况下获得深度距离数据。从理论上讲,立体摄像头的误差可以小于1%,特别是在单目摄像头配备毫米波雷达等传感器后,可以达到类似的精度,可以满足L1、L2和部分L3场景的功能要求。

2. 无线射频识别技术

无线电射频识别(Radio Frequency Identification,RFID)技术,简称射频识别,是自动识别(ID)技术的一种。ID是英语Identity(身份)和Identification(鉴定)综合意思的缩写,也是现代自动识别技术的代号。RFID技术起源于英国,应用于第二次世界大战中辨别敌我飞机身份,自20世纪60年代起,RFID开始商用,现在作为构建物联网和车联网的关键技术受到人们的关注。RFID用的是特殊"条形码",简称电子标签,电子标签是一个极微型化的无线电收发装置,内存有物品的身份信息。电子标签一般做成卡片状,也可以集成在物品上的其他电子装置中。电子标签粘贴或安装在物品上。

RFID由应答器、阅读器及其相应的应用软件系统组成。其中,应答器由天线、耦合元件和芯片组成,一般镶嵌在标签之中,并固定在物品内或固定在物品表面;阅读器由天线、耦合元件和芯片组成,是读取地址标签信息的设备,可设计为手持式或固定式;应用软件系统是应用层软件,主要是把收集的数据进一步处理,并为人们所使用。

RFID工作原理框图如图8-8所示。阅读器由电源、时钟、读写模块、射频模块和天线组成。时钟形成射频载波信号,要发射的读写信号对射频载波信号进行调制,放大后由天线辐射出去。应答器由天线、射频模块、控制模块和存储器组成。有源应答器带电源,无源应答器没有电源。图8-8中的应答器为无源应答器,其电能来源于天线感应射频信号的电能,经整流、滤波、稳压(图中未显示)后供应答器使用。应答器收到阅读器发射的射频信号以后,调取存储器里的电子编码和相关数据信息,经调制、放大后发射出去。阅读器收到应答器发回来的电子编码和相关数据信息后,如果是手持式阅读器,可以直接显示;如果是非手持式阅读器,信号传入计算机显示。

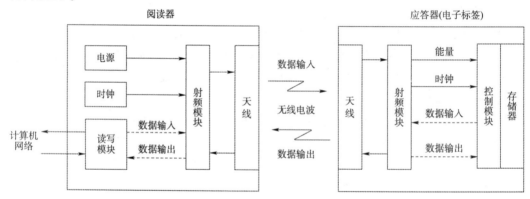

图8-8　RFID工作原理框图

3. 高精度地图

高精度地图的定义分为两种:狭义高精度地图和广义高精度地图。狭义高精度地图是由传统图形商定义的精度更高、内容更详细的地图。例如,定义更详细信息(如车道和交通标志)的地图。广义的高精度地图直接为我们构建了一个真实的三维世界。除了绝对位置的形状信息和拓扑关系外,还包括点云、语义和特征等属性。

与传统地图相比,高精度地图信息的丰富性和准确性都有显著的提升,如图8-9所示。

高精度地图包含的信息有以下内容和特点:

(1)为了实现车规级导航、路径规划功能,需要在原始地图数据中抽象道路结构,形成由顶点组成的拓扑图形结构;同时为了优化数据的存储,需要将道路用连续的曲线段来表示。

(2)除道路参考线外,高精度地图还应描述道路的连通性。比如路口中没有车道线的部分,需要将所有可能的行驶路径抽象成道路参考线,在高精度地图数据库中体现。

(3)除了记录道路参考线、车道边缘(标线)和停车线外,高精度地图数据库还需要记录无车道道路的拓扑结构,且除车道的几何特性外,道路模型还包括车道数、道路坡度、功能属性等。

(4)对象模型记录道路和车道行驶空间范围边界区域的元素,模型属性包括对象的位置、形状和属性值。这些地图元素包括路牙、护栏、互通式立交桥、隧道、龙门架、交通标志、可变信息标志、轮廓标志、收费站、电线杆、交通灯、墙壁、箭头、文字、符号、警告区、分流区等。

图 8-9　高精度地图与传统地图的区别

高精度地图由静态高精度地图和动态高精度地图组成。除去实时移动的车辆行人、临时出现的事故等无法提前绘制的动态驾驶环境外,静态高精度地图的绘制是当下行业内的工作基础,也是攻坚点。一套完整的静态高精度地图如图 8-10 所示,需要包含语义信息的车道模型、道路部件(Object)、道路属性三类矢量信息,以及用于多传感器定位的特征图层。

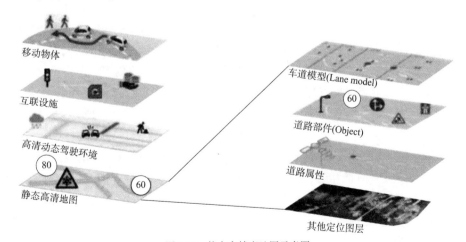

图 8-10　静态高精度地图示意图

(1)车道模型,即引导车辆从 A 地开往 B 地的道路规划,包括车道上的详细信息和连接关系。一套完整的高精度地图应将车道上的中心线、车道线、车道变化属性点以及道路分离点和车道分离点等诸多与车辆行驶有关的信息绘制出来。

(2)道路部件,包括交通标志、指示牌、龙门架及路杆等位于路侧和路面上的各类物体,当车辆传感器探测到这些道路物体时,与地图进行对比,便可得知车辆的精确位置。

(3)道路属性,包括道路的曲率、航向、坡度以及横坡,帮助车辆执行转向加减速。

而那些动态数据,如道路是否拥堵、是否发生交通事故、交通管制情况及天气情况等,也需要实时更新。这些动态数据的测绘难度更高。不过随着越来越多的智能网联汽车上路,车与车实现互联,一旦有车辆检测到周围环境的变化,便可将信息上传至云端,这样其他智能网联汽车也能知晓路上的环境变化。显然,当下行业的重点是静态高精度地图的绘制,动态高精度地图的测绘则需要更长的时间才能实现。

高精度地图的测绘相较于传统数字地图更加复杂,数据收集也更烦琐。目前专业的地图测绘车队在陆地上大多采用激光雷达等多传感器结合的方式、再配合卫星导航定位系统来提取道路信息。此外,也有众多初创企业以众包模式,通过低成本的传感器识别记录道路信息,再通过卫星导航定位系统与 INS 耦合,从正射影像图中获取相关地图信息,并结合自身算法在云端进行数据处理,绘制出高精度的导航地图。

4. 通信技术

1)5G 技术

5G 是指第五代移动电话行动通信标准,也称第五代移动通信技术,是 4G 的延伸,其峰值理论传输速度可达每秒数十吉字节,这比网络的传输速度快数百倍,整部超高画质可在 1s 之内下载完成。

移动通信自 20 世纪 80 年代诞生以来,经过三十多年的爆发式增长,已成为连接人类社会的基础信息网络。移动通信的发展不仅深刻改变了人们的生活方式,而且已成为推动国民经济发展、提升社会信息化水平的重要引擎。面向未来的第五代移动通信(5G)已成为全球发热点。

5G 是 3G 后通信基础又一革命性突破,对车联网来说,5G 解决了数据传输速度和容量问题。5G 网络满足无人驾驶网络技术要求,尤其是低时延和高可靠性,将是完全自动驾驶落地的最后推手。4G 阶段的 LTE-V 仅可以支撑部分自动驾驶,完全无人驾驶必须依赖超低时延、高可靠的 5G 网络。5G 网络技术特性满足智能驾驶网络技术要求,尤其是在低时延、高可靠性方面,无论是 DSRC 还是目前基于 4G 的 LTE-V,都无法与之比拟。

随着 5G 时代即将到来,5G 超低时延的优势将提升车联网数据采集的及时性,保障车与人、车与车、车与路实时信息互通,消除无人驾驶安全风险,从而推进实现完全无人驾驶。汽车行业正经历着自动驾驶功能的指数级增长,而且这一趋势将继续下去。5G 网络连接让自动驾驶更加趋于更快、更智能、更安全。

2)V2X 车联网技术

V2X(vehicle-to-everything),并非一般意义上的汽车联网,而是通过车上的卫星导航定位系统定位、RFID 识别、传感器、摄像头和图像处理等电子组件,按照约定的通信协议和数据交互标准,进行无线车车通信和交换的大系统网络。以此来实现车辆与一切可能影响车辆的实体实现信息交互,目的是减少事故发生、减缓交通拥堵、降低环境污染以及提供其他信息服务。车联网(V2X)的名字很直观,就是把车连到网或者把车连成网,包括汽车对互联网(V2N)、汽车对汽车(V2V)、汽车对基础设施(V2I)和汽车对行人(V2P)。

V2X 早期主要是基于 DSRC,全称是 Dedicated Short Range Communication,即专用短距离通信技术。DSRC 在美国已经经过多年开发测试,后期随着蜂窝移动通信技术发展才出现了 C-V2X(Cellular V2X,即以蜂窝通信技术为基础的 V2X)技术。相比于 802.11p 的 DSRC,C-V2X 的优势比较明显。

(1)基于蜂窝网络,与目前的 4G 和未来的 5G 网络可以复用,部署成本低。

(2)网络覆盖广,网络运营盈利模式清晰。

(3)3GPP 标准制定,全球通用,使用单一 LTE 芯片组,模块成本大幅降低。

(4)C-V2X 作为 5G 的重要组成部分持续演进。

然而 C-V2X 的基础技术 LTE 同样存在一定局限性。第一,目前的蜂窝网络无法提供足够的数据带宽以及满足要求的低延迟,而 D2D 仅能在紧急情况下运行、设备发现协议极慢,因此难以支持时间要求严格的应用场景。第二,LTE 采用增强型多媒体广播多播(evolved Multimedia Broadcast Multicast Service,eMBMS)等技术进行单点到多点的接口管理,但主要支持静态场景,对于大量车辆拥挤的情况可能无法提供所需的效能。第三,LTE 涉及移动网络运营商之间的移交和应用服务供应商之间的合作,针对 V2X 应用如何构建新的合作模式尚不明确。第四,LTE 或邻近通信服务的安全机制并不适用于 V2V 通信,因为其仅提供安全信息的加密,但对信息真实性并无保障。

二、智能公路与智能汽车

(一)智能公路

1995 年,在法国巴黎举行了首届"国际智能公路大会"和"智能公路展览会"。有关国家正在投入巨资进行研究开发。

各国对智能公路的定义不尽相同,一般含义有:智能公路是建有道路状况传感系统、道路特殊标识系统、道路无线电通信和监控系统、光学监控系统等基础设施,能对行驶车辆实时发布相关的路况信息、自动检测行驶车辆的安全状况,为交通运输提供更为安全、经济、舒适、快捷的基础服务,以达到减少交通挤塞和事故的目的的公路。智能公路的有关技术主要包含以下三个系统。

1. 道路状况传感系统

道路状况传感器铺设在路面上,与路面水平或低于路面,可以传感路面的温度、结冰、积水等信息,通过道路无线电通信网向即将到来的汽车发布路况信息。

2. 道路特殊标识系统

（1）无线电标识牌。无线电标识牌是一个近距离无线电发射装置，由太阳能和蓄电池供电，可以设置在普通道路标识牌上或在附近单独设立。无线电标识牌储存有该路段信息，可以自动向行驶的智能汽车或无人驾驶汽车发布该路段的标识信息和指路信息。

（2）磁性标线。用含磁性的材料（如薄磁体）铺设在路面下，形成磁性标线，智能汽车和无人驾驶汽车装有磁性感应器，可以诱导智能汽车或无人驾驶汽车沿磁性标线行驶。

（3）夜光公路。夜光公路是用半导体光电和电光复合转换材料铺设在路面表面，形成路面标线，白天将太阳能转换为电能储存，夜晚用储存的电能发光。

（4）温度反应动态漆。这种油漆在结冰的气温下转变为特殊颜色，提醒驾驶人注意避让。

3. 车辆监控系统

传统的光学监控与电子车牌 RFID 识别配合，监控道路车流量，监控盗抢车辆、走私车辆、假套牌车辆、报废上路车辆、拖欠税费车辆、拖欠交通罚款车辆、违法逃逸车辆等。

智能公路的建设与车联网的关系密切，智能公路信息通过车联网和互联网，收集和传递区域、全国和跨国的公路信息，可以实现对车流在时间和空间上的引导、分流，避免公路堵塞，减少因此而引起的经济损失和废气污染，保证公路交通畅通无阻。

（二）智能汽车

智能汽车是在传统汽车上增加雷达和摄像头等先进传感器、控制器、执行器等装置，通过车载环境感知系统和信息终端实现与车、路、人等的信息交换，使车辆具备智能环境感知能力，能够自动分析车辆行驶的安全及危险状态，并使车辆按照人的意愿到达目的地，最终实现替代人来操作的目的。

目前典型的智能汽车是具有先进驾驶辅助系统（Advanced Driving Assistance System，ADAS）的车辆，如前向碰撞预警系统、车道偏离预警系统、盲区监测系统、驾驶人疲劳预警系统、车道保持辅助系统、自动制动辅助系统、自适应巡航控制系统、自动泊车辅助系统、自适应前照明系统、夜视辅助系统、平视显示系统、全景泊车系统等。ADAS 在汽车上的配置越多，其智能化程度越高，其终极目标是无人驾驶汽车。

智能汽车对传统汽车基本要求是所有人工操作的控制，都要增设有或改为电动或电液动力，由车载网络协同控制。当汽车上的所有人工动力操作改为电动或电液动力操作以后，由车载网络和车联网协同控制的智能汽车才有可能实现。也就是说，当所有的控制都可以电控化以后，硬件条件具备了，剩下的就是软件问题，也就是智能化的程度问题，这就取决于感知和决策。所以，智能汽车是一项集道路感知、综合决策、多种辅助驾驶功能的综合新技术汽车。智能汽车集中运用了现代传感器技术、计算机控制和网络技术、人工智能等技术，是同时代的高新技术的综合体。

智能汽车的研究和制造是一个渐进和不断提高的过程。近年来，智能汽车已经成为世界车辆工程领域研究的热点和汽车工业增长的新动力,很多国家都将其纳入各自重点发展的智能交通系统当中。

思政点拨

  2020年的9月15日,美国政府对华为的芯片制裁正式生效。自从美国对中国华为施加芯片禁令之后,各大芯片供应商受制于美国技术和设备,难以继续向华为供货,但华为通过自身不断攻坚,研制出了麒麟芯片710A,并应用于手机上成功反制美国禁令。目前的汽车市场也是如此,汽车芯片的地位越来越高,高档芯片具有特殊的诊断功能,还能起到防盗的重要作用。在未来高新技术将会不断运用于汽车芯片上,尽管现在我国汽车发展处于世界前列,但要居安思危,毕竟"核心技术靠化缘是要不来的",想让我国发展成为一个科技强国,需要每一位青年的不懈努力。

 技能实训

（一）认识智能汽车

实训内容: 认识传感器结构和无线射频识别技术,介绍智能汽车。

1. 准备工作

(1) 智能汽车(小车)。

(2) 相关说明书、维修手册等资料。

(3) 相关职场健康和安全的信息。

(4) 相关维修知识和维修资料的网页。

2. 技术要求与注意事项

(1) 能够正确使用维修资料,正确选用工具。

(2) 能够在规定的时间内完成工作任务。

(3) 在诊断维修过程中注意操作规范、职场健康和安全。

3. 操作步骤

(1) 正确读取分析说明书、维修手册等技术资料。

(2) 在智能汽车(小车)上找出激光雷达、视觉传感器,并分析其结构。

(3) 分析了解无线射频识别技术工作原理。

(4) 分组介绍智能汽车。

4. 工作页

(1) 传感器结构认识。

① 激光雷达。

请指出下图激光雷达结构中a~i分别是什么部件。

  a._____; b._____; c._____

d._____;e._____;f._____
g._____;h._____;i._____

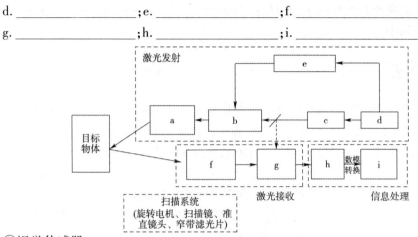

②视觉传感器。

请指出下图视觉传感器结构中 a~f 分别是什么部件。

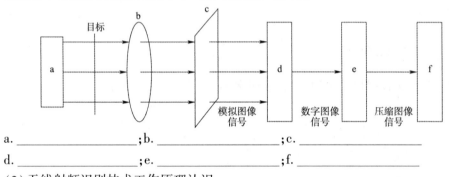

a._____;b._____;c._____
d._____;e._____;f._____

（2）无线射频识别技术工作原理认识。

请指出下图无线射频识别技术工作原理中 a~i 分别代表什么。

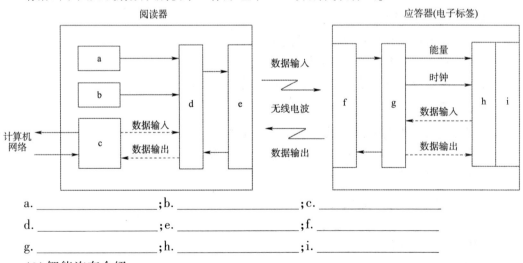

a._____;b._____;c._____
d._____;e._____;f._____
g._____;h._____;i._____

（3）智能汽车介绍。

以 3~4 人的小组为单位，将某一款在售的智能汽车作为对象，认识其具备的先进驾驶辅助系统，并以 PPT、海报、视频等多种形式进行展示并且汇报。要求每个人都有各自的工作任务,制定相应的任务分配表和工作进程表。

(二)评价与反馈

1. 自我评价与反馈

(1)是否遵守课堂纪律、是否认真听讲,占20%,成绩为_____。
(2)团队合作意识、尊重团队成员(包括老师和其他同学),占30%,成绩为_____。
(3)学习任务(工作任务)完成情况,占40%,成绩为_____。
(4)5S及环保意识,占10%,成绩为_____。

2. 小组评价与反馈

(1)是否遵守课堂纪律、是否认真听讲,占20%,成绩为_____。
(2)团队合作意识、尊重团队成员(包括老师和其他同学),占30%,成绩为_____。
(3)学习任务(工作任务)完成情况,占40%,成绩为_____。
(4)5S及环保意识,占10%,成绩为_____。

3. 教师评价及反馈

(1)是否遵守课堂纪律、是否认真听讲,占20%,成绩为_____。
(2)团队合作意识、尊重团队成员(包括老师和其他同学),占30%,成绩为_____。
(3)学习任务(工作任务)完成情况,占40%,成绩为_____。
(4)5S及环保意识,占10%,成绩为_____。

综合评价的最终成绩为:_____。

模块小结

物联网就是物与物相连的互联网。在物联网应用中有三项关键技术:传感器技术、RFID标签和嵌入式系统技术。物联网主要解决物品到物品(Thing to Thing,T2T)、人到物品(Human to Thing,H2T)、人到人(Human to Human,H2H)之间的互联。物联网大量的应用包括智能农业、智能电网、智能交通、智能物流、智能医疗、智能家居、智能物业管理等很多领域。

车联网的概念引申自物联网。传统的车联网定义是指装载在车辆上的电子标签通过无线射频等识别技术,实现在信息网络平台上对所有车辆的属性信息和静、动态信息进行提取和有效利用,并根据不同的功能需求对所有车辆的运行状态进行有效的监管和提供综合服务的系统。当前的车联网还没有一种广泛认同的网络体系结构,可以简单地将车联网分为感知层、网络层和应用层。

车联网是物联网在汽车行业的应用,车联网从属于物联网范畴内。与物联网相比,车联网有一些自己的特点。

车联网感知技术是实现车联网的基础,其主要功能是识别物体和采集信息,主要包括传感器技术、无线射频识别技术、高精度地图、通信技术等。其中,传感器技术主要包括激光雷达、毫米波雷达、超声波雷达、单目摄像头和双目摄像头等;通信技术主要包括5G技术和V2X车联网技术。

智能公路建有道路状况传感系统、道路特殊标识系统、道路无线电通信和监控系统、光学监控系统等基础设施,能对行驶车辆实时发布相关的路况信息、自动检测行驶车辆的安全状况,为交通运输提供更为安全、经济、舒适、快捷的基础服务,以达到减少交通挤塞和事故的目的。智能公路的有关技术主要包含道路状况传感系统、道路特殊标识系统和车辆监控系统三个系统。

智能汽车集中运用了现代传感器技术、计算机控制和网络技术、人工智能等技术,是一个集道路感知、综合决策、多种辅助驾驶功能的一种综合新技术汽车。目前典型的智能汽车是具有先进驾驶辅助系统的车辆。智能汽车的研究和制造是一个渐进和不断提高的过程。

思考与练习

(一)填空题

1. 在物联网应用中有三项关键技术:_____、_____和_____。
2. 当前的车联网可以简单地将车联网分为_____、_____和_____。
3. 车联网感知技术主要包括_____、_____、_____和_____等。
4. 在车联网中,传感器技术主要包括_____、_____、_____、_____和_____等。
5. 激光雷达主要由_____、_____、_____和_____四部分组成。
6. 毫米波雷达系统主要包括_____、_____、_____和_____。
7. 超声波传感器的主要材料是_____,具有_____。
8. 视觉传感器主要由_____、_____、_____、_____和_____等组成。
9. RFID 由_____、_____及其相应的_____组成。
10. 一套完整的静态高精度地图需要包含语义信息的_____、_____、_____三类矢量信息,以及用于多传感器定位的_____。
11. 车联网 V2X 包括_____、_____、_____和_____。

(二)判断题

1. 物联网的核心和基础仍然是互联网,是在互联网基础上的延伸和扩展的网络。车联网是物联网在智能交通领域的应用和延伸。   (   )
2. 与一般的物联网相比,车联网当中的汽车节点移动速度更快、拓扑变化更频繁、路径的寿命更短。   (   )
3. 激光雷达可以通过接收到反射后的超声波探知周围的障碍物情况。   (   )
4. 双目视觉传感器的工作原理是先识别后测距。   (   )
5. 狭义高精度地图是由传统图形商定义的精度更高、内容更详细的地图。   (   )
6. 5G 技术峰值理论传输速度可达每秒数十吉字节,这比网络的传输速度快数百倍,整部超高画质可在 1s 之内下载完成。   (   )
7. 智能汽车运用了现代传感器技术、计算机控制和网络技术、人工智能等技术,是一个集道路感知、综合决策、多种辅助驾驶功能的一种综合新技术汽车。   (   )

(三)选择题

1. 在车联网中,_____的主要功能是实现车与移动通信网络+互联网的接入、车际网的连接;_____的主要功能是进行数据处理。( )

　　A. 网络层;应用层　　　　　　　　B. 网络层;感知层
　　C. 应用层;感知层　　　　　　　　D. 应用层;网络层

2. 毫米波是指长度为( )的电磁波。

　　A. 0.01~0.1ms　　B. 0.1~1ms　　C. 1~10ms　　D. 10~100ms

3. 毫米波的频带频率低于可见光和红外线,相应的频率范围为( )。

　　A. 3~30MHz　　　　　　　　　　B. 30~300MHz
　　C. 3~30GHz　　　　　　　　　　D. 30~300GHz

4. 超声波雷达是利用传感器中的超声波发生器产生( )的超声波,然后接收探头接收障碍物反射的超声波,并根据超声波反射接收的时差计算出与障碍物的距离。

　　A. 0.4kHz　　　B. 4kHz　　　C. 40kHz　　　D. 400kHz

5. 在RFID中,_____一般镶嵌在标签之中,并固定在物品内或固定在物品表面;_____是读取地址标签信息的设备。( )

　　A. 阅读器;应答器　　　　　　　　B. 应答器;阅读器
　　C. 应答器;路由器　　　　　　　　D. 路由器;阅读器

(四)简答题

1. 简述车联网的体系结构及其不同层的功能。
2. 简述车联网与物联网的关系。
3. 简述激光雷达的工作原理和优点。
4. 简述RFID的工作原理。
5. 与传统地图相比,高精度地图有哪些特点?
6. 简述智能公路有关技术主要包含的三个系统。

参 考 文 献

[1] 凌永成. 车载网络技术[M]. 2版. 北京:机械工业出版社,2022.
[2] 于万海. 车载网络系统原理与检修[M]. 3版. 北京:电子工业出版社,2018.
[3] 黄鹏. 汽车车载网络技术[M]. 北京:人民交通出版社股份有限公司,2019.
[4] 刘春辉,刘光晓. 汽车车载网络技术详解[M]. 3版. 北京:机械工业出版社,2019.
[5] 吉利,马明芳. 车载网络系统诊断维修[M]. 北京:机械工业出版社,2017.
[6] 李雷. 汽车车载网络系统检修[M]. 2版. 北京:人民邮电出版社,2016.
[7] 吴东海. 汽车车载网络控制技术[M]. 2版. 北京:机械工业出版社,2019.
[8] 张风澄,付敬奇. 实时传输网络FlexRay原理与范例[M]. 北京:电子工业出版社,2017.
[9] 景忠玉. 汽车网络系统故障诊断与检修[M]. 北京:清华大学出版社,2015.
[10] 廖向阳. 车载网络系统栓修[M]. 北京:人民交通出版社,2013.